064je Foto: kk

REISE KNOW-HOW im Internet

Aktuelle Reisetipps und Neuigkeiten
Ergänzungen nach Redaktionsschluss
Büchershop und Sonderangebote
Weiterführende Links zu über 100 Ländern

www.reise-know-how.de
info@reise-know-how.de

Wir freuen uns über Anregung und Kritik.

Außerdem in dieser Reihe:

KulturSchock Ägypten
KulturSchock Brasilien
KulturSchock China
KulturSchock Golfemirate und Oman
KulturSchock Indien
KulturSchock Iran
KulturSchock Islam
KulturSchock Japan
KulturSchock Marokko
KulturSchock Mexiko
KulturSchock Mit anderen Augen sehen – Leben in fremden Kulturen
KulturSchock Pakistan
KulturSchock Russland
KulturSchock Spanien
KulturSchock Thailand
KulturSchock Türkei
KulturSchock Vietnam

Kirstin Kabasci
KulturSchock Jemen

„Solche jungen Herren, die die Bequemlichkeit und eine wohlbesetzte Tafel lieben, oder ihre Zeit angenehm in Gesellschaft von Frauenzimmern zubringen wollen, müssen gar nicht nach Arabien reisen."

(Carsten Niebuhr: „Reisebeschreibung nach Arabien und den umliegenden Ländern")

065je Foto: kk

Impressum

Kirstin Kabasci
KulturSchock Jemen

erschienen im
Reise Know-How Verlag Peter Rump GmbH
Osnabrücker Str. 79
33649 Bielefeld

1. Auflage 2003

Gestaltung
Umschlag: Günter Pawlak (Layout und Realisierung)
Inhalt: Günter Pawlak (Layout), Klaus Werner (Realisierung)
Fotos: die Autorin (kk)
Titelfoto: Kirstin Kabasci

Lektorat: Liane Werner

Bildbearbeitung: travel@media, Bielefeld
Druck und Bindung: Fuldaer Verlagsagentur

ISBN 3-8317-1170-4
Printed in Germany

Dieses Buch ist erhältlich in jeder Buchhandlung der BRD, der Schweiz, Österreichs, Belgiens und der Niederlande. Bitte informieren Sie Ihren Buchhändler über folgende Bezugsadressen:

BRD
Prolit GmbH, Postfach 9, 35461 Fernwald (Annerod) sowie alle Barsortimente
Schweiz
AVA-buch 2000, Postfach, CH-8910 Affoltern
Österreich
Mohr Morawa Buchvertrieb GmbH, Sulzengasse 2, A-1230 Wien
Niederlande, Belgien
Willems Adventure, Postbus 403, NL-3140 AK Maassluis

Wer im Buchhandel trotzdem kein Glück hat, bekommt unsere Bücher auch direkt bei:
Rump Direktversand,
Heidekampstraße 18, 49809 Lingen (Ems)
oder über unseren **Büchershop im Internet:**
www.reise-know-how.de

Wir freuen uns über Kritik, Kommentare und Verbesserungsvorschläge.

Alle Informationen in diesem Buch sind von der Autorin mit größter Sorgfalt gesammelt und vom Lektorat des Verlages gewissenhaft bearbeitet und überprüft worden.

Da inhaltliche und sachliche Fehler nicht ausgeschlossen werden können, erklärt der Verlag, dass alle Angaben im Sinne der Produkthaftung ohne Garantie erfolgen und dass Verlag wie Autorin keinerlei Verantwortung und Haftung für inhaltliche und sachliche Fehler übernehmen.

Der Verlag sucht Autoren für weitere KulturSchock-Bände.

Kirstin Kabasci

KulturSchock Jemen

Inhalt

Geographie 17

Küstenebenen 20
Bergland 21
Wüstengebiete 23

Geschichte 27

Alt-Südarabische Reiche 28
Saba' 28
Maʿīn, Qatabān, Ḥaḍramaut und ʿAusān 31
Ḥimyar 35

Ausbreitung des Islam 37
Der Prophet Muḥammad 37
Ära der Kalifen 39

Regionale Dynastien im Mittelalter 41
Ziyaditen 41
Zaiditen 41
Sulaihiden 42
Ayyubiden 43
Rasuliden 43

Fremde Mächte der Neuzeit 44
Koloniale Interessen 44
Osmanische Besatzungszeit 47
17. bis 19. Jahrhundert 47
Start ins 20. Jahrhundert 48

Geteilter Jemen 49
Nordjemen 49
Südjemen 52

Republik Jemen 53
Vereinigungsfreuden 53
Bündnisprobleme 54
Bürgerkrieg und danach 55

Islam 57

Grundzüge 58
Religion und Lebensphilosophie 58
Koran 58
Zaiditen und Schafiiten 60
Sunna und ḥadīṯ 61
Rechtsprechung 61
Moschee 63

Glaubensinhalte 66
Glaube an einen einzigen Gott 66
Glaube an Gottes Engel 68
Glaube an heilige Schriften 68
Glaube an Gottes Gesandte 68
Glaube an göttliche Vorbestimmung 68
Glaube an Wiederauferstehung 70

Religiöse Pflichten 71
Glaubensbekenntnis 71
Pilgerfahrt nach Mekka 71
Fasten 72
Beten 72
Almosengaben 73

Muslimische Gesellschaftsordnung 74
Geschlechtertrennung 74
Vorrang der Männer 75
Kopftuch und Schleier 77

Religiöse Feste 82
Islamischer Kalender 82
Islamische Festtage 83

Gesellschaft 87

Bevölkerung 87
Abstammung 88
Bevölkerungszahlen 90
Gesellschaftsstrukturen 90
Gemeinschaftssinn 94
Tradition und Moderne 94

Familie 95
Großfamilie 95
Rollen der Männer 97
Rollen der Frauen 97
Geburt und Beschneidung 99
Tod 101

Ehe 103
Polygynie 103
Eheanbahnung und Eheschließung 104
Traditionelle Hochzeitsfeiern 107
Scheidung 110

Stammeswesen 114
Stammessystem 114
Stammeskonflikte 115
Äußere Stammesordnung 117
Interne Stammesstruktur 121

Wohnformen 122
Bauweisen 122
Raumaufteilung in Turmhäusern 124
Städte des Weltkulturerbes 126

Wirtschaft 129
Wirtschaftsgrundlagen 129
Landwirtschaft 134
Bewässerungstechniken 136
Wasserknappheit 140

Politik 143
Politische Konstellation 143
Staatsmacht und Stammeseinfluss 146

Alltag 149

Typisch jemenitisch 150
Qāt 150
Mafraǧ 156
Sūq 158
Lyrik 160
Barʿa 161

Bekleidung und Schmuck 163
Frauenkleidung 163
Naqš 165
Schmuck 167
Männerkleidung 170
Ǧanbīya 171
Düfte 174

Essen und Trinken 176
Religiöse Vorschriften 176
Speisen und Getränke 177

Sprache 182
Hocharabisch und Dialekte 182
Buchstaben und Zahlen 183
Buchtipp 183

Als Fremder im Jemen 185

Reisealltag 187
Reiseorganisation 187
Visum und Passierschein 188
Entführungen 189
Orientierung 193
Umgang mit Bettlern 195
Trinkgeld 198
Kinder 198
Guides 199
Mietwagen mit Fahrer 199
Öffentliche Verkehrsmittel 200
Hotels 202
Camping 203
Garküchen und Teestuben 203
Müll 205
Toiletten 207

Begrüßungen 208
Grußgesten 208
Begrüßungsworte 210

Begegnungen 212
Ruhe zeigen und Gesicht wahren 212
„Nein" und „Ja" 213
Körperkontakte 214
Expressiv oder reserviert? 215
Typische Gesten 216
Umgang mit Zeit 217

Religion respektieren 219
Reisekleidung 219
Ramadan 220
Moscheebesuch 222
Konversation mit Diplomatie 224
Männerwelten - Frauenwelten 225
Fotografieren 226

Image als Ausländer 228
Urteile und Akzeptanz 228
Frauen allein unterwegs 229

Gastfreundschaft 232
Herzlich willkommen 232
Kaffeerunden 234
Einladung in ein Privathaus 235
Tischsitten 236
Geschenke 239

Handeln und Feilschen 241
Preis und Wert der Ware 241
Kunst und Zweck des Handelns 243

Anhang 245

Quellenverzeichnis der Zitate 245
Register 256
Die Autorin 264

Exkurse

Die Königin von Saba' - Mythos oder Wirklichkeit? 30
Tränen der Götter - Weihrauchhandel in der Antike 32
Gott hat keine Kinder 38
Sunniten und Schiiten 40
Noch mehr Kleinstaaten 42
Bohnen des Wohlstands - Jemens Kaffeemonopol 45
Angehörige des Buches 60
Jemens berühmteste Moscheen 64
Wichtigstes Wort - „Gott" im alltäglichen Sprachgebrauch 67
Frauenfragen - Denkanstöße 80
Staatliche Feiertage 84
Termine des islamischen Religionsjahres 85
Namen, Titel, Würden 92
Ehre und Schande 96
Im Sozialismus war alles anders 113
Mord und Totschlag - Vergeltung oder Blutgeld 116
Beduinenleben einst und heute 118
Ein Geschenk Gottes - Dattelpalmen 135
Hilfe tut Not - deutsche Entwicklungsprojekte 141
Kurzbiographie des Staatspräsidenten
ʿAlī ʿAbdallāh Ṣāliḥ 144
Böse Blicke und feurige Dämonen - Aberglaube 169
Revolverhelden unter sich - Waffenkult 173
Erdbeerwolke und Aprikosenqualm - Wasserpfeife 180
Friede sei mit euch - Unentbehrliche Grüße auf Arabisch 210
Problemlösungen auf jemenitisch 218
Private Gassen 235
Gar nicht nett - Beleidigungen 240

Vorwort

In der Antike als „Arabia Felix", als „glückliches Arabien", und „Heimat der Königin von *Saba'*" bekannt, wird Jemen schnell als „sagenumwoben", „geheimnisvoll" und „orientalisch" bezeichnet - und dies durchaus zu Recht. Doch hinter diesem Traumbild steckt weitaus mehr. Jemens unverwechselbarer Charakter ist, dass kaum ein arabisches Land so viel Abwechslung in seiner Landschaft, Architektur und Kultur bietet und so fest in seinen Traditionen verwurzelt ist.

Althergebrachtes scheint oft gegenwärtiger zu sein als die Errungenschaften der Moderne: Traktoren sind selten, meist ziehen Esel oder Ochsen Holzpflüge bei der Bestellung eines Ackers; Sesamölmühlen werden von Kamelen statt Motorpumpen angetrieben; Männer schmücken sich häufiger mit Krummdolchen als mit Handys. Interessant zu erkennen sind vielfältige Formen der Verschmelzungen von Tradition und Moderne sowie manch eigenwilliger Kontrast. Die Worte des Forschungsreisenden *Carsten Niebuhr* aus der Mitte des 18. Jahrhunderts gelten unverändert: *„Dieses Land ist den Gelehrten eines der merkwürdigsten der Welt und verdient aus mehr als einem Grund, genauer gekannt zu werden."*

So trifft der Urlauber sicherlich auf glanzvolle Legenden der Königin von *Saba'* sowie auf geheimnisvolle Spuren altarabischer Hochkulturen und der antiken Weihrauchstraße. Doch zuallererst wird er auf gastfreundliche, würdevolle und stolze Menschen treffen, die ihre Traditionen hoch halten und die das 21. Jahrhundert auf ihrem ganz eigenen Weg beginnen.

Das Land hat auch etliche Superlative zu bieten: Jemen kann 3000 Jahre alte Stadtgeschichten erzählen, die ältesten Hochhäuser der Welt sowie die betagtesten Moscheen des Islam stehen hier, die frühesten Welthandelsstraßen verliefen durch Südarabiens Wüsten und einst kam sogar aller Kaffee aus Jemen. Ebenso finden Touristen allenthalben klassische Orientbilder: quirlige Märkte, historische Altstädte mit verwinkelten Gassen, 1001 Gerüche und Genüsse. Ebenfalls ein touristischer Pluspunkt: Jemens imposante und vielfältige Landschaftsbilder.

Jemen bietet mehr, vor allem für diejenigen, die hinter die Kulissen der Klischees schauen möchten. Weg vom Ruhm, hin zur Realität, denn an Jemen scheiden sich die Geister: Viele Reisende schwärmen von Gastfreundschaft, Naturschönheit und faszinierender Historie - und andere klagen über Aufdringlichkeit, Bettelei und Unrat. In welche Richtung das Stimmungspendel des Reisenden ausschlägt, hängt nicht nur von äußeren positiven oder negativen Ereignissen ab, sondern viel mehr von der eigenen inneren Einstellung.

Insbesondere in den ersten Tagen muss sich jeder Jemen-Neuling an vielerlei Kontraste gewöhnen. Der Anblick von prachtvollen Lehmpalästen und zusammengezimmerten Blechbuden, der Geruch von Muskatnüssen auf dem Markt und Müll am Straßenrand, die farbenfrohe Stoffpalette im Geschäft und das konforme Schwarz der Frauengewänder, die volle Vielfalt an Obst und Gemüse und die hungernden Bettelkinder, das allgegenwärtige „Hallo und Willkommen" und die vielen Krummdolche zur Manneszierde. Was ist das nur für ein Land? Wie ordnet man dieses Gemisch fremder Eindrücke?

Und dann die Angst, Entführer könnten ihre Kalaschnikow entsichern und in Aktion treten. Eine Reise in eine so andersartige Kultur wie die des Jemen verunsichert leicht. Dadurch werden Offenheit und Herzlichkeit erschwert und es entstehen schneller Konflikte.

In unserem mitteleuropäisch-kosmopolitischen und neuzeitlich-aufgeklärten Denken erstreckt sich zwischen Orient und Okzident eine tiefe Kluft. Es gibt eine verstärkte Sensibilität und tendenziöse Hysterie des Westens gegenüber dem islamischen Kulturraum.

Wer in eine ihm fremde Zivilisation reist, sollte sich bewusst machen, dass Wirklichkeiten kulturabhängig sind. Wie man Realität wahrnimmt, was man als anerkennenswert oder ablehnend bewertet, ist neben der persönlichen Erfahrung, dem Alter, der Ausbildung und Stimmung auch abhängig von der Gesellschaft, in der man lebt und aufgewachsen ist. Religion, Sprache, Gesten, Moralansichten, Sozialgefüge, Erziehung, Umgangsformen, Gewohnheiten, Zeitvorstellungen, Traditionen und Tabus sind im Jemen anders als in Deutschland.

Wichtige Weichen für spätere Urlaubserlebnisse werden bereits daheim gestellt. Bei der Planung des Ziellandes, bei der Festlegung von Schwerpunkten, bei der Information oder Nicht-Information über das Reiseland. Jemen ist kein Land für „Last Minute", ein gewisses Maß an Vorbereitung und Information über seine Kultur ist unabdinglich. So schnell wie ein Flugzeug fliegt, kann sich keiner auf diese neue Umgebung einstellen. Man wird hineinkatapultiert in eine andere Welt mit ungewohntem Klima, unbekannten Lauten und fremden Regeln. Das „Normale" ist plötzlich selten, das „Seltsame" üblich. Wenn der Kulturschock eintritt, ist Hintergrundwissen Gold wert. Auch Verständnis und Akzeptanz sind wertvolle schocklindernde Gegengewichte und gehören in jeden Reisekoffer.

Wer bequem „urlauben" und ausspannen möchte, wer Wert legt auf vollklimatisierte Luxushotels, internationale Gourmetrestaurants oder auf Sport- und Strandurlaub, der wird vom Jemen sicher enttäuscht werden. Das Kennenlernen einer sehr fremden Welt samt Abwechslung sowie eine Prise Abenteuer stehen bei einem Jemen-Aufenthalt im Vordergrund. Wer offen ist für immer neue Begegnungen mit Menschen und dabei bereit ist, sich als gern gesehener Gast zu verhalten, wem es nichts ausmacht, in vielen Orten auf Luxus zu verzichten und in ein wahrscheinlich ewiges Entwicklungsland zu reisen, wer es liebt, traditionell südarabische Kultur zu erleben, grandiose Landschaften zu erkunden und architektonische Meisterleistungen zu besichtigen, für den wird eine Reise in den Jemen eine besondere Erfahrung sein.

Dazu noch einmal *Carsten Niebuhr: „Ich hatte mich schon seit einiger Zeit bestrebt, auf gut arabisch zu leben, und brauchte daher auch nicht Messer, Gabel und Löffel. Wer sich bequemen kann, so zu reisen, und zufrieden ist, wenn er in einem Wirtshause bisweilen nichts mehr findet als schlechtes Brot, der wird auch auf Reisen in Jemen ebensoviel Vergnügen antreffen, als ich daselbst gefunden habe."*

Anders als herkömmliche Reiseführer, die in erster Linie über Sehenswürdigkeiten oder reisepraktische Fragen informieren, befassen sich die Bücher der KulturSchock-Reihe schwerpunktmäßig mit den Denk- und Verhaltensweisen der jeweiligen Einwohner, erklären ihre Lebensweisen, führen in fremde Religionen ein, beleuchten Politik, ergründen Geschichte und veranschaulichen Gesellschaftsstrukturen.

Wie leben Jemeniten? Was kauen sie bloß jeden Nachmittag für ein grünes Kraut? Warum tragen so viele Männer Waffen? Darf eine Frau auch unverschleiert das Haus verlassen? Wie oft beten Jemeniten am Tag? Was ist die Motivation von Touristenentführungen?

Geschichte, Familienleben, Kultur, Moralvorstellungen und Anstandsregeln werden genauso erklärt wie Umgangsformen oder Tabus. Es geht darum zu verdeutlichen, was jemenitische Identität ist und welche Werte und Normen Denken und Handeln prägen. Aus welchem Grund verhält sich ein Jemenite so und welche innere Logik mag dahinter stecken?

Dabei können die Darstellungen über Denk- und Verhaltensweisen der Jemeniten insofern keine Allgemeingültigkeit beanspruchen, da es natürlich individuelle Unterschiede gibt – je nach ethnischem, geographischem, sozialem, geschlechtsspezifischem, religiösem, familiärem, bildungs- und einkommensmäßigem Hintergrund. Im Fokus stehen grundlegende Tendenzen, mit denen sich jeder Reisende beschäftigen sollte.

Dieser Band soll eine Orientierung im Dschungel des Alltags sein und möchte helfen, nicht nur die fremde, sondern auch die eigene Andersartigkeit zu erkennen, die wichtigsten Regeln des jemenitischen Lebens zu achten und sich in diesem einzigartigen Land wohl zu fühlen.

Kirstin Kabasci

Hinweise zur Benutzung

Koranzitate

Die aufgelisteten **Koranverse** folgen in ihrer Übersetzung, Zählung und Zäsur der von *Rudi Paret* vorgelegten deutschen Fassung im Kohlhammer Verlag, die sich an der offiziellen Kairoer Koranausgabe von 1924 orientiert. In Klammern stehende Abschnitte sind Erklärungen oder Überleitungssätze des Übersetzers. Einige ältere deutsche Koranübersetzungen weichen von dieser Übersetzung zum Teil erheblich ab. Eine in diesem KulturSchock beispielsweise als 6:9 bezeichnete Textstelle besagt, dass es sich um Sure 6, Vers 9 handelt.

Transkription und Aussprache

Arabisch wird nicht mit latainischen Schriftzeichen geschrieben und im Arabischen existieren Laute, die **im Deutschen unbekannt** sind. Wenn man – wie für deutsche Leser sinnvoll – nicht die arabische Schrift abbilden möchte, ist es nötig, sie mit Sonderzeichen oder ähnlich klingenden latainischen Lettern zu umschreiben.

Da keine allgemein gültigen Leitsätze existieren, kann es vorkommen, dass in verschiedenen Textquellen ein arabisches Wort **unterschiedlich** umschrieben wird. Zusätzlich verwirrend ist, dass die arabische bzw. jemenitische Sprache für ein Wort oftmals mehrere Termini und regionale Varianten kennt.

In diesem KulturSchock erscheinen arabische Begriffe sowie Orts- und Eigennamen in einer Umschriftform, welche den Regeln der **Deutsch-Morgenländischen Gesellschaft** entspricht. Nach diesem Reglement gibt es für jeden arabischen Buchstaben jeweils ein bestimmtes umschriebenes Schriftzeichen, somit ist diese Umschrift sehr detailliert und ermöglicht auch eine Rücktransliteration ins Arabische. Jeder, der um eine genaue Aussprache bemüht ist, kann einen Blick auf die unten aufgelisteten Hinweise in der Tabelle werfen.

Bei einer Anzahl von geographischen Begriffen und Ortsnamen steht in Klammern ergänzt die im **Reise Know-How Reisehandbuch „Jemen"** von *Gerd Simper* und *Petra Brixel* verwendete Umschrift (von den Autoren konzipiert, nicht den Regeln der Deutsch-Morgenländischen Gesellschaft entsprechend).

Arabische Begriffe, für die es geläufige **eingedeutschte Schreibweisen** gibt, erscheinen in diesem KulturSchock in der bekannten Form (z. B. Islam, Koran, Muezzin, Muslim, Moschee, Scheich, Imam, Ramadan, Kalif, Ländernamen, Ortsnamen außerhalb Jemens...), werden aber an zentraler Stelle in arabischer Umschrift und gegebenenfalls Übersetzung erklärt.

In etlichen Fällen wird **grammatikalisch vereinfacht,** so durch den Gebrauch uns gängiger Genus-Regeln (maskulin/feminin/neutrum) arabischer Nomen

(z. B. das *qàt* statt der *qàt* – *qàt ist im* Arabischen eigentlich maskulin). Des weiteren erscheinen arabische Begriffe in diesem Buch immer in derselben Form, obwohl es im Arabischen unterschiedliche Begriffe für Singular und Plural gibt.

Umschrift	**Aussprache**	**Arab. Buchstabe**
ā	langes, gedehntes „a", wie in „lahm"	ا
b	„b"	ب
t	„t"	ت
ṯ	scharfer, betonter „s"-Laut, wie im engl. „three", lispelnd, mit der Zunge an den oberen Schneidezähnen	ث
ğ	weicher „dsch"-Laut wie in „Dschungel", in südlichen Landesteilen „g" gesprochen	ج
ḥ	stark gehauchtes „h", weit hinten in der Kehle gebildet, wie in „Hänschen"	ح
ḫ	„ch"-Laut wie in „Bach" (nicht wie in „ich")	خ
d	„d"	د
ḏ	„ds"-Laut, wie das engl. „this", weich gelispelt, mit der Zunge an den oberen Schneidezähnen	ذ
r	auf der Zungenspitze gerolltes „r" wie im ital. „pronto"	ر
z	stimmhaftes „s" wie in „reisen", „Sand", hat keine Ähnlichkeit mit dem Deutschen „z"	ز
s	scharfes „s", wie in „reißen", „Maske"	س
š	„sch"	ش
ṣ	dumpfes, stimmloses „s", gepresst gesprochen	ص
ḍ	dumpfer „d"-Laut, gepresst gesprochen	ض
ṭ	dumpfer „t"-Laut, etwa wie in „Torf", gepresst gesprochen	ط
ẓ	stimmhafter „s"-Laut, gepresst gesprochen	ظ

^{c}	aus der Tiefe der Kehle gequetschter „a“-ähnlicher Würgelaut	ع
ġ	nicht gerolltes „r“ wie im franz. „rouge“, „merci“, mit dem Halszäpfchen gebildet	غ
f	„f“	ف
q	tief in der Kehle gesprochen, mit dem Zungenrücken gegen das Halszäpfchen gebildet, in manchen Regionen (z.B. in Ṣan^{c}ā ' und im Ḥaḍramaut) „g“ gesprochen	ق
k	„k“	ك
l	„l“	ل
m	„m“	م
n	„n“	ن
h	immer auszusprechen, etwa wie in „Hals“ (kein Dehnungslaut wie in „Mehl“)	ه
w	mit den Lippen geformter Mittellaut zwischen „w“ und „u“, etwa wie im engl. „we will“, hat wenig Ähnlichkeit mit dem deutschen „w“, „aw“ etwa wie in „Bau“	و
ū	langes, gedehntes „u“, wie in „Ruhm“	
y	zwischen „i“ und „j“, wie in „jede Yacht“, „ay“ etwa wie in „Mai“	ي
ī	langes, gedehntes „i“, wie in „bieten“	
'	Sonderzeichen Hamza: Stimmabsatz, wie in „beehren“ = „be'ehren“, im Gegensatz zu „Beeren“, zum Üben: „'Er 'isst 'ein 'Ei“	ء
i	kurzes, unbetontes „i“, wie in „bitten“	nicht ge-schrie-ben
u	kurzes, unbetontes „u“, wie in „Rum“	
a	kurzes, unbetontes „a“, wie in „Lamm“	

001je Foto: kk

GEOGRAPHIE

Jemen (arab. *Al-Yaman)* ist der zweitgrößte Staat auf der Arabischen Halbinsel. Zugleich ist das Land auch weit und breit die einzige Republik. An der südlichen Spitze der Halbinsel gelegen, grenzt Jemen im Norden an das Königreich Saudi-Arabien und im Osten an das Sultanat Oman. Das **Staatsgebiet** umfasst nach offiziellen Angaben knapp 537.000 Quadratkilometer und ist somit etwa 1,5 mal so groß wie Deutschland. Jemens **Hauptstadt** ist *Ṣanʿā'* (Sana'a), Wirtschaftsmetropole ist die Hafenstadt *ʿAdan* (Aden), vormals Hauptstadt des ehemals selbstständigen sozialistischen Südjemen.

Beeindruckend sind Jemens **Landschaften samt deren typischen Siedlungsformen:** Von tropischen Flussläufen durchschnittene Gebirgsmassive sind kultiviert mit üppig grünen Terrassenfeldern und beheimaten Bergdörfer in luftigen Höhen. Trockenflusstäler sind durchzogen von am Talrand errichteten Lehmdörfern und dichten Palmenoasen. In dürren Steppenlandschaften finden sich afrikanisch anmutende Rundhüttenweiler

Viele Dörfer thronen hoch oben in den Bergen

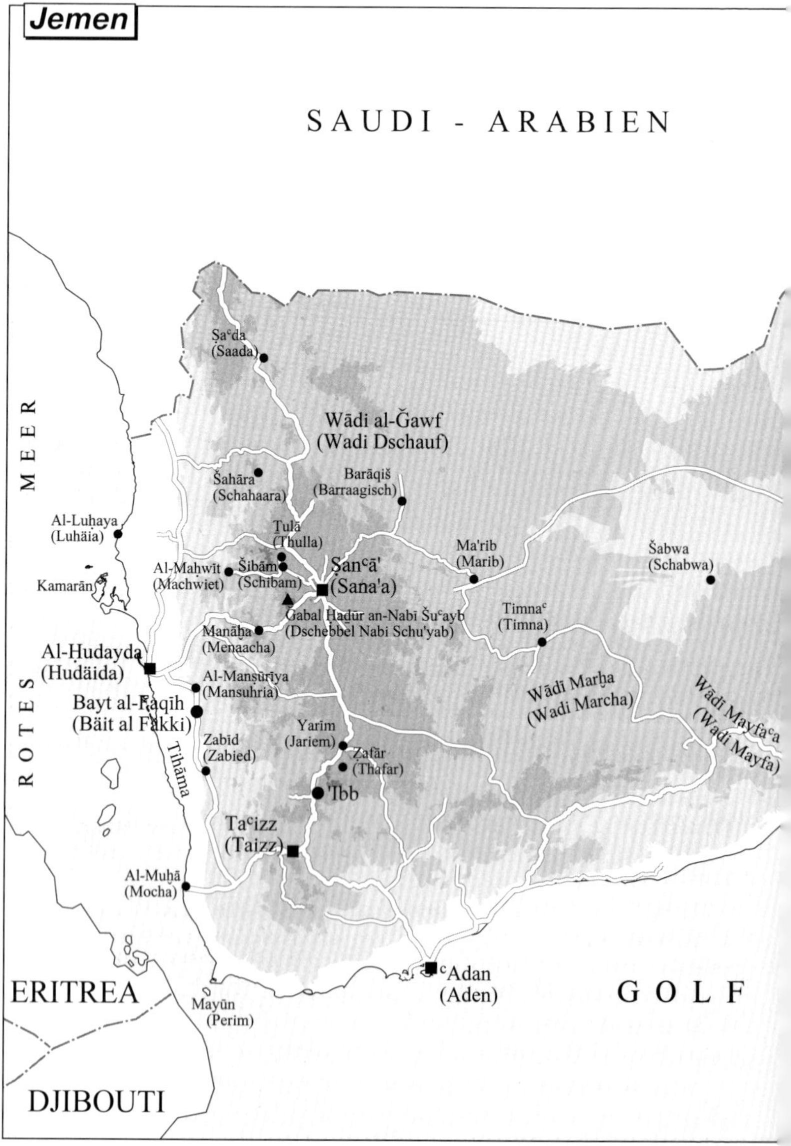
Jemen
SAUDI - ARABIEN
ROTES MEER
GOLF
ERITREA
DJIBOUTI
Ṣaᶜda (Saada)
Wādi al-Ǧawf (Wadi Dschauf)
Šahāra (Schahaara)
Barāqiš (Barraagisch)
Al-Luḥaya (Luhäia)
Ṯulā (Thulla)
Ma'rib (Marib)
Šabwa (Schabwa)
Al-Maḥwīt (Machwiet)
Šibām (Schibam)
Ṣanᶜā' (Sana'a)
Kamarān
Ǧabal Ḥaḏūr an-Nabī Šuᶜayb (Dschebbel Nabi Schu'yab)
Timnaᶜ (Timna)
Manāḫa (Menaacha)
Al-Ḥudayda (Hudäida)
Al-Manṣūrīya (Mansuhria)
Wādī Marḫa (Wadi Marcha)
Wādī Mayfaᶜa (Wadi Mayfa)
Bayt al-Faqīh (Bäit al Fakki)
Yarīm (Jariem)
Zabīd (Zabied)
Ẓafār (Thafar)
Tihāma
'Ibb
Taᶜizz (Taizz)
Al-Muḫā (Mocha)
ᶜAdan (Aden)
Mayūn (Perim)

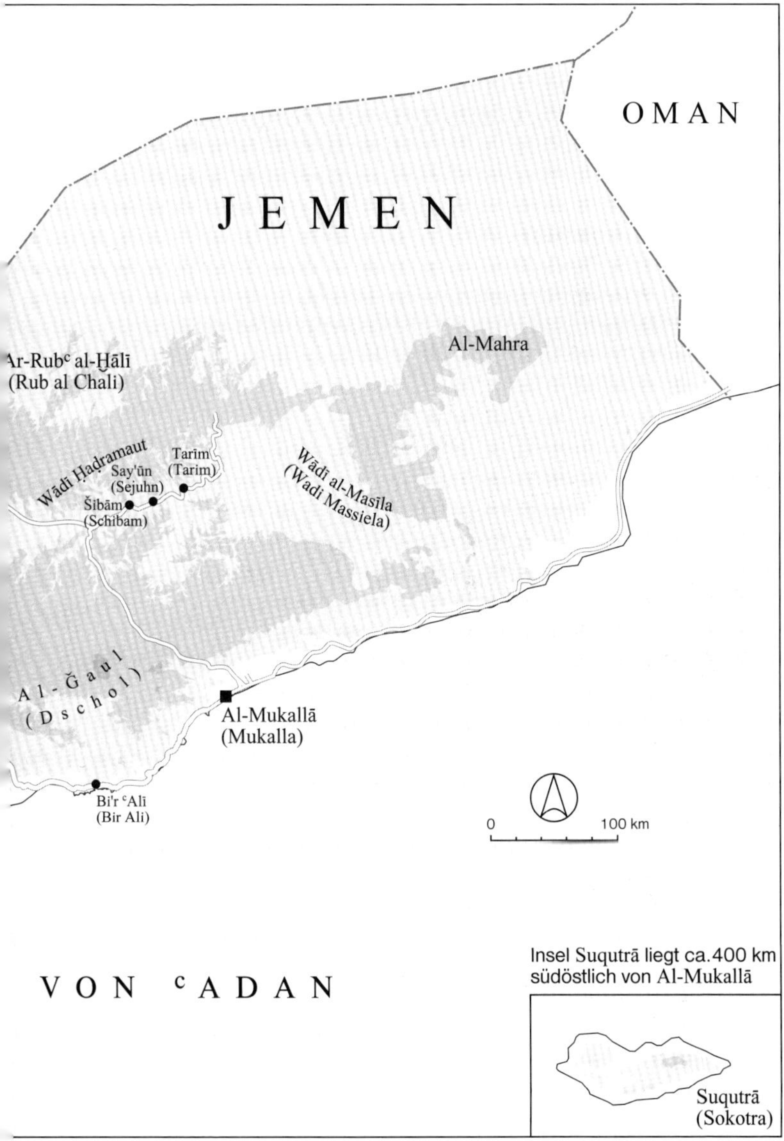
OMAN
JEMEN
Al-Mahra
Ar-Rubᶜ al-Ḫālī
(Rub al Chali)
Wādī Ḥaḍramaut
Tarīm
(Tarim)
Say'ūn
(Sejuhn)
Šibām
(Schibam)
Wādī al-Masīla
(Wadi Massiela)
Al-Ǧaul
(Dschol)
Al-Mukallā
(Mukalla)
Bi'r ᶜAlī
(Bir Ali)
0
100 km
VON ᶜADAN
Insel Suqutrā liegt ca.400 km
südöstlich von Al-Mukallā
Suqutrā
(Sokotra)

und die Weite der Wüste ist unterbrochen von Beduinensiedlungen. Auch inmitten der Schuttkegel einer Vulkanlandschaft sind Städte erbaut.

Anhand seines Reliefs lässt sich Jemen in sehr **unterschiedliche Naturräume** aufgliedern. In dieser Vielgestaltigkeit geographischer Gegebenheiten spiegelt sich eine Verschiedenheit der Menschen und ihrer Lebensarten wieder.

Küstenebenen

„Wenn man von dem gesegneten Hochland des Jemen in die Tiefebene hinausreitet, dann ist das etwa so, als wäre man plötzlich aus der Schweiz an den Rand der Sahara versetzt worden. Wieder trifft man auf einen jener grellen Kontraste des Landes. Der Küstenstrich, der auf durchschnittlich achtzig Kilometer den jemenitischen Bergen vorgelagert ist, wird die Tahama genannt. Die Bezeichnung enthält das arabische Wurzelwort «thm», was große Hitze und Gestank bedeutet, und damit ist schon vieles gesagt.“

(Hans Helfritz: „Entdeckungsreisen in Süd-Arabien“)

Die ca. 30 bis 80 Kilometer breite Küstenebene *Tihāma* („heiße Erde“) verläuft parallel zur **Küste am Roten Meer** im Westen des Landes. Die flache, nach Osten in niedrige Hügel übergehende Landschaft besteht vorwiegend aus savannenartigen Ebenen mit Steppengras- und Akazienbewuchs. In manchen Gebieten erstreckt sich Sandwüste bis ans Meer. Die geringen Regenmengen reichen mehr schlecht als recht zum Anbau von Hirse oder Getreide. Entlang den ganzjährig Wasser führenden Flussläufen (arab. *wādī)* sind Klima und Vegetation subtropisch. Diverse Ströme entwässern sich in der *Tihāma* und verwandeln sich in ihrem Unterlauf in weite, fruchtbare Becken. Hier gedeihen tropische Früchte, Tabak und Datteln. Die bekanntesten **Städte** sind *Al-Ḥudayda* (Hudäida), *Bayt al-Faqīh* (Bäit al-Fakki), *Al-Muḫā* (Mocha) und *Zabīd.* Östlich der Küsten-*Tihāma* schließt sich als Übergang zum Bergland die bis etwa 1000 Meter hohe Gebirgs-*Tihāma* an.

Die *Tihāma* bildet ein eigenständiges Land im Land – quasi Afrika in Arabien. Im Baustil (siehe: „Gesellschaft“/„Wohnformen“/„Bauweisen“), im Erscheinungsbild der Menschen, im Kunsthandwerk, im Klima und in der Pflanzenwelt sind **afrikanische Einflüsse** unverkennbar.

Außer der *Tihāma* am Roten Meer verläuft auch im Süden parallel zum **Golf von ᶜAdan** eine Küstenebene, hier liegen die Hafenstädte *ᶜAdan* (Aden) und *Al-Mukallā* (Mukalla). Landwirtschaftlich genutzt ist diese ca.

20 bis 50 Kilometer breite Region auf Grund der großen Hitze kaum. Nahe der Küste gibt es eine Menge erloschener Vulkane, *ʿAdan* liegt z. B. in einem Doppelkrater.

An die südliche Küstenebene schließt sich im Norden das bis zu 2000 Meter hohe, karge südarabische **Tafelland Al-Ǧaul** (Dschol) mit tief eingeschnittenen Trockenflusstälern an.

Zum Staatsgebiet Jemens gehören neben etlichen kleinen unbewohnten **Inseln** auch die Eilande *Maiyūn* (als Perim bekannt) und *Kamarān* am Roten Meer sowie die größte Insel *Suquṭrā* (Sokotra) vor dem Horn von Afrika.

Insgesamt hat Jemen eine rund 1800 Kilometer lange **Küstenlinie.**

Bergland

„Wir waren auf dem ‚Dach Arabiens', jenem berühmten Hochland, das sich durchschnittlich zweitausend Meter über den Meeresspiegel erhebt und dessen Gipfel Höhen von dreitausend Metern und mehr erreichen. Der Anblick, der sich uns bot, wird mir unvergeßlich bleiben. Nur wenige Erdenflecke gibt es, die derart das Großartige mit dem Lieblichen vereinen. (...) Ein reichbewegtes Bergland nahm uns auf. Spitzen und Gipfel in allen möglichen phantastischen Formen und Gestalten ragten zackig in den blauen Himmel hinein, fast anzusehen wie ein aufgewühltes Meer, das plötzlich zu Stein erstarrt war. Und zwischen diesem hohen, zerklüfteten, düsteren Felsgebirge breiteten sich liebliche Talsenken, grün und silberhell, mit Feldern und Blumen."

(Hans Helfritz: „Entdeckungsreisen in Süd-Arabien")

Im Osten der Küstenebene *Tihāma* schließt sich der zentrale Bergjemen an. Diese von Norden nach Süden verlaufende Region ist in ihrer Ost-West-Ausdehnung ca. 150 bis 200 Kilometer breit. Im Westen dominiert **Hochgebirge,** östlich davon liegt das zentrale Hochland, bestehend aus einer Reihe von **Hochlandbecken.** Nach Osten führt das zentrale Hochland stufenförmig in die innerarabischen Wüstengebiete hinab.

Die größten **Städte** dieser Region sind die Hauptstadt *Ṣanʿā'* (Sana'a, in einem ca. 2300 Meter hohen Becken gelegen) sowie *Taʿizz* (Taizz, im südlichen Bergland) und *Ṣaʿda* (Saada, in einem nördlichen Hochlandbecken).

Die mächtigste Erhebung ist der mit 3760 Meter höchste **Berg** (arab. *ǧabal*, auch „Gebirge") des vorderen Orients, der südwestlich von *Ṣanʿā'* gelegene *Ǧabal Ḥaḏūr an-Nabī Šuʿayb* (Dschebbel Nabi Schu'ayb).

003je Foto: kk

Im Hochgebirge schaffen zerklüftete Bergmassive, schroffe Taleinschnitte und befestigte Dörfer, die wie Adlerhorste auf den Gipfeln thronen, ein **einmaliges Landschaftsbild.**

Die vom roten Meer heranziehenden Wolken regnen sich nicht über der *Tihāma*, sondern am Randgebirge ab, daher ist hier intensive Landwirtschaft möglich (siehe: „Gesellschaft"/„Wirtschaft"/„Landwirtschaft"). Die Region zählt zu den **fruchtbarsten Regionen** der Arabischen Halbinsel. Jedoch mussten zahlreiche Berghänge mittels Terrassenfeldern zu einer Kulturlandschaft umgeformt werden. Etwa 80 % der Bevölkerung des Landes lebt im Bergjemen. Die Regenmengen nehmen jenseits der Wasserscheide, welche entlang der Achse westlich von *Ṣanʿāʾ* nach *Taʿizz* verläuft, zum Osten hin ab und gehen über in die Trockenheit der angrenzenden Wüstengebiete. In gleichem Maße nimmt auch die Bevölkerungsdichte stetig ab.

Bis in die entlegensten Winkel wird der Natur mühevoll Ackerland abgerungen

Die Wüste *Ar-Rubʿ al-Ḫālī* bedeckt weite Teile des Landesinneren

Wüstengebiete

„Wir waren nun im Bereich der Rub' al Khali, jener gewaltig ausgedehnten Hochöde, die sich über den ganzen Osten der arabischen Halbinsel vom Jemen im Süden bis hin zum Persischen Golf im Norden erstreckt und auf den Karten Arabiens als ein riesiger weißer Fleck erscheint, unbekannt und unerforscht. Es ist Wüstenregion, das ‚leere Viertel' (wie der Name besagt), keinem Fürsten untertan, noch von keiner Macht in Besitz genommen, Niemandsland, ein schier grenzenloses Meer von Sand und Stein, aber dennoch nicht unbewohnt."

(Hans Helfritz: „Entdeckungsreisen in Süd-Arabien")

Das größte Areal Jemens besteht aus **ariden Wüstengebieten,** von denen nur ein geringer Teil reine Sandwüsten sind. Riesige Sandmeerfelder und Dünen erstrecken sich im Gebiet der *Ar-Rub*ʿ *al-Ḫālī* (Rub al Chali, „Das Viertel der Leere") und deren Ausläufer. Ansonsten bestimmen Kies- und Geröllwüsten sowie Steppenzonen das Bild.

Das zweitgrößte Trockenflusstal der Arabischen Halbinsel ist das von West nach Ost knapp 250 Kilometer lange **Wādī Ḥaḍramaut** im Südosten

004je Foto: kk

Jemens, ca. 180 Kilometer Luftlinie von der Südküste entfernt. Die größten Städte sind *Say'ūn* (Sejuhn) und *Tarīm*, die bekannteste *Šibām* (Schibam, siehe: „Gesellschaft"/„Wohnformen"/„Städte des Weltkulturerbes"). Das *Wādī Ḥaḍramaut* und seine Seitentäler bestechen durch ihre uralten Lehmstädte und die dichten grünen Palmenhaine, die von den steil aufragenden Kalksteinfelsen eingerahmt sind. Der Talgrund des *Ḥaḍramaut* wird seit frühgeschichtlicher Zeit landwirtschaftlich genutzt, die Kultivierung der Dattelpalme bildet die Grundlage der Oasenwirtschaft.

Zwischen *Ḥaḍramaut* und der Südküstenebene liegt das 500 bis 1000 Meter hohe Kalkplateau **Al-Ǧaul** (Dschol). Zu *Ḥaḍramaut* und *Al-Ǧaul* Impressionen von *Freya Stark* aus „Die Südtore Arabiens": *„Wir waren nun in dem großen Wadi, dem längsten in Arabien außer dem Wadi Rumma* (in Jordanien, Anmerkung der Autorin). *An seiner breitesten Stelle mißt es sieben Meilen und vielleicht noch mehr infolge der Einmündung des Wa-*

Das Dörfchen *Sīf* im *Wādī Daw'an* (Wadi Do'an), einem Seitental des *Wādī Ḥaḍramaut*

di Kasr, durch das wir eben herabgekommen waren. Fern im Westen verlor sich der Felswall entlang der Straße in den Jemen im blauen Mittagsdunst; der freie Horizont schien sich vor einem zu öffnen und ein Band ums Herz zu lösen. Auf den anderen drei Seiten, wo die Klippen noch zu sehen waren, traten aufgrund der Entfernung allerlei kleine Erhöhungen und Einbuchtungen an ihnen hervor, und die umgebende Luft verlieh den Konturen eine gewisse Weichheit. Es schien mir sogar, als ob in der Linie des Dschol eine leichte Neigung zu erkennen wäre, aber das war vielleicht eine Täuschung; mir kam zu Bewußtsein, wie bedrückend diese eintönige Fläche war, die keinerlei Wellenbewegung, keinerlei Gipfel aufwies und einem nichts anderes vermittelte als das Gefühl vom langsamen Nagen der Zeit an den umschließenden Wänden. Was Gebirgszügen nicht minder als Bäumen und Gewässern Leben verleiht, ist die Bewegtheit, und diese endlose Einförmigkeit der Wandungen des Wadi Hadhramaut – Felsbastion hinter Felsbastion, eine wie die andere – hat etwas von der Unbewegtheit des Todes.“

Die innerarabischen Wüstengebiete der **Ar-Rubᶜ al-Ḫālī** nördlich des *Ḥaḍramaut* sowie der östliche Teil des Jemen – die an die südwestomanische Provinz Dhofar grenzende Region **Al-Mahra** – sind nur dünn besiedelt, vornehmlich von Halbnomaden und wenigen Nomaden (siehe: „Gesellschaft“/„Stammeswesen“/Exkurs „Beduinenleben – einst und heute“).

005je Foto: kk

GESCHICHTE

Jemens Geschichte ist **lang und abwechslungsreich,** schon vor über zweieinhalbtausend Jahren war der Boden der heutigen Republik altes Kulturland. Im Laufe der Zeit erblühten mancherorts Hochkulturen und Handelsreiche, islamische Herrscherdynastien wechselten einander ab, Stammesverbände und Kleinstaaten rivalisierten miteinander, fremde Eroberer fassten Fuß und einige Winkel waren vom Rest der Welt völlig abgeschieden.

Zwar ist es in dieser langen und wechselvollen Historie dem einen oder anderen Herrscher gelungen, seinen Einflussbereich über einen Großteil der heutigen geographischen Republik Jemen auszudehnen, jedoch war ein **einheitlicher Staat** in den letzten drei Jahrtausenden eher die Ausnahme.

Stadtansicht von *Ṣanʿāʾ* (Sana'a), das zu den ältesten Siedlungen der Welt zählt

Alt-Südarabische Reiche

„Die heutigen Bewohner in ihren Lehmhütten wissen nichts von den alten Kulturvölkern. Wenn sie die Ruinen früherer Bauten und Zisternen sehen, zucken sie bloß verächtlich die Achseln. Diese alten Völker? Es waren ja bloß ‚Kuffâr', Ungläubige, Heiden. Ihrer Sünden wegen hatte Gott sie durch eine große Flut vernichtet."

(Daniel van der Meulen: „Hadhramaut das Wunderland")

Saba'

In der Geschichte Südarabiens gab es bereits im 1. Jahrtausend v. Chr. mächtige Staatengebilde. *Saba'* war das bedeutsamste und größte der antiken südarabischen Reiche - zeitweise erstreckte es sich über das gesamte Gebiet des heutigen Jemen. Die sabäischen Stämme waren zudem die ersten, die sich in einem Staatsgefüge vereinigten. Bis in das 7. Jh. v. Chr. reichte eine Folge von **Priesterkönigen.**

Bereits in der 1. Hälfte des 1. Jahrtausends v. Chr. machten sich die Sabäer ausgeklügelte **Bewässerungstechniken** zu Nutze. Dazu wählten sie die Umgebung von *Ma'rib* (damaliger Name *Maryab),* weil hier eines der größte Flusssysteme Südarabiens, das *Wādī 'Aḏana* (Wadi Adhana) mit 10.000 Quadratkilometer Einzugsgebiet, durch einen von Felsen auf wenige hundert Meter verengten Talausgang in die Ausläufer der Wüste *Ar-Rubʿ al-Ḫālī* (Rub al Chali) mündet.

Später bildete die Oase *Ma'rib* einen wichtigen Knotenpunkt, an dem sich verschiedene Routen der antiken **Weihrauchstraße** trafen. Ab diesem Zeitpunkt war es notwendig, dass die Sabäer Landwirtschaft über ihren Eigenbedarf hinaus betrieben, um durchziehende Karawanen zu versorgen. **Ma'rib** stieg von einer wichtigen Handelsstation zur Hauptstadt von *Saba'* sowie zur zentralen religiösen und politischen Macht Südarabiens auf.

Mit dem Bau ihres **als achtes Weltwunder geltenden Umlenkdammes** (oft irrtümlich als „Staudamm" bezeichnet) begannen die Sabäer alten Inschriften zufolge im 6. vorchristlichen Jahrhundert. Die Gegend ergrünte zum agrikulturellen Zentrum der Region. Neben dem Transithandel stellte die Landwirtschaft die wirtschaftliche Basis für den Reichtum der Region dar. Noch heute zeugen Reste von der damals 760 Meter langen und 20 Meter hohen Mauer. Im Laufe der Zeit musste der Damm wegen angeschwemmter Ablagerungen immer wieder erhöht werden. Zur Nord- und Südseite befand sich je ein Auslass, durch den die Fluten zu Haupt-

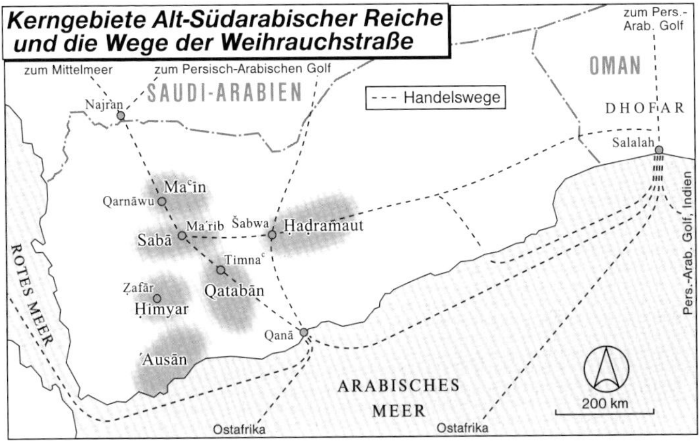

verteilern und dann in ein System von kleineren Kanälen auf die ab 1000 Meter entfernt gelegenen Felder geleitet wurden. Da die Dammkrone nicht viel höher war als die beiden Auslasse, hatte die Anlage kaum Speicherkapazität, doch dafür konnten selbst geringe Flutmengen genutzt werden. Mit diesem Bauwerk vermochten die Sabäer rund 20 Millionen Kubikmeter Wasser aufzustauen und zur Blütezeit ihres Reiches (6./7. Jh. v. Chr.) rund 10.000 Hektar Kulturland bei zwei Ernten im Jahr landwirtschaftlich zu nutzen.

Voraussetzung für dieses straff organisierte und **raffinierte Wassermanagement** war ein gut funktionierendes Staatssystem mit einer großen Zahl kompetenter Handwerker und einer noch größeren Zahl an Arbeitern. Nach jeder Flut musste der angeschwemmte Schlamm beseitigt und Bruchstellen mussten in Stand gesetzt werden. Eine Inschrift aus der Zeit um 450 n. Chr. beschreibt eine aufwändige Reparatur der Staumauer, an der über 20.000 Arbeiter beteiligt gewesen sein sollen.

Der schwerwiegendste und letzte **Dammbruch** zu *Ma'rib* um das Jahr 580 wird in der 34. Sure des Koran (sie heißt arab. *Saba')* in den Versen 16–32 beschrieben und als eine Strafe Gottes dargestellt, da die Einwohner von *Ma'rib* hochmütig und gierig gewesen und von ihrem Glauben abgewichen seien. Es sind schon vorherige Dammbrüche dokumentiert, die aber stets durch Ausbesserungsarbeiten behoben werden konnten. Zu dieser großen Katastrophe, nach der *Ma'rib* endgültig aufgegeben wurde, kam es, weil die Sabäer ihren Damm immer mehr vernachlässigt hatten. Nachdem der Warenstrom auf der Weihrauchstraße stagniert hatte

Die Königin von Saba' – Mythos oder Wirklichkeit?

Wahrheit oder Legende, anmutige Herrscherin oder mit Dämonen im Bunde – bei der sagenumwobenen Königin von *Saba'* scheiden sich die Geister. Unzählige Legenden und Erzählungen könnten ein dickes Buch füllen, alle bringen die Eigenschaften der Königin auf einen Nenner: Klug und schön soll sie gewesen sein. Außerdem war sie der berühmteste Herrscher – besser gesagt die berühmteste Herrscherin – des glorreichsten aller südarabischen Reiche.

Seltsamerweise finden sich in altarabischen Inschriften zwar vielfache Aussagen über Machthaber, jedoch keine einzige über die Königin von *Saba'*. Auch sonstige wissenschaftliche Beweise für ihre Existenz fehlen, aber für Jemeniten steht außer Frage, dass die Königin von *Saba'* tatsächlich gelebt hat – antike Tempelanlagen bei *Ma'rib* werden sogar als königlich deklariert.

Im Koran (Sure 27:22 ff.) wird sie als Königin der Sabäer beschrieben und bleibt namenlos. Jemeniten nennen sie später *Bilqīs*. Ohne Namen bleibt sie ebenso in biblischen Überlieferungen, die früheste Erwähnung findet sich im Alten Testament, 1. Buch der Könige, 10. Kapitel Vers 1–13 (weitere Schilderungen im zweiten Buch der Chronik, 9, 1–13, sowie im Neuen Testament, Evangelium des Matthäus 12, 42 und Evangelium des Lukas 11, 31). In diesen heiligen Schriften reist sie mit wertvollen Geschenken nach Jerusalem zum für seine Weisheit berühmten jüdischen König *Salomo*, der zwischen 965 und 926 v. Chr. regierte. Im Koran schwört die Königin von ihrem Sonnenglauben ab und wird zur frommen Muslima. Kopten kennen sie dagegen als standhafte Christin. Jüdischen Überlieferungen nach ist die Königin dämonischen Ursprungs.

In Erzählungen frühmittelalterlicher arabischer Volksprediger ist sie die Enkelin des Königs der Geister. Man nennt sie „Blüte des Jemen" und sie wird begehrt von einem Grauen erregenden König. Sie willigt in die Ehe ein, macht ihn betrunken und schlägt ihm den Kopf ab. Als Dank wird sie zur Königin gewählt.

Auch die Äthiopier rühmen sich damit, dass die hoch geschätzte Dame bei ihnen in Erscheinung trat. In einer Legende ist sie eine Königstochter namens *Eteye Azeb* und soll wie alle erstgeborenen Mädchen einem Drachen geopfert werden. Das äthiopische Hof-Epos „Kebra Nagast" aus dem 14. Jh. schildert eine raffinierte Verführungsgeschichte, in der sie durch eine Affäre mit *Salomo* zur Mutter des Ahnherrn der Kaiser wird.

Vielleicht war *Bilqīs* „nur" eine Stammesfürstin, oder alle möglichen unglaublichen Phänomene dieser Zeit – Frauen als Herrscherinnen, Liebesgeschichten zwischen legendären Königshäuptern, mächtige Reiche, sagenhafter Reichtum, legendärer Weihrauch – sind zu einem phantasievollen Bild zusammengeflossen. Doch selbst wenn es die holde Herrscherin als real-historische Person nie gegeben haben mag, so drückt sie sinnbildlich ein Stückchen Geschichte aus.

Zweifellos hat sich der Ruhm bis heute gehalten, davon zeugen allein in der abendländischen Kultur zahllose kunsthistorische Werke, außerdem islamische Miniaturen sowie äthiopische Kirchenmalereien. Auch Heldensagen, Geschichten in Kinderbüchern und sogar Comics ranken sich um die legendäre Königin.

Im Jemen ist *Bilqīs* ein beliebter Frauenname, der ebenfalls auf so manchem Firmenschild von Geschäften, Hotels oder Kinos sowie auf Hautcremedosen zu finden ist.

und die Sabäer ihre Vormachtstellung über die Weihrauchstraße ab der 2. Hälfte des 3. Jh. an die Himyariten (siehe: „*Ḥimyar*") verloren hatten, konnten sie ihren auf Zöllen und Weggebühren beruhenden Wohlstand nicht mehr wahren. Neben den wirtschaftlichen Mitteln fehlte den Sabäern inzwischen auch die politische Basis. Nach diesem letzten Dammbruch und der **endgültigen Aufgabe von Ma'rib** wanderten etwa 30.000 bis 50.000 Einwohner in andere Teile der Arabischen Halbinsel aus (siehe: „Gesellschaft"/„Bevölkerung"/„Abstammung").

Der Handel mit Weihrauch und die Nutzbarmachung von Wasser durch technisch ausgeklügelte Wasserbauwerke schuf nicht nur in *Ma'rib*, sondern auch in anderen Orten die Grundlage zum Entstehen von städtischen Hochkulturen. Das sabäische Großreich blieb jedoch bis zum Ende des 5. Jh. v. Chr. die einflussreichste Macht, bevor sich nach und nach die **Vasallenstaaten** *Maʿīn, Qatabān* und *Ḥaḍramaut* lösten und eigene Reiche etablierten - wenn auch zum Teil nur kurzzeitig, weil *Saba'* die Rückeroberung gelang.

Maʿīn, Qatabān, Ḥaḍramaut und ʿAusān

Das Kerngebiet des Minäerstaates **Maʿīn** lag im nordöstlich von *Ma'rib* gelegenen *Wādī al-Ǧawf* (Wadi Dschauf), das Einflussgebiet des Staates dehnte sich aber nach Norden bis Najran im Süden des heutigen Saudi-Arabien aus. Im 4. und 3. Jh. v. Chr. kontrollierte *Maʿīn* als eigenständiges Reich mit einem ausgedehnten Handelsnetz und zahlreichen Lagerstationen den Nordteil der Weihrauchstraße und entwickelte weit reichende Handelsbeziehungen bis nach Ägypten und Griechenland, wodurch die wirtschaftliche Konkurrenz zu *Saba'* immer größer wurde. Die Hauptstadt der Minäer war zunächst *Yaṯul* (heute die Ruinenstätte *Barāqiš* - Barraagisch), später *Qarnāwu* (die heutigen Ruinen von *Maʿīn* - Ma'in). Um 120 v. Chr. eroberten die Sabäer *Maʿīn* zurück.

Die Blütezeit des Reiches **Qatabān** lag ebenfalls im 4. und 3. vorchristlichen Jahrhundert. Die Hauptstadt *Timnaʿ* - heute *Ḥagar Kuḥlān* (Hadschar Kuchlan) genannt - war nach *Ma'rib* die zweitgrößte Stadt Südarabiens und beherbergte laut römischen Quellen über 65 Tempel. Auch die Bewohner von *Qatabān* entwickelten ein beachtliches Agrarwesen und auch ihnen gelang es, aus dem Fernhandel Profit zu schlagen. Darüber hinaus kontrollierten sie einen großen Teil der Küstenschifffahrt. Im 1. Jh. n. Chr. wurde *Qatabān* vom im Osten angrenzenden *Ḥaḍramaut* eingenommen, wobei *Timnaʿ* dem Erdboden gleichgemacht wurde.

Ḥaḍramaut war der dritte Staat, der sich von *Saba'* loslöste - was im 4. Jh. v. Chr. geschah. Die Tatsache, dass im Talgebiet des *Ḥaḍramaut* (zu

Tränen der Götter – Weihrauchhandel in der Antike

„Tränen der Götter" wird das wohlriechende Harz huldvoll genannt, dass aus der angeritzten Rinde der Weihrauchbäume (lat. *Boswellia carteri)* quillt. Sagenhafte Legenden ranken sich um diese edle Gottesgabe, deren Wert einst mit Gold aufgewogen wurde. Ihr verdankten Könige ihre Macht und Hochkulturen ihre Existenz und ihren Wohlstand. Das Wegenetz der antiken Weihrauchstraße gehörte zu den ältesten Welthandels-Achsen. Dabei war lange nicht bekannt, was das für ein Stoff war und woher er stammte, denn die cleveren arabischen Weihrauchhändler hüteten dieses Geheimnis wie ihren Augapfel. Römer, Perser, Babylonier, Griechen und Ägypter brauchten das kostbare Harz zu kultischen Zwecken, brachten es ihren Göttern dar, leisteten Tributzahlungen, verbrauchten es bei Hochzeitszeremonien, gaben es der Einäscherung Adeliger bei oder nutzten es als Medizin. Auch Südaraber brachten ihren Gestirnsgottheiten Räucheropfer dar. Weihrauch kann man sogar als eines der ersten Weihnachtsgeschenke betrachten, wurden dem Jesuskind doch Gold, Myrrhe und Weihrauch als Gaben dargeboten.

Bibel und Koran berichten vom frühesten Handel mit Weihrauch und datieren ihn in das 10. vorchristliche Jahrhundert. Die *Königin von Saba'* reiste zum *König Salomo* nach Jerusalem, um unter anderem den Ausbau der Handelsbeziehungen zu besprechen. Auch wenn dies nur eine Legende sein sollte, so gehen die Handelsbeziehungen zwischen Südarabern und Hebräern doch bis in das Altertum zurück. In der frühen Zeit des Weihrauchhandels wurden noch Esel und Maultiere als Lastenträger genutzt. Doch diese konnten nur wenige Stunden ohne Wasser sein, so muss die Logistik sehr ausgeklügelt gewesen sein. Die Domestizierung des Kamels bedeutete nahezu eine Revolution für den Binnenhandel, denn mit diesem zähen, genügsamen und kräftigen „Wüstenschiff" konnten auch wasserunabhängige Routen gewählt werden, was Tage oder Wochen an Reisezeit einsparte.

Die antike Weihrauchstraße nahm ihren Anfang nicht im Jemen, sondern in der benachbarten südomanischen Region Dhofar, denn dort wurde der Großteil des Duftharzes geerntet. Per Kamel ging es über Land Richtung Westen nach *Šabwa* (Schabwa). Auf einem anderen Weg fuhren zunächst Küstensegelschiffe zum jemenitischen Hafen *Qana'* (beim heutigen *Bir ᶜAlī* – Bir Ali), von dort auf dem Landweg weiter durch das *Wādī Mayfaᶜa* (Wadi Mayfa) über *Timnaᶜ* (Timna) und *Ma'rib.* Eine Nebenstrecke führte von *Qana'* über *Šabwa* nach *Ma'rib* . Eine weitere kam von einem Hafenplatz östlich der heutigen Stadt *Al-Mukallā* (Mukalla) und führte durch *Wādī Al-Masīla* (Wadi Massiela) und *Wādī Ḥaḍramaut* nach *Šabwa* und *Ma'rib.* Dann führten alle Routen weiter über *Yaṯul* (heute *Barāqiš* – Barraagisch), *Qarnawū* (heute *Maᶜīn* – Ma'in) und die Oasen bei Najran und weiter parallel zur Küste des Roten Meeres durch Saudi-Arabien ins nabatäische Petra (heute in Jordanien). Von dort gingen Abzweigungen nach Damaskus und Mesopotamien, ein Weg verlief ins heilige Land (Hafen von Gaza) und nach Alexandria (Ägypten). Nebenrouten führten bereits vom Dhofar sowie von *Šabwa* und Najran zum Persisch-Arabischen Golf.

Auf ihrem 80–100 Tage langen Marsch lieferten die Karawanen den abendländischen Abnehmern neben Weihrauch auch wertvolle Gewürze, Edelhölzer, Elfenbein und Seide. Da die Römer glaubten, auch der Ursprung dieser Güter läge in Südarabien, nannten sie diesen Teil der Welt neidvoll *„Arabia Felix“* – das „glückliche Arabien“. Doch diese Güter kamen per Schiff aus allen Teilen Ostafrikas und Asiens nach Südarabien, wo sie auf Kamele umgeladen wurden.

Mit großen organisatorischem Talent und händlerischem Geschick gelang es den Arabern die Oberhand über den Fernhandel an der Weihrauchstraße zu behalten. Sie unterhielten Rast- und Warenumschlagplätze, sicherten Wasserstellen, stellten Lasttiere zur Verfügung, organisierten die Futter- und Lebensmittelversorgung und ließen sich diese Dienste mit hohen Abgaben entlohnen. Durch verschiedene Zölle sowie die Profite der Karawanenführer und Zwischenhändler konnte sich das Weihrauchharz zwischen Ankauf und Verkauf um bis zu 400 % verteuern. Der Weg über das Rote Meer wäre zwar wesentlich schneller und einfacher gewesen, doch Piraten trieben dort ihr Unwesen und zudem waren die Windverhältnisse ungünstig und stellten selbst für die erfahrenen arabischen Seefahrer eine Gefahr dar.

Zwischen dem 5. Jh. v. Chr. und dem 1. Jh. n. Chr. erlebte der Weihrauchhandel seine Blütezeit. Dann aber erlangte die Schifffahrt im Roten Meer dank neuer Techniken und der Erkundung des Rhythmus der Monsunwinde einen enormen Aufschwung. Im Zuge der Ausbreitung des Christentums erloschen zudem die alten Opferkulte und damit auch die Nachfrage nach edlen Duftharzen (erst ab dem 4. Jh. begannen Christen, Weihrauch zu nutzen). Der Seehandel breitete sich aus und bescherte den südarabischen Häfen neue Reichtümer. Auf dem Festland dagegen versiegte der Warenstrom, die alten Königreiche verloren ihre Macht und „Arabia Felix“ verschwand sang- und klanglos im Staub der Wüste.

Freya Stark resümiert in „Die Südtore Arabiens“: *„Zu Plinius' Zeit* (römischer Schriftsteller, 23–79 n. Chr., Anm. der Autorin) *war diese Harzernte einer kleinen Klasse vorbehalten, ‚nicht mehr als dreitausend Familien steht dieses Vorrecht kraft Erbfolge zu. Deshalb werden diese Personen heilig genannt, und es ist Ihnen verboten, sich während des Beschneidens der Bäume oder des Sammelns der Ernte irgendwie zu beflecken, sei es durch Umgang mit Frauen oder durch Berührung mit den Toten; diese religiösen Beschränkungen sind es, durch die sich der Preis der Ware so erhöht.‘ Heute wird das Ernterecht oft an Somalis verpachtet, die zu diesem Zwecke von Afrika auf die arabische Halbinsel herüberkommen. Die uralte Heiligkeit des Baumes findet sich bei vielen Schriftstellern bezeugt. Herodot* (griechischer Historiker, 484–424 v. Chr., Anm. der Autorin) *spricht von geflügelten Schlangen, die ihn hüten und in jedem Frühjahr nach Ägypten fliegen, sowie von Baumgeistern, welche die aus ihren lebendigen Flanken geschnittenen kostbaren Tropfen auf der Karawanenstraße geleiten. Aber die Karawanenstraße ist jetzt tot, und das Weihrauchgebiet ist von Westen her immer mehr geschrumpft, weniger infolge natürlichen Rückgangs, als infolge sinkender* Nachfrage.“

006je Foto: kk

dem damals auch die im heutigen Oman gelegene Provinz Dhofar gehörte) das Hauptverbreitungsgebiet des Weihrauchbaumes lag, bescherte dem Reich eine große wirtschaftliche Bedeutung. Die Hauptstadt von *Ḥaḍramaut* lag am westlichen Rand des Staates in *Šabwa* (Schabwa). Sie war nicht nur wichtige Handelsstation auf einem Zweig der Weihrauchstraße, sondern besaß zudem Salzminen. Im 3. Jh. v. Chr. gelang es den Sabäern kurz, *Ḥaḍramaut* zurückzuerobern, bevor es die Himyariten (siehe: „*Ḥimyar*") einnahmen. Ab dem 5. Jh. n. Chr. wurde *Ḥaḍramaut* nach und nach durch den aus Zentralarabien kommenden beduinischen Stammesverband der *Kinda* erobert. Rund 900 Jahre vermochten verschiedene Fürstentümer der *Kinda* ihre Vormachtstellung in den abgelegenen Gebieten des *Ḥaḍramaut* zu halten.

Über das antike Königreich **'Ausān** ist vergleichsweise wenig bekannt. Es erstreckte sich vom *Wādī Marḫa* (Wadi Marcha) bis nach *ʿAdan* (Aden) und unterhielt kolonienartige Handelsniederlassungen an der ostafrikanischen Küste. Über die Hauptstadt besteht Unklarheit, doch gehörten der antike Weihrauchhafen *Qanā* (heute *Bi'r ʿAlī* - Bir Ali) sowie *ʿAdan* zu *'Ausān*. Das Reich wurde bereits Mitte des 5. Jh. v. Chr. von *Saba'* besiegt, existierte jedoch als selbstständiger Kleinstaat noch einige hundert Jahre lang weiter, allerdings lag der Handel mit Afrika seitdem in sabäischen Händen.

Ḥimyar

Bestimmend für die Zeit ab dem 4. Jh. v. Chr. waren Kriege und wechselnde Bündnisse zwischen den einzelnen antiken südarabischen Reichen, denn es ging darum die politische Hegemonie und die Kontrolle über die Handelswege zu erlangen. Von diesen Unruhen profitierte eine neue aufsteigende Macht: der Stamm *Ḥimyar*, der sich Ende des 2. Jh. v. Chr. mit Unterstützung der Sabäer von *Qatabān* löste und **im jemenitischen Hochland** ein eigenes Reich gründete. Basis war nicht ein Priesterfürstentum (wie z. B. in *Saba')*, sondern ein Stammesverband. Die folgenden Jahrhunderte waren geprägt von Auseinandersetzungen zwischen *Ḥimyar* und *Saba'*.

Inzwischen verlor die binnenländische Weihrauchstraße zu Gunsten des Seeweges immer mehr an Bedeutung. Überfälle auf die Handelsstationen waren an der Tagesordnug. Beduinenheere bildeten einen festen Teil der himyaritischen Armee und neben der bäuerlichen Hochlandbevölkerung gewannen Beduinen immer mehr an Bedeutung. Zudem wurden in ganz Südarabien Bewässerungsanlagen und Oasen immer weniger gepflegt, was neben dem **Niedergang des Karawanenhandels** allmählich zum Untergang der anderen Hochkulturen führte. Da die Himyariten außerdem wichtige Hafenstädte am Roten Meer eroberten, wurden sie zu einem immer einflussreicheren Machtfaktor. Ende des 1. Jh. n. Chr. hörten *Qatabān* und *Maʿīn* auf zu existieren, *Saba'* und *Ḥaḍramaut* bestanden zwar weiter, wurden aber immer mehr von den Himyariten bedroht.

Gegen Ende des 2. Jh. eroberten christlich-ostafrikanische Invasoren aus Aksum und Abessinien die *Tihāma*. Obwohl *Saba'* vorübergehende Bünd-

Weihrauchharz wurde in der Antike mit Gold aufgewogen

nisse mit deren Herrschern schloss, stiegen die Himyariten zur regionalen Seemacht und zum reichsten Staat auf, der sich Ende des 3. Jh. endgültig gegen *Saba'* durchsetzte und auch *Ḥaḍramaut* unterwarf, wobei *Šabwa* (Schabwa) zerstört wurde.

Ḥimyar, mit seiner im Bergland gelegenen Hauptstadt *Ẓafār* (Thafar, südlich des heutigen *Yarīm* – Jariem) war somit die **alleinige Macht in Südarabien,** deren Blütezeit in die erste Hälfte des 5. Jh. fiel. Ihr Herrschaftsgebiet reichte von Najran im heutigen Süd-Saudi-Arabien bis ins südomanische Dhofar. Diese Zeit ist eine der wenigen, zu der Südarabien unter der Herrschaft eines einzigen Souveränen geeint war.

Bereits ab dem 4. Jh. wichen die Himyariten immer mehr von ihrem an Himmelsgestirnen ausgerichteten Vielgötterglauben ab und wandten sich einer Gottheit zu. Sie waren damit dem **Monotheismus** schon lange vor der Entstehung des Islam verbunden (siehe: „Ausbreitung des Islam"). Die Ursache liegt in dem zunehmenden Einfluss der aus Äthiopien stammenden **christlichen Abessinier** und der Missionierung Arabiens durch die Römer. Der letzte Himyaritenkönig und sein Gefolge versuchten sich im 6. Jh. durch Annahme des jüdischen Glaubens dem Machtkampf zwischen dem persischen Sassanidenreich und dem oströmischen Byzanz zu entziehen. Sodann versuchte der himyaritische König das Judentum als Staatsreligion durchzusetzen. Als die christlichen Bewohner von Najran, die unter dem Schutz der Abessinier standen, den Übertritt verwehrten, kam es zu Massenmorden. Die Abessinier unternahmen mit Unterstützung der Byzantiner eine Strafexpedition, unterwarfen die Himyariten und wurden ab 525 zu den neuen Herren und ersten Fremdherrschern Südarabiens. Das Christentum wurde kurzzeitig zur vorherrschenden Religion Südarabiens, zahlreiche Kirchengründungen gehen zurück auf abessinischen und oströmischen Einfluss.

Die Himyaritenstämme gaben aber nicht auf, sie baten die **persischen Sassaniden** um Hilfe. Diese beendeten zwar die abessinische Vorherrschaft, aber nur wenige Jahre später übernahmen sie selbst die Macht. Im Jahr 598 war die Ära der südarabischen Königreiche endgültig beendet, denn Jemen wurde zur persischen Provinz erklärt.

Bild der Grabmoschee des Propheten *Muḥammad* im saudi-arabischen Medina

36

007je Foto: kk

Ausbreitung des Islam

„Sag: Ich bin nur ein Mensch wie ihr, (einer) dem (als Offenbarung) eingegeben wird, daß euer Gott ein einziger Gott ist. Nehmt nun Kurs auf ihn und bittet ihn um Vergebung (für eure Sünden)! Doch wehe denen, die (ihm andere Götter) beigesellen."

(Koran 41:6)

Der Prophet Muḥammad

Im Jahre 570 n. Chr. wurde *ʿAbū al-Qāsim Muḥammad bin ʿAbdallāh*, so lautet der volle Name des Propheten *Muḥammad* („Der Gepriesene"), in der Stadt Mekka im heutigen Saudi-Arabien geboren. Er gilt als **Stifter des Islam,** ihm wurde von Gott das heilige Buch aller Muslime, der Koran, (arab. *qurʾān*, „Vortrag", „Lesung") offenbart. Damit nahm die rasante Ausbreitung dieser Glaubens- und Lebenslehre ihren Anfang.

Die Stadt **Mekka** war ein bedeutender Umschlagplatz an einer Handelsroute, die von Südarabien ans Mittelmeer führte. Die Kaaba (arab. *kaʿba*, „Würfel", für Muslime der Mittelpunkt der Welt) war schon in vorislamischer Zeit ein Heiligtum, in dem verschiedene Gottheiten verehrt

Gott hat keine Kinder

Der Prophet *Muḥammad* ist der Gesandte Gottes, also ein sterblicher Mensch wie alle anderen Menschen (Koran 41:6, siehe Zitat auf der Einführungsseite dieses Kapitels). Er wird nicht als Sohn Gottes angesehen, da Gott nach islamischer Vorstellung keine Kinder haben kann. Da *Muḥammad* nicht wie etwa *Jesus Christus* göttlich verehrt wird, lehnen Muslime auch die Bezeichnung „Mohammedaner" ab. Für Muslime ist *Jesus* ein Prophet und wichtiger Wegbereiter des Islam (und heißt auf arab. *ʿĪsā).*

wurden. *Allāh* spielte unter den zahlreichen Astral- und Naturgottheiten nur eine sekundäre Rolle und war noch namenlos.

Im Alter von vierzig Jahren erschien *Muḥammad* der *Engel Gabriel* (arab. *Ǧabrā'īl*, Koran 2:97 ff.), der ihm nach und nach die Worte *Allāhs*, den **Koran,** übermittelte. *Muḥammad* sah sich zunächst als Nachfolger der Propheten des Neuen und Alten Testaments. In den ersten Jahren war sein Hauptanliegen die Schaffung eines Buches, das den heiligen Schriften der Juden und Christen entsprach und den Arabern endlich in ihrer Sprache die göttliche Offenbarung bringen sollte, die ihnen bislang vorenthalten war. Dieser **Monotheismus** sollte den bestehenden Glauben an verschiedene Gottheiten ablösen.

Die **südarabischen Völker** – von den Sabäern bis zu den Himyariten – glaubten an verschiedene Gestirnsgottheiten, ihrem Pantheon stand die Göttertrias Sonne, Mond und Venusstern voran. Der oberste Gott bei allen war *ʿAṯtar*, der Gott des Venussterns.

Weil *Muḥammad* in seiner Heimatstadt keine Möglichkeit sah, die neue islamische Werteordnung gegen die konservativ gesinnten Kreise von Priestern und Händlern durchzusetzen, zog er mit seinen Gefolgsleuten 622 n. Chr. aus Mekka fort. Dieser **Abwanderung** wird in der gesamten islamischen Welt eine so große Bedeutung beigemessen, dass sie den Beginn der islamischen Zeitrechnung markiert (arab. *hiǧra*, siehe: „Islam/ „Religiöse Feste"/„Islamischer Kalender"). Die Stadt, in die er zog, wurde umgenannt zu *Al-Madīnat al-Nabiyy*, „die Stadt des Propheten", was sich später zu **Medina** (arab. *Al-Madīna*, „die Stadt") verkürzte. Hier fand *Muḥammad* schnell weitere Sympathisanten und er begann feste Regeln für das Miteinander der Gläubigen aufzustellen.

Doch der Prophet wirkte nicht nur als **religiöser Führer,** sondern er bemühte sich auch um den Aufbau eines organisierten Staatswesens und wirkte als **Sozialreformer.** Er erhob sein Wort gegen den gesellschaftli-

chen und moralischen Niedergang der damaligen Zeit, in der Konflikte und Kriege zwischen den Stämmen an der Tagesordnung waren.

Muḥammad wollte nicht nur eine neue Religionslehre vermitteln und soziale Ungerechtigkeiten beseitigen, er hatte auch die Vision das zerstrittene zentralarabische Stammeswesen zu Gunsten einer großen **„Gemeinde" aller Muslime,** der arab. *'umma*, zu überwinden.

Mit den Bewohnern seiner Heimatstadt Mekka begann eine kriegerische Auseinandersetzung, die mit dem **Sieg des Propheten** und seiner Anerkennung als Führer endete. Ab diesem Zeitpunkt breitete der Islam sich innerhalb kurzer Zeit über fast die gesamte Arabische Halbinsel aus. Zeitweise geschah dies durch Kämpfe und Eroberungen, zum Teil wurde der Glaube freiwillig angenommen, so wie im Jemen. Zudem waren die Jemeniten unter den Ersten, die zu dem neuen Glauben übertraten. Im Jahr 628 bekannte sich der fünfte und letzte persische Statthalter (mit dem Rang eines Vizekönigs) zum Islam. Ihm folgten nach und nach die Mehrheit der jemenitischen Stammesherrscher sowie schließlich der Großteil der Bevölkerung.

Muḥammad **starb** nach einer kurzen Fieberkrankheit im Jahr 632 in Medina, wo auch die den Muslimen heilige Moschee steht, in der er begraben ist.

Ära der Kalifen

Nach *Muḥammads* Tod entstand Streit um die Führung des neu entstandenen islamischen Reiches, da der Prophet keine Söhne hatte und keinerlei Verfügungen für seine Nachfolge erlassen hatte. In Anlehnung an alte Stammestraditionen wurde der engste und würdigste Vertraute, *'Abū Bakr aṣ-Ṣiddīq*, zum Nachfolger ernannt. Ihm folgten *ʿUmar bin al-Ḫaṭṭāb*, *ʿUṯmān bin ʿAffān* und *ʿAlī bin 'Abī Ṭālib*. Sie nannten sich **Kalifen** (arab. *ḫalīfa*, „Nachfolger") und galten als weltliche Herrscher des islamischen Staates, die aber nicht die Funktion des Propheten oder eines geistigen Oberhauptes innehatten. Sie wurden ehrvoll „Die Rechtgeleiteten" (arab. *ar-rašidūn)* und „Nachfolger des Gottgesandten" (arab. *ḫalīfa rasūl allāh)*

Muḥammad in kalligraphischer Spiegelschrift

genannt. Die Kalifen ließen sich in der jemenitischen Provinz durch eigene Statthalter vertreten.

In nur 50 Jahren nach dem Tod des Propheten breitete sich der neue Glaube bis zum heutigen Afghanistan im Osten und bis Libyen im Westen aus, wenig später sogar bis auf die Iberische Halbinsel. Es gab verschiedene Gründe für diese **rasche Ausbreitung des Islam,** vor allem gelang es, die zuvor zerstrittenen Stämme zu vereinen, die fortan gemeinsam im Dienste Gottes kämpften.

Um die Führung des islamischen Reiches gab es immer wieder Zwist. Nach der Ermordung des dritten Kalifen *ᶜUtmān* im Jahr 656 schwand die Einheit der Gläubigen und es folgten lange Bürgerkriegsjahre. Der Meuchelmord an dem vierten Kalifen *ᶜAlī*, dem Cousin des Propheten *Muḥammad* (und nach der Vermählung mit der Prophetentochter auch dessen Schwiegersohn), im Jahr 661 gipfelte in einer heute fortwährenden konfessionellen **Spaltung in Sunniten und Schiiten.**

Nach dem Tod *ᶜAlīs* folgten wechselhafte Zeiten. Das Amt des Kalifen wurde erblich und zudem verlagerten sich die Machtzentren der arabisch-islamischen Welt weg von Südarabien. Es folgte zunächst die Familiendynastie der sunnitischen **Umayyaden** (arab. *Banī 'Umayya*, 661–750) mit dem 5. Kalifen *Muᶜāwiya*, der den Regierungssitz von Medina nach Damaskus verlegte, anschließend das Kalifat der (ebenfalls sunnitischen) **Abbasiden** (arab. *Banī al-ᶜAbbās)*, das 1258 sein Ende fand, als die Mongolen deren Hauptstadt Baghdad eroberten. Jemen wurde bis zum Beginn des 9. Jh. von umayyadischen und abbasidischen Statthaltern regiert, lag aber an der Peripherie dieser beiden Großreiche, weswegen hier eine weitgehend isolierte Entwicklung ablief.

Sunniten und Schiiten

Die zwei großen Glaubensrichtungen des Islam sind Sunniten und Schiiten. Die Spaltung hat historische Gründe: Die Schiiten (arab. *šīᶜat ᶜAlī*, „Partei des *ᶜAlī*", *'ahl aš-šīᶜa*, „Angehörige der Partei") erkennen nur Nachkommen *ᶜAlīs* und somit Blutsverwandte des Propheten *Muḥammad* als rechtmäßige Kalifen an.

Dem entgegen sehen Sunniten (arab. *'ahl as-sunna*, „Angehörige des Brauches") eine Ahnenlinie mit dem Propheten als nicht unbedingt nötig an. Die Sunniten stellen heute einen Anteil von über 85 % der muslimischen Weltbevölkerung.

Schiiten und Sunniten unterteilen sich wiederum in einzelne Richtungen, die den Islam in Detailfragen und Rechtsgrundlagen unterschiedlich bewerten: Die Schiiten unterteilen sich in Zaiditen, Ismailiten, Djafiriten; die Sunniten in Schafiiten, Hanafiten, Malikiten und Hanbaliten.

Im Jemen begann eine Epoche, in der ständig **wechselnde Stammesaristokratien** einzelne Landesteile beherrschten. In manchen Gebieten konnte Baghdad die nominelle Oberhoheit wahren, doch anderswo bildeten sich unabhängige Reiche oder Kleinstaaten mit unterschiedlicher Machtstärke und -dauer. Zu territorialen und tribalen Streitigkeiten kamen religiöse Gegensätze hinzu – all das prägte das jemenitische Mittelalter.

Regionale Dynastien im Mittelalter

„Nach der großen, aber unentschieden gebliebenen Auseinandersetzung zwischen der Christenheit und der arabisch-islamischen Welt in den Kreuzzügen entschwand Arabien aus dem Gesichtskreis Europas. Das Geburtsland des Islam geriet in Vergessenheit. Vergessen wurden auch die bedeutsamen Einflüsse, die arabische Wissenschaft und Kunst zu Beginn des Mittelalters und dann erneut während jener kämpferischen Berührungen auf die geistige Entwicklung des Abendlandes ausgeübt hatten."

(Hans Helfritz: „Entdeckungsreisen in Süd-Arabien")

Ziyaditen

819 rief der abbasidische Statthalter *Muḥammad bin Ziyād* seine Unabhängigkeit von den Abbasiden aus und begründete die Dynastie der Ziyaditen (arab. *Banī Ziyād). Ziyād* wollte einen Staat der Wissenschaft errichten und so gründete er in seiner **Hauptstadt Zabīd** (siehe: „Gesellschaft"/„Wohnformen"/„Städte des Weltkulturerbes") die älteste islamische Lehranstalt des Jemen, die gleichzeitig eine der ältesten Universitäten der Welt war. Das Einflussgebiet der Ziyaditen umfasste die Küstenebene *Tihāma* und zeitweise auch das Bergland, Teile des *Ḥaḍramaut*, *ʿAdan* (Aden) und die Küste am Indischen Ozean.

Zaiditen

Im **Norden** des Jemen etablierten sich 897 die schiitischen Zaiditen (arab. *Banī Zaidīya)*, die ihre Macht über diesen Landesteil kontinuierlich bis 1962 aufrecht erhalten konnten. Die insgesamt 67 zaiditischen Imame (arab. *'imām*, „Anführer", religiös-geistliche Führer, in anderer Funktion auch Vorbeter oder Vorsteher einer Moschee) vermochten es, ihre Herrschaft je nach politischer Situation mehr oder weniger weit auszudehnen.

Ṣanʿā' (Sana'a) war heiß umkämpft, gehörte immer wieder zu ihrem Gebiet und fiel wiederholt in andere Hände.

Erster **Imam** war *Yaḥiā bin Ḥusain ar-Rassī*, ein Gelehrter aus Medina, der den Beinamen *Al-Hādī* „der Rechtleitende" innehatte und ein Nachkomme des Propheten im 7. Grad war. Angesichts ständiger Kämpfe war *Al-Hādī* von Stammesführern zu Hilfe gerufen worden. 897 wurde er zu ihrem religiösen und weltlichen Oberhaupt, das bis zu seinem Tod 911 als Imam in *Ṣaʿda* (Saada) herrschte. Seine Nachfolger hatten wechselnde Residenzen. Die Stämme nahmen den zaiditischen Glauben an, haben sich untereinander aber nicht befrieden lassen.

Hans Helfritz erklärt in „Entdeckungsreisen in Süd-Arabien" anschaulich den Begriff Imam: *„Der Titel Imâm besagt, daß sein Träger ein direkter Nachkomme des Propheten ist, und zwar, da Mohammed keine Söhne hatte, seines Enkels Hussein, eines Sohnes seiner Tochter Fatima. Die Würde des Imâm beruht also auf den geheimnisvollen Banden des Blutes. (...) Allerdings ist diese Übertragung an gewisse Voraussetzungen geknüpft. Ursprünglich waren es fünfzehn Eigenschaften, die ein Nachkomme Mohammeds aufweisen mußte, um die Würde des Imâm in Anspruch nehmen zu können. Dazu gehörte vor allem, daß er sich als gewöhnlicher Mensch bewährte und namentlich als Glaubenskämpfer bewies, daß der Geist des Propheten in ihm lebendig oder, genauer gesagt, in ihm wiedergeboren war."*

Sulaihiden

Im **Süden** dagegen gründete sich 1045 die Dynastie der schiitischen Sulaihiden (arab. *Banī Ṣulaiḥī)* durch *ʿAlī bin Muḥammad aš-Ṣulaiḥī*. Ihr Staat

Noch mehr Kleinstaaten

5.–15. Jh.:	Dynastie der Kinda (arab. *Kinda)*, Residenz *Šabwa* (Schabwa)
840–1063:	Dynastie der Yafuriden (arab. *Ban Yaʿfur)*, Residenz *Šibām* (Schibam, Zentraljemen)
1012–1061:	Dynastie der Nadjahiden (arab. *Banī Naǧāḥ)*, Residenz *Zabīd*
1083–1175:	Dynastie der Zuraididen (arab. *Banī Zuraiʿ)*, Residenz *ʿAdan* (Aden)
1099–1175:	Dynastie der Hatimiden (arab. *Banī Ḥātim)*, Residenz *Ṣanʿā'* (Sana'a)
1158–1174:	Dynastie der Mahdiden (arab. *Banī Mahdī)*, Residenz *Zabīd*
1454–1534:	Dynastie der Tahiriden (arab. *Banī Ṭāhir)*, Residenz *Zabīd*
15. Jh.–1967:	Dynastie der Al-Kathiri (arab. *Al-Kaṯīr)*, Residenz *Say'ūn* (Sejuhn)

reichte von ihrer späteren Hauptstadt *Ṣanᶜā'* (Sana'a) über den Bergjemen nach Süden bis einschließlich nach *ᶜAdan* (Aden) sowie die *Tihāma.* Die Sulaihiden waren Alliierte und Glaubensbrüder der Fatimiden (arab. *Fāṭimīyūn,* Kalifat in Kairo 973–1171), die vormals bereits versucht hatten, Jemen zu missionieren.

Der letzte Regent dieses Herrschergeschlechts war eine Frau, **Königin 'Arwā bint 'Aḥmad,** die 1087 die Hauptstadt von *Ṣanᶜā'* nach *Ğibbla* (Dschibbla) verlegte. Mit ihrer Klugheit, Tatkraft und Frömmigkeit errang sie den Ruhm einer zweiten Königin von *Saba'.* Mit dem Tod von *'Arwā* 1138 endete die fatimidisch-sulaihidische Periode im Jemen.

Ayyubiden

1174 marschierten die aus Ägypten kommenden Ayyubiden (arab. *Banī 'Ayyūb,* 1171-1250, Kalifat in Kairo) mit einem Heer in der *Tihāma* ein und erklärten *Zabīd* als Residenz. Ein Jahr später gelang ihnen die Eroberung von *Ṣanᶜā'* (Sana'a). Ziel dieser nicht-jemenitischen Besatzer war es, den **Seehandel** zwischen Asien und Europa zu kontrollieren, der sich – seit dem Machtverlust Baghdads und dem Aufstieg Kairos – vom Persischen Golf zum Golf von *ᶜAdan* (Aden) und dem Roten Meer verlagert hatte. Daher eroberten sie *ᶜAdan* und sicherten sich durch hohe Hafensteuern beträchtliche Einnahmen.

Einige Jahre später beherrschten die sunnitischen Ayyubiden nicht nur das Gebiet von *ᶜAdan* nach *Ṣanᶜā'* sowie die *Tihāma,* sondern die **perfekt organisierten Kriegsherren** dehnten ihre Macht bis in das *Wādī Ḥaḍramaut* aus. Im Norden vermochten die Zaiditen ihr Reich zu halten. Durch ein gut organisiertes Verwaltungssystem bewahrten die Ayyubiden ihre Vormachtstellung bis 1229.

Rasuliden

1228 löste sich der Truppenkommandant *Nūr ad-Dīn* vom Ayyubidenreich, ernannte sich zum Sultan von Jemen und begründete die **bedeutende Dynastie** der Rasuliden (arab. *Banī Rasūl).* Er konnte auf der geordneten Verwaltung seiner Vorgänger aufbauen und herrschte über einen Staat, der später in seiner größten Ausdehnung vom Roten Meer bis ins heute südomanische Dhofar reichte. 1230 schloss er mit dem Zaiditenherrscher Frieden und *Ṣanᶜā'* wurde den Rasuliden zugesprochen – kulturelles Zentrum und Hauptstadt war allerdings *Taᶜizz* (Taizz). Somit existierte ein Staat mit einer Ausdehnung, wie er seit himyaritischer Herrschaft nicht mehr bestanden hatte.

In den nächsten - ungewöhnlich friedlichen und politisch stabilen - 200 Jahren entstanden zahlreiche prachtvolle Moscheen, Paläste und Koranschulen, **Architektur, Kunst und Wissenschaft** erreichten eine einmalige Blüte, über *ᶜAdan* (Aden) wurden Handelsbeziehungen zu Ägypten aufgenommen. Der Wohlstand der Rasuliden beruhte auf Steuereinnahmen; eine effiziente **Verwaltung,** die auch eine effiziente Fiskalpraktik ermöglichte, bildete ein wichtiges Fundament rasulidischer Herrschaft.

Mit alledem standen die orthodox-schafiitischen Rasuliden im Kontrast zu den im Norden regierenden Zaiditen, die territorial, politisch und religiös lieber auf sich gestellt blieben. Dadurch wurde die - bis heute bestehende - **Teilung des Jemen in einen schiitischen Norden und einen schafiitischen Süden** weiter gefestigt.

1324 eroberten die Zaiditen *Ṣanᶜā'* und drängten die Rasuliden in den Süden des Landes zurück. Bis Mitte des 14. Jh. konnten die Rasuliden ihre Herrschaft über den Süden samt *ᶜAdan* sowie über *Taᶜizz* und die *Tihāma* aufrecht erhalten.

Fremde Mächte der Neuzeit

„Arabien selbst aber, das mehrere Jahrhunderte lang die Welt erschüttert hatte, hörte auf, eine eigene Geschichte zu haben. Es trat von der Bühne des Geschehens ab und wurde zu einem entlegenen und vernachlässigten Teil des Osmanischen Reiches."

(Hans Helfritz: „Entdeckungsreisen in Süd-Arabien")

Koloniale Interessen

Am Ende des Mittelalters waren der Fall Konstantinopels 1453 und die Entdeckung Amerikas 1492 die entscheidenden historischen Ereignisse. Die **islamische Welt** wurde (Jemen zunächst noch ausgenommen) durch das Kalifat der Mamelucken (arab. *Mamālīk)* regiert, die bereits 1250 die Ayyubiden durch einen Militärputsch entmachtet hatten. Die Mamelucken hatten ursprünglich den Ayyubiden als versklavte Söldner zu Diensten gestanden.

Die Länder am Indischen Ozean hatten wieder ein anderes Schicksal, denn sie wurden durch die **Portugiesen** kolonialisiert. Lange Zeit war Jemen für fremde Mächte uninteressant, doch als der Portugiese *Vasco da Gama* 1497 den Seeweg um Afrika herum nach Indien erkundet hatte, er-

Bohnen des Wohlstands – Jemens Kaffeemonopol

Kaum einer weiß, dass der Siegeszug des Kaffees im Jemen des 16. Jh. begann und dass noch vor 200 Jahren jeder einzelne nach Europa verschiffte Bohnensack aus Südarabien kam. Das raue jemenitische Bergland war damals das weltweit einzige Gebiet, in dem der anspruchslose Kaffeestrauch mit botanischem Namen *Coffea arabica* kultiviert wurde.

Eigentlich stammt die Pflanze aus Äthiopien, doch bereits seit dem 14. Jh. waren Anbau und Genuss des Kaffees in Jemen verbreitet. Zunächst konsumierten kleine wohlhabende Kreise, wie städtische Oberschichten und geistliche Würdenträger, Kaffee. Dann breitete sich das Getränk immer mehr in osmanisch besetzten Städten aus, begünstigt durch die Eroberungen der Türken, den Karawanenhandel und die Pilgerfahrten nach Mekka. Allmählich tranken immer mehr Menschen in Südarabien Kaffee.

Mitte des 16. Jh. eröffneten in Kairo, Damaskus und Istanbul die ersten Kaffeehäuser ihre Türen – bis das Getränk sich jedoch in Mitteleuropa durchsetzte, dauerte es noch ein weiteres Jahrhundert. In Europa verbreitete sich das Getränk nicht nur durch die Osmanen, sondern vielmehr brachten begeisterte britische Handelsschiffer es von ihren Reisen mit.

Um die grünen Bohnen günstig im Jemen einkaufen zu können, unterhielten Briten, Franzosen, Amerikaner und Niederländer seit Beginn des 17. Jh. Handelsniederlassungen in *Al-Muḫā* (Mocha), einer damals wirtschaftlich blühenden Stadt am Roten Meer, die bis heute Namensgeber des Mokkas ist.

Einen guten Einblick in das damalige Kaffee-Vermarktungssystem liefern die Schilderungen von *Carsten Niehbuhr* aus der Mitte des 18. Jh. Hier Beispiele: *„Die Bäume stehen so dicht beieinander, daß die Sonne nicht durchscheinen kann. Man erzählte mir, daß die künstlich bewässerten Bäume zweimal pro Jahr Früchte tragen, die anderen nur einmal." „Beit el fakih hat eine vortreffliche Lage. (...) Hier befindet sich der größte Kaffeehandel im Jemen, ja vielleicht der ganzen Welt. Seinethalben kommen unzählige Kaufleute hierher, aus Ägypten, Syrien, Konstantinopel, Marokko, Persien, Indien und Europa."*

Die Jemeniten gestatteten Ausländern lediglich den Aufenthalt in den Küstenstädten und an den Lagerplätzen, nicht aber in den Anbaugebieten. Bis zum Anfang des 18. Jh. konnten die Jemeniten ihre Monopolstellung für Anbau und Vermarktung halten. Dann gelang es Holländern trotz aller Vorsicht, trotz drohender Strafen und eines strengen Exportverbotes junge Kaffeepflanzen außer Landes zu schmuggeln und in ihren ostasiatischen Kolonien anzupflanzen. Bis zum Ende des 18. Jh. konnten sich die Jemeniten noch im Kaffeegeschäft behaupten, doch seitdem sind sie nicht mehr konkurrenzfähig, denn Bohnen aus Plantagenanbau in Ostasien oder Mittelamerika sind wesentlich preiswerter.

Wer genau hinsieht, kann eine moderne Form der Huldigung dieser Ära auf dem jemenitischen Staatswappen entdecken, denn auf dem Bauch des Adlers ist ein Kaffeestrauch abgebildet.

009je Foto: kk

rang die südarabische Region an der Mündung des Roten Meeres eine besondere strategische Bedeutung. Durch den Besitz des riesigen Naturhafens von *ᶜAdan* (Aden) wollten die Portugiesen den gesamten Indienhandel und den Handel auf dem Roten Meer kontrollieren. Doch ihre 1513 und 1517 unternommenen Versuche die Hafenstadt zu erobern scheiterten.

Auch die **Mamelucken** interessierten sich von nun an für Jemen und eroberten 1515 die *Tihāma* und die Gegend von *Ṣanᶜā'* (Sana'a) bis *Taᶜizz* (Taizz). *ᶜAdan* konnten sie trotz ihrer überlegenen Waffentechnik (Kanonen und Schusswaffen gegen Schwerter) nicht einnehmen. Nur zwei Jahre später wurden sie von den Osmanen durch die Eroberung Kairos zwar entmachtet, im Jemen marschieren die **Türken** aber erst 1537 ein, weshalb die Mamelucken dort ihre Macht zunächst noch aufrecht erhalten konnten. Im nächsten Jahr fiel *ᶜAdan* durch den geschickten Angriff der osmanischen Flotte. Dies war der Beginn der ersten türkischen Besetzung des Jemen, die bis 1635 dauerte.

Der ehemalige Sultanspalast von *Say'ūn* (Sejuhn)

Osmanische Besatzungszeit

Die **Osmanen** hatten die Herrschaft von Byzanz gebrochen und beherrschten von 1537 bis zum 1. Weltkrieg ein Reich, das sich von Marokko bis Ungarn ausdehnte. 1548 eroberten sie *Ṣanʿā'* und zu Beginn des 17. Jh. sogar Teile des zaiditischen Kernlandes. Neben der Kontrolle des Seehandels konnten die Türken auch den seit Beginn des 16. Jh. aufgekommenen Kaffeehandel beherrschen, für den Jemen ein Handelsmonopol besaß. Obwohl sie den Kaffeeanbau forcierten, wurden sie mit ihren jemenitischen Besitzungen weder reich noch glücklich, denn die einheimischen Stämme, insbesondere die Zaiditen, leisteten so erbitterten Widerstand, dass die Region den Beinamen „Grab der Türken" erhielt. Den zaiditischen Imamen gelang es sogar, die verschiedenen Kräfte weitgehend in ihrer **Opposition gegen die Osmanen** zu einen. Zwar hatten die Türken wichtige Hafenstädte sowie *Ṣanʿā'* und *Taʿizz* in ihrer Hand, doch die Verbindungswege und das Hinterland vermochten sie nicht zu kontrollieren. 1635 kapitulierten sie schließlich – nicht zuletzt, weil sie wegen eines Krieges mit Persien kaum noch Soldaten nach Südarabien schicken konnten.

17. bis 19. Jahrhundert

Nach diesem ersten Rückzug der Osmanen vermochten die **Zaiditen** – wenn auch inzwischen geschwächt – dieses Machtvakuum aufzufüllen. Ihr Reich erreichte somit seine größte territoriale Ausdehnung und umfasste zumindest nominell auch *ʿAdan* und Südjemen. Die Zaiditen dehnten den Kaffeeanbau aus und ernteten den Reichtum, welcher die Vermarktung dieses damals weltweit wichtigsten Handelsgutes brachte. Die Hafenstadt *Al-Muḫā* (Mocha) gewann an handelspolitischer Bedeutung. Doch der Verlust von territorialer – aber auch spiritueller – Macht der zaiditischen Imame setzte noch im selben Jahrhundert ein. Insbesondere im Südjemen nutzten dies einige lokale Stammesführer um selbstständige Kleinstaaten zu gründen. Und ab Beginn des 18. Jh. ebbte der Kaffeehandel nahezu zur Bedeutungslosigkeit ab. Der Einfluss europäischer Kolonialmächte erstarkte und die zentrale Gewalt der Zaiditen sank weiter.

1803 besetzten die aus Zentralarabien stammenden **Wahabiten,** Anhänger einer puritanisch-islamischen Lehre, die *Tihāma* sowie Teile des *Ḥaḍramaut.* Die Zaiditen riefen die in Ägypten in relativer Unabhängigkeit von den Osmanen herrschenden **Mamelucken** zu Hilfe, die zwar die Wahabiten vertrieben, sich aber daraufhin bis 1840 in der *Tihāma* festsetzten.

Um die Schifffahrt im Roten Meer zu schützen und zugleich auch die Mamelucken an weiteren Eroberungen zu hindern, nahmen die **Briten**

1839 *ʿAdan* (Aden) ein und unterstellten es ihrer Kolonialverwaltung. Auch die **Osmanen** beteiligten sich 1849 wieder am Geschehen im Jemen und besetzten die *Tihāma* sowie das Gebiet zwischen *Ṣanʿāʾ* und *Taʿizz*, später auch *Ṣanʿāʾ*. Sie wollten ebenfalls den Mamelucken Einhalt gebieten und ihre Herrschaft festigen.

Mit der **Eröffnung des Suezkanals** 1869 konnten Schiffe aus Europa nun ohne einen Umweg um Afrika Asien erreichen. Damit gewann Jemen – und wegen der günstigen geostrategischen Lage speziell *ʿAdan* – noch größere Bedeutung im internationalen Kampf um die Durchsetzung von Handelsinteressen und die Errichtung von Militärstützpunkten.

Start ins 20. Jahrhundert

Faktisch teilte sich Jemen gegen Ende des 19. und zu Beginn des 20. Jh. in drei Gebiete: Im Norden verschanzten sich die zurückgedrängten **Zaiditen** in gewohnter Tradition.

Im Süden sicherten sich **Briten** ihr Gebiet durch diverse Protektoratsverträge. Sie bauten *ʿAdan* zu ihrem wichtigsten Flottenstützpunkt in der Region und zum viertgrößten Hafen der Welt aus.

Im für die Briten eher uninteressanten Hinterland erstarkte die Herrschaft diverser Kleinstaaten und **Sultane,** die untereinander Machtkämpfe austrugen. Zu ihnen gehörten die Al-Kathiri-Sultane (arab. *Al-Kaṯīr),* deren Einflussbereich bereits seit Anfang des 18. Jh. auf das zentrale *Ḥaḍramaut* zurückgedrängt war. Ihre Gebiete wurden ihnen Ende des 19. Jh. streitig gemacht von den Quaiti (arab. *Quʿaitī),* die nach einem Aufstand aus dem Kreis ihrer Söldner emporgestiegen waren. Unbestrittene Herrscher waren die Quaiti jedoch nur an der Südküste. Zur „wahren" Machtverteilung im *Wādī Ḥaḍramaut* schreibt *Hans Helfritz* in „Entdeckungsreisen in Süd-Arabien": *„Das Gebiet von Hadramaut wird von einigen Feudalherren regiert, die den Titel Sultan führen. Aber sie hatten nicht viel zu sagen. Zumeist sind sie auf den Bereich ihrer prächtigen Schlösser beschränkt und führen dort mitsamt ihren Ministern und ihrem zahlreichen Hofstaat ein behagliches Leben nicht ganz freiwilliger Muße. Die wahren Herrscher von Hadramaut aber sind die fünf Brüder al Kaf, eine Kaufmannsfamilie, dem alten Adel des Landes entstammend. Sie leiten den gesamten Handel Hadramauts, haben ausgedehnte Besitzungen in Vorder- und Hinterindien (so zum Beispiel gehören ihnen die beiden größten und besten Hotels in Singapore), und der unermeßliche Reichtum, über den sie verfügen, verleiht ihnen königliche Macht. Man könnte sie die Medici von Hadramaut nennen."*

Nachdem Briten und **Osmanen** um die Vorherrschaft über verschiedene Stammesgebiete gerungen hatten, legten sie 1905 und 1914 eine vertragliche Grenze fest. Den Briten fiel dies leicht, da sie im Wesentlichen nur an *ʿAdan* interessiert waren. Für die Osmanen war die Präsenz im Jemen schon wenige Jahre später vorbei, denn ihr Großreich ging mit dem Ende des 1. Weltkriegs unter. Die Protektoratsherrschaft der britischen Krone über südjemenitische Gebiete währte bis Ende der 1960er Jahre.

Geteilter Jemen

„Mit der neuen Weltepoche, die die Schüsse von Sarajewo einleiteten, trat eine Wendung ein. Nicht nur, daß zum erstenmal wieder seit den Kreuzzügen europäische Heere auf arabischem Boden kämpften und dadurch eine unmittelbare Berührung mit jener östlichen Welt herbeigeführt wurde. Wichtiger noch wár, daß Arabien plötzlich wieder eine eigene Geschichte zu haben begann. In dem großen Schmelzprozeß des ersten Weltkrieges löste es sich aus seiner Erstarrung und geriet in den Strom der Entwicklung, deren Ende noch nicht abzusehen ist. Damit lüftete sich auch das Schweigen, das über ihm lag."

(Hans Helfritz: „Entdeckungsreisen in Süd-Arabien")

Nordjemen

Im Nordjemen wurde 1904 *Yaḥiā bin Muḥammad* zum Imam gewählt. Er stammte aus der Familie der seit 1889 herrschenden *Ḥamīd ad-Dīn* und war maßgeblich an der Befreiung von der türkischen Fremdherrschaft beteiligt. *Yaḥiā* hatte es geschafft, das Herrschaftsgebiet des Zaiditenstaates bis an die Grenze des britischen Protektoratsgebietes auszudehnen. Von den Siegermächten des 1. Weltkrieges wurde er 1920 als **König vom Jemen** anerkannt. *Yaḥiā* griff mit seinen Truppen mehrfach die Briten im Südjemen an, musste aber nach Bombardements der Royal Air Force seine Unterlegenheit einsehen und unterzeichnete 1934 einen Friedensvertrag, der auch den südlichen Grenzverlauf festlegte.

Der Zaiditenstaat wurde wie schon seit über 1000 Jahren traditionell regiert und war außenpolitisch isoliert. Es gab keine Industrie. Infrastruktur, Gesundheitssystem und Schulwesen waren rückständig. *Yaḥiā* herrschte als **absolutistischer Tyrann.** Kein Ausländer durfte sein Land betreten, und ohne seine persönliche Erlaubnis durfte kein Jemenite im Land herumreisen, Auslandsreisen waren verboten. Ausländischen Einfluss sah er als Teufelswerk an. Dazu eine Beschreibung von *Hans Helfritz* aus „Entdeckungsreisen in Süd-Arabien": *„Wie bereits angedeutet, hat der Islam in* *der Zeit zwischen den beiden Weltkriegen einen strengeren, fast asketischen Zug angenommen, wie er ihm früher in dem Maße nicht eigen war. Das ist wohl als eine Abwehrbewegung gegen die fremden, von außen andrängenden Einflüsse zu erklären. (...) So verhinderte der König im Jemen die Anlage von Telefonen, von Eisenbahnen, Wasserleitungen und Druckereien. Auch die Einfuhr von Automobilen verbot er. Im ganzen Jemen gab es damals nur zwei oder drei Autos, und die gehörten dem König und durften nur in ganz besonderen Fällen benutzt werden. Er selbst fuhr niemals damit, sondern bediente sich der königlichen Pferdekutsche. Überall waren dort die bis zur Bevormundung gehenden Eingriffe in das tägliche Leben zu spüren. Um nur ein Beispiel zu erwähnen: Ein Jude hatte nach vielen Mühen vom König die Erlaubnis erhalten, ein paar Grammophone nach San'a einzuführen. Allerdings nur mit arabischen Platten. Er verkaufte die Grammophone an einige wohlhabende Moslemin. Diese nun ließen ihren Apparat den ganzen Tag bis tief in die Nacht fast ununterbrochen laufen und waren so vertieft in das neuartige Spielzeug, daß sie sogar das Beten darüber vergaßen. Als dies dem König zu Ohren kam, verbot er kurzerhand diese moderne Seelen-Zerstörer, und die Grammophone verschwanden wieder."*

Viele Einwohner Nordjemens flohen nach Ägypten oder *ʿAdan*, wo sich in den 1930er und 40er Jahren offener **Widerstand** gegen Imam *Yaḥiā* formierte. Es entstand die Oppositionsfront „Freie Jemeniten", der sich auch einer von *Yaḥiās* Söhnen anschloss. 1948 gelang ihnen die Ermordung des Despoten. Seine Nachfolge übernahm allerdings ein anderer Sohn, *'Aḥmad*, der durch geschicktes Taktieren die Stämme des Nordens für sich gewinnen konnte, sein Amt aber genauso totalitär und tyrannisch wie sein Vater ausübte. Er verlegte seinen Herrschersitz nach *Taʿizz*, überstand diverse Attentate und Putschversuche und regierte bis zu seinem Tod 1962. Da auch sein Sohn und Nachfolger keine politischen und wirtschaftlichen Veränderungen in Aussicht stellte, wurde er bereits nach einer Woche durch einen Militärputsch gestürzt. Am 26.9.1962 war mit der Gründung der **Arabischen Republik Jemen** das Ende der langjährigen Zaiditen-Herrschaft besiegelt.

Zwischen Stämmen, die dem Imam treu waren, und Republikanern entbrannte ein blutiger **Bürgerkrieg,** der fast acht Jahre dauerte. Die Republikaner bekamen Schützenhilfe von den Ägyptern, wohingegen die Royalisten aus Saudi-Arabien unterstützt wurden. Erst 1970 versöhnten sich die gegnerischen Parteien, doch bis dahin hatten rund 250.000 Menschen ihr Leben lassen müssen und waren zahlreiche Dörfer zerbombt. Das Land

Kalaschnikows sind mancherorts noch heute so allgegenwärtig wie Kopftücher

war wirtschaftlich am Ende und innenpolitisch quasi handlungsunfähig. Trotz anhaltender Machtkämpfe schafften es die verschiedenen politischen Gruppierungen, tribale und religiöse Führer sowie Militärs dennoch, eine Verfassung auszuarbeiten und eine Regierung aufzustellen.

Vier Jahre später übernahm das Militär die Macht. Die in den Folgejahren immer wieder neu ernannten Präsidenten fielen stets Attentaten zum Opfer, bis 1978 die Amtszeit von **ᶜAlī ᶜAbdallāh Ṣāliḥ** begann, der noch heute Präsident des Jemen ist. Trotz anhaltender Putsch- und Mordversuche konnte er die innenpolitische Lage stabilisieren. *Ṣāliḥ* setzte Demokratisierungsmaßnahmen durch, gründete einen Konsultativrat, veranlasste Regierungsumbildungen, ließ Grundsatzprogramme ausarbeiten und unabhängige Gewerkschaften zu. Aufbau und Modernisierung des rückständigen Landes begannen. Großen Anteil an einem einsetzenden Wachstumsschub hatten Devisenüberweisungen von im Ausland arbeitenden Jemeniten. Für nahezu jede Familie arbeitete ein männlicher Angehöriger als Gastarbeiter, zum Großteil in Saudi-Arabien (siehe: „Gesellschaft"/„Wirtschaft"/„Wirtschaftsgrundlagen").

Südjemen

In der 1. Hälfte des 20. Jh. bestimmten weiterhin die **Briten** das politische Schicksal des Südjemen. 1959 gründeten sie die „Föderation der Arabischen Emirate des Südens", die nach weiteren Beitritten lokaler Sultanate oder Scheichtümer umbenannt wurde in „Südarabische Föderation". Seit 1963 organisierten sich mit nordjemenitischer und ägyptischer Hilfe **Widerstandsbewegungen** und in den folgenden Jahren kam es immer wieder zu bewaffneten Auseinandersetzungen, in denen die Briten auch ihre Luftwaffe einsetzten und Dörfer der Freiheitskämpfer in Flächenbombardements zerstörten. Nach einem Regierungswechsel kapitulierten die Briten und kündigten ihren **Rückzug** aus Südarabien an. 1967 waren 128 Jahre britischer Kolonialherrschaft im Jemen beendet.

Die Regierung wurde nicht wie geplant an die Südarabische Föderation übergeben, sondern an die marxistische **Nationale Befreiungsfront,** die sich seit fünf Jahren gegen die britische Kolonialherrschaft zur Wehr gesetzt hatte. Innerparteiliche Vormachtkämpfe prägten die folgenden Jahre. Wirtschaftlich und entwicklungspolitisch stand das Land im Schatten Moskaus, das die strategische Lage als größten Vorteil empfand. Nach der Schließung des Suezkanals als Folge des ägyptisch-israelischen Krieges rückte Südjemen ins Abseits.

Nach **sozialistischem Vorbild** wurden alle ausländischen Handelseinrichtungen, Versicherungen und Banken verstaatlicht. Zahlreiche jemenitische und ausländische Unternehmen flohen ins Ausland. Die feudalen Großgrundbesitzer, die nahezu über den gesamten fruchtbaren Boden verfügten, wurden enteignet. Das Land ging über in Staatsfarmen und Genossenschaften. Es durfte sowohl von Kleinbauern als auch von landlosen, ehemaligen Beduinen bewirtschaftet werden, dazu wurden Bauern- und Arbeiterkomitees geschaffen. Auch Erlasse zur Auflösung tribaler Strukturen (siehe: „Gesellschaft"/„Stammeswesen") wurden verabschiedet.

1970 wurde die „Volksrepublik Südjemen" in die **„Demokratische Volksrepublik Jemen"** umbenannt – damit sollte ein Anspruch auf den gesamten Jemen ausgedrückt werden. Eine Verfassung wurde erlassen, welche den „wissenschaftlichen Sozialismus" propagierte und die staatstragende Macht allein der Partei zugestand. Die Legislative bildete der

Oberste Volksrat und die Exekutive der Präsidialrat unter Vorsitz des Staatspräsidenten.

Diese politische Richtung wurde in den nächsten 20 Jahren beibehalten. Allerdings kam es innerhalb der Partei zu **Flügelkämpfen:** Mehrmals löste eine linke Opposition die Regierung ab und musste sich dann mit einer neuen linken Gegenbewegung auseinander setzen. 1986 eskalierten die Kämpfe zum **Bürgerkrieg,** der nicht nur zahlreiche Menschenleben kostete, sondern auch die Partei ideologisch ruinierte.

Geldgaben aus sozialistischen Ostblockstaaten ermöglichten den Aufbau eines Militär- und Sicherheitsapparates und eröffneten den Südjemeniten wohlfahrts- und bildungspolitische Fortschritte, die weit über die eigenen wirtschaftlichen Mittel hinausgingen.

Nach jahrelangem Blutvergießen im Kampf um das Präsidentenamt löste sich im Zuge des **Niederganges** der ehemaligen UdSSR ab 1989 das sozialistische Gedankengut auch im Jemen allmählich auf. Zudem erhielt Südjemen immer weniger finanzielle Unterstützung von Seiten der letzten verbliebenen Bruderstaaten. Uneffektive Planwirtschaft und fehlgerichtete Subventionen trugen den Rest zum wirtschaftlichen Ruin bei.

In dieser politischen und wirtschaftlichen Krisensituation besann man sich auf frühere Gedanken, beide Landesteile zu vereinigen.

Republik Jemen

„Und als dann die Schranken fielen und die östliche Welt in Bewegung geriet, trat ein Volk hervor, das wieder stark genug geworden ist, um Anspruch auf ein eigenes Dasein zu erheben."

(Hans Helfritz: „Entdeckungsreisen in Süd-Arabien")

Vereinigungsfreuden

Am 22.5.1990 erfüllte sich für viele Jemeniten der lang gehegte Wunsch der Vereinigung, denn an diesem Tag wurde in *ʿAdan* (Aden) die Jemenitische Republik (arab. *Al-Ǧunhūrīya al-Yamanīya)* proklamiert. Die Einheit war nicht nur politisches Kalkül, sondern wurde von der Masse der **Bevölkerung** getragen. Die meisten Jemeniten betrachteten sich auf Grund ihres gemeinsamen kulturellen, historischen, tribalen und religiösen Erbes immer als zusammengehörig. Die Teilung war in den Augen vieler ein Relikt aus der Zeit des Kolonialismus. Der Abzug der Briten 1967 weckte erstmals Bündnishoffnung, doch die konträren politischen Systeme, die wirtschaftliche und gesellschaftliche Distanz sowie die jeweilige Unterstützung der Oppositionen des anderen Landesteiles verhinderten eine Annäherung.

1991 entschieden sich in einem Volksreferendum 98 % der Wahlberechtigten für eine gemeinsam entworfene **Verfassung.** In dieser wurde die parlamentarische Demokratie mit politischen Parteien, Presse-, Meinungs-, Reise- und Versammlungsfreiheit festgeschrieben. Nach westlichem Vorbild gilt der Grundsatz der Gewaltenteilung und die allgemeinen Grundrechte sind garantiert. Männern und Frauen wird das aktive und passive Wahlrecht zugesprochen. Der Islam ist Staatsreligion und die islamische Rechtslehre bildet die Grundlage der Gesetzgebung (siehe: „Islam"/„Grundzüge"/„Rechtsprechung").

Aus den beiden früheren Parlamenten und neu ernannten Vertretern wurde eine **Abgeordnetenversammlung** gebildet. Investitionen zum Wirtschaftsaufbau sowie zur Verbesserung der Infrastruktur und zum Aufbau des Schul- und Gesundheitswesens liefen an und der Anspruch auf enteignete Ländereien wurde anerkannt (jedoch steht die Rückerstattung bisweilen noch aus).

Die ersten gesamtjemenitischen **Parlamentswahlen,** die bemerkenswerter Weise auch die ersten freien und demokratischen Wahlen auf der Arabischen Halbinsel überhaupt waren, fanden 1993 statt. **Staatspräsident** (arab. *ra'īs)* der neuen Republik wurde *ʿAlī ʿAbdallāh Ṣāliḥ*, der Präsident des ehemaligen Nordjemen.

Bündnisprobleme

Die Vereinigung brachte nicht nur Freude, sondern auch Konflikte mit sich. Neben der Suche nach einem gemeinsamen politischen Konsens und einer adäquaten Ämterverteilung war die **Überwindung von ideologischen und sozialen Gegensätzen** die größte Schwierigkeit. Immerhin musste die komplizierte Aufgabe bewältigt werden, aus den Ruinen zweier undemokratischer Systeme eine gemeinsame demokratisch-pluralistische Regierungsform aufzubauen.

Einige konservative, islamistische und sozialistische Gruppierungen waren **mit der neuen Regierung und Verfassung nicht einverstanden.** Fundamentalistische Islamisten standen den „Ungläubigen" und „Kommunisten" des Südens feindlich gegenüber. Sie betrachteten die dortige „lockere" Gesellschaftsordnung als sittenwidrig, gab es doch eine Bierbrauerei, Frauenwahlrecht, Schleierverbot und Mädchenschulen. Radikalen Islamisten widerstrebte die verfassungsrechtliche Gleichstellung von Mann und Frau (die in späteren Reformen relativiert wurde, siehe: „Islam"/„Muslimische Gesellschaftsordnung"/„Geschlechtertrennung"). Zahlreiche Südjemeniten, insbesondere Jugendliche, betrachteten ihre Zukunft mit Skepsis – sie hatten zuvor zwar im strengen Sozialismus gelebt, aber dafür weitab von den Dogmen des Islam. Außerdem fühlten sich viele Jemeniten im Süden angesichts der **Dominanz des Nordens** unterlegen und daher frustriert. Auch einige Stämme des Nordens machten Widerstand gegen die Republik geltend, denn durch den Machtzuwachs der Zentralregierung fürchteten sie eine Schwächung ihrer Position.

Letzten Endes war die **wirtschaftliche Lage** der jungen Republik nahezu katastrophal, so dass viele Menschen verarmt und unzufrieden waren.

Bürgerkrieg und danach

Aus all den ideologischen Unvereinbarkeiten, Oppositionsbewegungen und Machtkämpfen heraus kam es im Mai/Juni 1994 zu einem kurzen, aber heftigen Bürgerkrieg. Dieser Krieg wurzelte in von den gegnerischen Parteien propagierten **Feindbildern** und Ideologien. Es war ein Krieg zwischen Sezessionisten der sozialistischen Partei aus dem ehemaligen Südjemen unter Führung des damaligen Vizepräsidenten und konservativen Gruppierungen aus dem ehemaligen Nordjemen unter der Führung des Präsidenten. Die mangelnde Kooperationsbereitschaft der jeweiligen politischen Eliten verhinderte eine Annäherung und forcierte diese kriegerische Auseinandersetzung.

Am 5.5. brachen zwischen den damals noch nicht zusammengeführten Truppen des Nordens und denen des Südens schwere Kämpfe aus. Knapp zwei Wochen später erklärte ein Teil der sozialistischen Partei den ehemaligen **Südjemen als unabhängig.** *ʿAdan* und *Ṣanʿāʾ* waren die Zentren dieses Krieges, unter dem wie so oft insbesondere die Zivilbevölkerung litt. Bei der Belagerung von *ʿAdan* wären fast Tausende der Einwohner verdurstet, mit Einverständnis der Militärführung in *Ṣanʿāʾ* wurde die Stadt zehn Tage lang zur Plünderung freigegeben. Jeder vom Süden angebotene Waffenstillstand wurde missachtet. Am 7.7. errangen die Regierungstruppen aus dem Norden einen klaren Sieg und der Bürgerkrieg wurde als beendet erklärt.

Die aus den Reihen der **Sozialistischen Partei** stammenden Führer der Sezessionisten und viele ihrer Anhänger flohen ins Ausland. Die Partei vollzog eine deutliche Selbstsäuberung und da sie inzwischen eine eindeutig antisezessionistische Politik propagierte, wurde sie sogar 1997 zu Parlamentswahlen zugelassen (die sie dann aber boykottierte).

Heute gilt die politische Situation im Land als **deutlich gefestigt** (siehe: „Gesellschaft"/„Politik"/„Politische Konstellation").

011je Foto: kk

ISLAM

Dieses Buchkapitel ist ganz der Religion des Islam gewidmet und beschreibt Grundzüge, Glaubensinhalte, religiöse Pflichten und Feste sowie die muslimische Gesellschaftsordnung. Das arabische Wort **'islām** heißt übersetzt „vollständige Hingabe an Gott", ein Anhänger des Islam nennt sich arab. **muslim,** „der sich Hingebende". Im Jemen herrscht Religionsfreiheit, doch über 90 % aller Jemeniten bekennen sich zum Islam.

Diese allumfassende **Religion und Lebensphilosophie** bestimmt das Denken und Handeln der Jemeniten maßgeblich. Daher sollte jedem Besucher klar sein, dass er sich in einem gewissen Rahmen den durch die Religion bedingten Gepflogenheiten anpassen muss (siehe: „Als Fremder im Jemen"/„Religion respektieren").

Devotionalien des Islam: Gebetskette, Koran, Mekka-Bild und fromme Verse

Grundzüge

„Er (d. h. der Koran) ist die Aussage eines vortrefflichen Gesandten, nicht die eines Dichters. Wie wenig gläubig seid ihr! (Er ist) auch nicht die Aussage eines Wahrsagers. Wie wenig laßt ihr euch mahnen! Er ist (vielmehr als Offenbarung) vom Herrn der Menschen in aller Welt herabgesandt. Wenn er (d. h. Mohammed) (eigenmächtig irgendwelche) Aussagen gegen uns aus der Luft gegriffen hätte, würden wir ihn an der Rechten fassen und ihm hierauf die Schlagader durchhauen ...“

(Koran 69:40-46)

Religion und Lebensphilosophie

Religion und Leben lassen sich im Islam nicht voneinander trennen, denn der **Alltag soll gelebter Glaube sein.** So wäre es für einen Muslim unmöglich, seine Frömmigkeit distanziert vom normalen Leben, z. B. in Klöstern, zu praktizieren.

Der Islam gibt konkrete **Richtlinien für nahezu jede Lebenslage:** Regeln der Körperreinigung, Almosenvorschriften, Speise- und Getränkeverbote, Erziehungsleitlinien, Eigentumsbestimmungen, Grundsätze der Rechtsprechung und Staatsführung, gesellschaftliche Aufgaben von Frau und Mann sowie natürlich Glaubensinhalte. Damit ist der Islam weit mehr als „nur“ eine Religion, er ist eine umfassende Lebensphilosophie.

Die **Zeit vor dem Islam** wird bezeichnenderweise „Zeit der Unwissenheit“ (arab. *ǧāhilīya)* genannt.

Koran

Die wichtigsten Grundsätze des Islam sind im Koran (arab. *qur'ān*, „Vortrag“, „Lesung“), dem heiligen Buch aller Muslime, niedergeschrieben. Er besteht aus 114 **Suren** (arab. *sūra)*, die weder historisch noch thematisch geordnet sind. Ihre Reihenfolge ist vielmehr durch ihre Länge bestimmt: Mit Ausnahme der ersten Sure stehen die längsten am Anfang, die kürzesten am Ende des Korans.

Alle Koransuren (mit Ausnahme der 9. Sure) beginnen mit der arab. *basmala*, der wichtigen muslimischen **Glaubensformel,** die im Arabischen *bi-smi llāh ar-raḥmān ar-raḥīm* lautet und übersetzt werden kann mit „Im Namen Gottes, des Erbarmers, des Barmherzigen“. Fromme Muslime sprechen diese Worte nicht nur beim Rezitieren von Korantexten aus, son-

012je Foto: kk

dern auch, um in allerlei alltäglichen Situationen göttlichen Beistand zu erbitten, z. B. vor einer langen Reise. Auch wichtige Briefe und Reden beginnen formvollendet mit der Glaubensformel.

Der Prophet *Muḥammad* empfing die Inhalte des Korans als **göttliche Offenbarungen** (Koran 6:92) über einen Zeitraum von 23 Jahren. Die Inhalte des heiligen Buches wurden von Gott selbst offenbart, deswegen besitzen sie für Muslime absolute Autorität.

Der Koran gibt neben religiösen Leitlinien auch **lebenspraktische Dinge** vor. Es ist bestimmt, was Muslime essen und trinken dürfen (z. B. kein Schweinefleisch und keinen Alkohol, siehe: „Alltag"/„Essen und Trinken"/„Religiöse Vorschriften"), dass Männer maximal vier Ehefrauen haben dürfen (was zur Zeit des Propheten eine Beschränkung bedeutete, siehe: „Gesellschaft"/„Ehe"/„Polygynie"), was Frauen und Männer anziehen sollten (siehe: „Muslimische Gesellschaftsordnung"/„Kopftuch und Schleier"), dass Zins verboten ist und vieles mehr.

Für Muslime gilt es als besonders **verdienstvoll,** einmal im Leben den kompletten Koran von Hand abzuschreiben (völlig fehlerfrei!) oder ihn auswendig zu lernen.

Handgeschriebener Koran

Angehörige des Buches

Die drei großen Weltreligionen Islam, Christentum und Judentum werden zusammenfassend als Buchreligionen bezeichnet, weil ihre zentralen Elemente niedergeschrieben sind in heiligen Büchern: im Koran, in der Bibel und der Thora. Im Koran ist an vielen Stellen die Rede von den „Angehörigen des Buches" (arab. *'ahl al-kitāb)* und damit sind neben Muslimen auch Christen und Juden gemeint.

Die Übereinstimmung zwischen muslimischem, christlichem und jüdischem Glauben ist größer als oft angenommen. Alle drei sind Offenbarungsreligionen und widmen ihren Glauben einem einzigen Gott. Und zahlreiche biblische Stammväter und Verkünder wie *Adam, Abraham, Moses* und *Jesus* werden als wichtige Wegbereiter des Islam geschätzt. Allerdings wird *Muḥammad* von den Muslimen als letzter und endgültiger Prophet angesehen.

Der Koran basiert teilweise auf dem Alten Testament, viele Grundideen der beiden anderen Buchreligionen Christentum und Judentum finden sich im Koran wieder. Auch Bibel und Thora gelten Muslimen als heilig und der Koran ruft an zahlreichen Stellen zur Gerechtigkeit gegenüber diesen Buchreligionen auf.

Dem entgegen sehen Muslime Angehörige aller anderen Religionen als Ungläubige, Heiden (arab. *kuffār)* an.

Zaiditen und Schafiiten

Auf Grund der historischen Entwicklung haben sich im Jemen zwei bedeutende islamische Glaubensrichtungen etabliert: Mit rund 70 % bekennt sich die Mehrheit aller Jemeniten zu den **schiitischen Zaiditen** (arab. *Banī Zaidīya).* Sie leben vornehmlich im Bergjemen und Norden des Landes, in dem Gebiet, in dem zwischen dem 9. Jh. und 1962 zaiditische Imame herrschten – heute fehlt ihnen ein religiöser Führer. Im Süden, in der *Tihāma* und im *Ḥaḍramaut* leben die **sunnitischen Schafiiten** (arab. *Šāfiʿīya),* rund 25 % aller Jemeniten gehören ihnen an.

Ständige Spannungen und blutige **Machtkämpfe** zwischen Zaiditen und Schafiiten prägten lange Jahrhunderte die Geschichte, doch heute gestaltet sich das Zusammenleben weitgehend problemlos.

Die **geistigen Zentren** waren: Zaiditen – *Ṣaʿda* (Saada), Schafiiten – *Zabīd.*

Die **Begründer** waren: Zaiditen – *Zayid bin ʿAlī al-ʿĀbidīn* (698–749), Schafiiten – *Muḥammad bin Idrīs aš-Šāfiʿī* (765–820).

Die theologischen **Unterschiede** liegen in zahlreichen Detailfragen. Im Alltagsleben fällt insbesondere der unterschiedliche Rang der Frauen auf: Fordern die Zaiditen eine konservative Auslegung des Islam und eine strikte Einhaltung der Traditionen, so sehen es die Schafiiten weniger streng und Frauen verlassen durchaus auch ohne Gesichtsschleier das

Haus und arbeiten als Händlerinnen auf dem Markt oder in öffentlichen Berufen. Ein kleiner (hörbarer) Unterschied: Im Gebetsruf (arab. *'aḏān),* der fünf Mal am Tag alle Gläubigen zum Pflichtgebet in die Moscheen rufen soll, fügen Zaiditen die Zeilen „Auf zu besten Taten" (arab. *ḥayyā ʿalā ḫayr al-ʿamal)* hinzu.

Sunna und ḥadīṯ

Für Sunniten (arab. *'ahl as-sunna,* „Angehörige des Brauches") sind neben den Worten Gottes im Koran die Taten und Zitate *Muḥammads* religiöse Richtschnur und wichtige Quelle des islamischen Rechts. Diese Lebenspraxis des Propheten nennt sich **sunna** („Brauch").

Alles was *Muḥammad* gesagt, getan oder geduldet haben soll, wurde unter Gewährleistung seiner Gefährten zu Berichten zusammengetragen. Im 9. und 10. Jh. wurden sechs mehrbändige Sammlungen katalogisiert. Diese überlieferten Aussprüche, Verhaltens- und Handlungsweisen des Propheten heißen arab. **ḥadīṯ** und gelten als eine Art „Gebrauchsanweisung" für Religion und Alltäglichkeiten.

Die Lebenspraxis des Propheten *Muḥammad* hat großen Einfluss auf die **Interpretation des Korans.** Unter Gelehrten hat sich die Meinung durchgesetzt, dass der Text des Korans nur vor diesem Hintergrund zu verstehen ist. Daher werden für unklare göttliche Offenbarungen oft Überlieferungen der *ḥadīṯ* zur Interpretation hinzugezogen.

Schiiten (arab. *'ahl aš-šīʿa,* „Angehörige der Partei") erkennen die *sunna* auch an, sie wird in ihrem Verständnis aber relativiert durch die Lebenspraxis des Kalifen *ʿAlī*. Daneben ist für Schiiten auch das Wirken ihrer religiösen Führer und Nachfahren des Kalifen *ʿAlī* (arab. *'imām)* von besonderer Wichtigkeit.

Rechtsprechung

Die klassische islamische Gesellschafts- und Gesetzesordnung, die **Scharia** (arab. *šarīʿa,* „Weg", im übertragenen Sinn „Weg der Rechtleitung", auch „Gesetz"), gründet auf den im Koran niedergeschriebenen Worten Gottes. Die Scharia gleicht einer göttlichen Weltordnung und umfasst jede Menge Regeln, Werte und Empfehlungen, die auf der grundlegenden Idee beruhen, dass das Leben jedes Muslim zu aller Zeit und in jedweder Lebenslage von der Unterwerfung unter den Willen Gottes geprägt ist.

Die Scharia betrifft **alle Bereiche des gesellschaftlichen, politischen und privaten Lebens,** über die Religionsausübung hinaus auch beispielsweise Steuerregeln, Kaufverträge, Eheschließungen (siehe: „Gesellschaft"/„Ehe"/„Eheanbahnung und Eheschließung"), Verwaltungswesen sowie Staats-, Verfahrens-, Kriegs, Handel-, Zivil- und Strafrecht.

Im Jemen fließt die Scharia in das **Familien-, Erb-, Vermögens- und Strafrecht** ein. Im Gegensatz dazu haben sich andere muslimische Länder einer vornehmlich westlich orientierten Jurisprudenz verschrieben – ohne jedoch die Inhalte der Scharia moralisch oder theologisch anzutasten. Viele haben Straf- und Zivilrecht modifiziert, das Familienrecht jedoch den Scharia-Rechtsgrundlagen gemäß beibehalten.

Die **Quellen** der islamischen – und jemenitischen – Rechtsprechung sind nicht mit denen europäischer Gesetzbücher vergleichbar und teilweise auch nicht festgeschrieben. Islamische Juristen können auf Grund des Korans Urteile entscheiden und Gesetze erlassen – doch das heilige Buch ist nur eine Rechtsquelle. Auch *sunna* und *ḥadīṯ* können gedeutet werden. Zudem können aus vorangegangenen Urteilen zu vergleichbaren Fragen Analogieschlüsse gezogen werden (arab. *qiyās)* oder im Falle neuer Fragestellungen können beratende Rechtsgelehrte einen Konsens herleiten (arab. *'iǧmāʿ).* Die islamische Rechtslehre ist also keineswegs allein Gotteswille, sondern auf der Grundlage von mehreren Quellen und logischen Methoden entwickeltes Menschenwerk.

Durch verschiedene **Interpretationen** der unterschiedlichen Rechtsgrundlagen kann es einen mitunter großen Auslegungsspielraum geben. Außerdem kann die islamische Rechtsordnung unter Berücksichtigung historischer Veränderungen und gesellschaftlicher Gegebenheiten an die aktuelle Situation angepasst werden. So hat sich im Laufe der Geschichte eine durch das Erbe der Rechtsgelehrten komplexe Gesetzeslehre herausgebildet.

Ein **Hauptproblem** besteht darin, dass manche Rechtsgelehrte und Theologen die Auslegung der Scharia als eine nie enden wollende Aufgabe ansehen – andere vertreten die Meinung, kein Mensch hätte das Recht die einst von Gott gegebenen Regeln abzuändern. Eine weitere Schwierigkeit ist, dass Schiiten und Sunniten unterschiedliche Rechtsschulen haben, die Detailfragen unterschiedlich werten. Generell hat der Staat nur die Aufgabe, die Anwendung des islamischen Rechts zu sichern. Er darf nicht selbst in die Gestaltung eingreifen.

Neben den islamischen Gesetzen gelten im Jemen weitere Rechtsordnungen in Form von überlieferten **Stammesregeln** (arab. *ʿurf,* „Gewohnheit"). Dabei gelten bei Stämmen sesshafter Ackerbauern andere Leitlinien als bei beduinischen Stämmen (die im Jemen stets in der Minderheit

Moschee in *Tarīm*

waren). Wenn stammesrechtliche Lösungen den Gesetzen entsprechen, werden sie von der staatlichen Justiz akzeptiert. Stammesrechte haben einen hohen Stellenwert und je nach Rechtsfall kann Stammesrecht vor Staatsrecht gelten. Insbesondere Stammeskonflikte, aber auch Streitfälle zwischen Einzelpersonen oder Familien werden oft nach Stammesregeln durch Stammesanführer und neutrale Schlichter entschieden (siehe: „Gesellschaft"/„Stammeswesen"/„Stammeskonflikte"). Zu bedenken ist aber, dass nicht alle Jemeniten gleichen Zugang zu diesen gewohnheitsmäßigen Mitteln und Wegen haben (siehe: „Gesellschaft"/„Bevölkerung"/„Gesellschaftsstrukturen").

Moschee

Die Moschee ist der zentrale Ort des muslimischen Glaubens. Der arab. Begriff *masǧid*, aus dem sich „Moschee" ableitet, bedeutet übersetzt **„Ort des Sich-Niederwerfens"**, also Ort des Gebets.

Daneben sind Moscheen auch ein Platz zum **Sammeln und Besinnen** und haben eine wichtige **soziale Funktion** als Treffpunkt der Gläubigen zum täglichen Gespräch. Auch Unterrichtsstunden oder Gerichtsverhandlungen können in Moscheen abgehalten werden.

Beim Gebet verneigen sich alle Gläubigen weltweit gen Mekka (Koran 2:142 ff.), diese **Gebetsrichtung** heißt arab. *qibla*. In Moscheen wird sie durch eine halbrunde, arab. *miḥrāb* genannte Wandnische angezeigt.

014je Foto: kk

Neben den „normalen" Moscheen gibt es Wallfahrts-, Gedächtnis- und Grabmoscheen. Wichtig sind die so genannten **großen Moscheen** (arab. *masǧid al-ǧāmiʿ*), die in erster Linie dem bedeutsamen Gebet am Freitagmittag dienen. Am Freitag, dem so genannten „Tag der Zusammenkunft" (arab. *yaum al-ǧumʿa*), treffen sich Bewohner des ganzen Dorfes oder des Stadtteils in den großen und meist prächtigen Freitagsmoscheen. Ein Prediger (arab. *ḫaṭīb*) hält eine Ansprache, die gewöhnlich auch über einen Lautsprecher nach draußen ausgestrahlt wird.

Jemens berühmteste Moscheen

Das geschichtsträchtigste Gotteshaus des Jemen steht mitten in der Altstadt von *Ṣanʿāʾ* (Sana'a). Die große Moschee (arab. *al-ǧāmiʿ al-kabīr*, auch *al-masǧid al-kabīr)* wurde im 7. Jh. im Auftrag des Propheten erbaut und zählt zu den drei ältesten Gebetshäusern der islamischen Welt. Zum Bau der großen Moschee von *Ṣanʿāʾ* hat man neben Basaltquadern auch Baumaterialien aus präislamischer Zeit, z. B. von Tempeln der antiken Königreiche oder Bauwerken der jüdischen und christlichen Zwischenperioden, wieder verwendet. Ihr Grundriss ist der einer Hofmoschee. Der quadratische Innenhof mit umlaufenden Säulenhallen entspricht dem Baustil vom Wohnhaus des Propheten *Muḥammad* in Medina, das als Vorbild der frühen Moschee-Architektur diente. Minarett-Türme (abgeleitet von arab. *manāra*, „Lichterturm") fehlten diesen frühen Gebetshäusern zunächst. Die kubisch geformte, fensterlose große Moschee von *Ṣanʿāʾ* misst 66 x 78 Meter und wurde in ihrer Geschichte immer wieder schwer beschädigt. Einen bedeutenden kunsthistorischen Reichtum stellen die Kassettendecken dar, von denen große Teile aus verschiedenen Epochen erhalten sind. Viele Herrscher haben die große Moschee in *Ṣanʿāʾ* erweitern oder befestigen lassen, daher vereinigen sich in ihr Baustile und Materialien aus zwei Jahrtausenden. 1972 wurden bei Ausbesserungsarbeiten in einer bislang unbekannten Zwischendecke zahllose Fragmente von Koranabschriften gefunden, manche stammen aus dem 7. Jh. und zählen zu den ältesten der Welt. Dieser Fund glich einer Sensation. Die Koranabschriften werden heute akribisch erforscht, restauriert, konserviert und katalogisiert. Nicht-Muslimen ist der Eintritt in die Moscheeanlage im Normalfall nicht gestattet.

Die Moschee *Al-Ǧanad* nahe des gleichnamigen Ortes nördlich von *Taʿizz* (Taizz) ist eine der beiden ältesten Moscheen des Jemen und neben den großen Moscheen in Mekka und *Ṣanʿāʾ* eine der drei ältesten der muslimischen Welt. Noch zu Lebzeiten des Propheten *Muḥammad* wurde die *Al-Ǧanad* von einem seiner Gefährten erbaut. Da sie im Laufe der Jahrhunderte wiederholt restauriert und vergrößert wurde, ist von der ursprünglichen Bausubstanz kaum noch etwas erhalten. Bezeichnend ist die schlichte Struktur und der sparsame Umgang mit Zierwerk im Inneren, wohingegen die Außenmauer von 200 Zinnen umsäumt ist. Am strahlend weißen, pfeilspitzen, 70 Meter hohen Minarett beeindruckt der Balkon mit seinen feinen Stuckaturen. Die gesamte Anlage ist nahezu quadratisch, um den Innenhof gruppieren sich säulengetragene Wandelgänge, Lehrräume für den Koranunterricht sowie der Betraum. Den muslimischen Anstandsregeln entsprechend gekleidete Touristen (siehe: „Als Fremder im Jemen"/„Religion würdigen"/„Moscheebesuch") können die Moschee außerhalb der Gebetszeiten besichtigen.

Taʿizz ist berühmt für seine kunstvollen Moscheen aus der Rasulidenzeit, deren Verschiedenartigkeit auffallend ist. Die majestätisch über der südlichen Altstadt thronende Moschee *ʿAšrafīya* wurde im 13. und 14. Jh. erbaut. Der älteste Gebäudeteil ist die Gebetshalle, welche nahezu vollständig mit Kuppeldächern überdeckt ist. Erst später wurden die beiden reich gegliederten Minarette, die heute das Wahrzeichen der Stadt sind, hinzugefügt. Noch später entstand ein Anbau, der dem Unterricht und der Unterkunft von Studenten diente, denn die *ʿAšrafīya* war – und ist – eine be-

Die Grabmoschee des Imam *Al-Hādī Yaḥyā bin al-Ḥusain* in *Ṣaʿda* (Saada)

016je Foto: kk

deutende Lehrstätte des Islam. Die formvollendeten Gipsornamente, Deckengemälde und Korankalligraphien des Betraumes zählen zu den kunstvollsten Zeugnissen der Rasulidendynastie. Acht kleine Kuppeln flankieren die Hauptkuppel, jede von ihnen ist anders dekoriert. Auffallend an der *'Ašrafiya* ist, dass der jemenitische Baustil eine Verschmelzung mit damals starken ägyptischen Einflüssen eingegangen ist. Doch in der rasulidischen Kunst hielten auch indisch-islamische Dekorelemente Einzug, so etwa Bogenformen oder lotosförmige Rosetten. In dem teilweise überdachten Innenhof stehen diverse Sarkopharge, in denen Rasulidenherrscher beigesetzt sind. Die Moschee darf unter der Führung eines Wachmannes auch von Nicht-Muslimen besichtigt werden. Als Gegenleistung ist eine kleine Spende (100–200 Rial) für die Moschee gern gesehen.

Auch der kleine Bergort *Ǧibbla* (Dschibbla), nahe bei *'Ibb* im zentralen Bergland, beheimatet bedeutende Sakralarchitektur. Das markanteste Gebäude der Stadt ist die Moschee der Königin *'Arwā bint 'Aḥmad*. Sie wurde zu Lebzeiten der Herrscherin im 12. Jh. im fatimidischen Stil erbaut. Eine große Freitreppe führt hinauf zum Hauptgebäude, in dem der Hof mit seinen säulenbestandenen Wandelgängen den größten Raum einnimmt. Oft wird Touristen Eintritt in diesen Innenhof gewährt. Der Gebetsraum beherbergt eine üppig geschmückte Gebetsnische und eine mit aufwändigem Schnitzwerk verschnörkelte Kanzel. An der Westseite der Moschee befindet sich die Grabkammer der Königin, welche reich mit kalligraphischen Inschriften dekoriert ist.

Im nordjemenitischen *Ṣa'da* (Saada) steht die große Moschee des Imam *Al-Hādī Yaḥyā bin al-Ḥusain,* der 897 erster zaiditischer Imam war. Das im 10. Jh. ergänzte Minarett wurde entgegen der sonst vorherrschenden Stampflehm-Bautechnik aus gebrannten Ziegeln errichtet. Im 17. Jh. wurde das Gebäude umfangreich umgebaut. Unter den zwölf jeweils anders gestalteten Kuppeln liegen *Al-Hādī* sowie elf weitere bedeutende zaiditische Imame begraben. Nicht-Muslime haben keinen Zutritt.

Glaubensinhalte

„Gott (ist einer allein). Es gibt keinen Gott außer ihm. (Er ist) der Lebendige und Beständige. Ihn überkommt weder Ermüdung noch Schlaf. Ihm gehört (alles), was im Himmel und auf der Erde ist. Wer (von den himmlischen Wesen) könnte - außer mit seiner Erlaubnis - (am Jüngsten Tag) bei ihm Fürsprache einlegen? Er weiß, was vor und was hinter ihnen liegt. Sie aber wissen nichts davon - außer was er will. Sein Thron reicht weit über Himmel und Erde. Und es fällt ihm nicht schwer, sie (vor Schaden) zu bewahren. Er ist der Erhabene und Gewaltige."

(Koran 2:255)

Glaube an einen einzigen Gott

Der Islam ist streng **monotheistisch** ausgerichtet, es gibt nur einen Gott, vor ihm gab es und nach ihm wird es keine anderen Gottheiten geben (Koran 2:255). Gott ist der Schöpfer des Himmels, der Erde samt seiner Geschöpfe und wird als Herr des Jüngsten Gerichtes angesehen. Es ist derselbe Gott, an den auch Christen und Juden glauben. *Allāh* ist der bekannteste arabische Name Gottes; abgeleitet von arab. *al-'ilāh* „der eine Gott".

Die Eigenschaften Gottes werden durch die so genannten **„schönen Namen"** (arab. *al-'asmā' al-ḥusnā)* beschrieben, so etwa „der Barmherzige", „der Verzeihende", „der Milde", „der Mächtige", „der Weise", „der Frieden", „das Leben". Im Koran (7:180) werden Muslime zum Ansprechen Gottes mit all diesen „schönen Namen" aufgerufen. Insgesamt hat Gott 99 Benennungen, in Anlehnung daran haben Gebetsketten (arab. *misbaḥa)* 33 Perlen; hat man diese drei Mal durch die Finger gleiten lassen, symbolisiert das die 99 Titulierungen Gottes.

Im Islam gibt es keine **bildlichen Gottesdarstellungen,** denn streng genommen sind figürliche Illustrationen von Gott, Heiligen, Menschen und Tieren untersagt. Der

Wichtigstes Wort – „Gott“ im alltäglichen Sprachgebrauch

- *'In šā'a llāh*, „So Gott will“: Allgegenwärtige Redewendung in verschiedenen Bedeutungsnuancen, die allen Bemerkungen über Ereignisse in der Zukunft angefügt wird. Sie kann alles heißen von „Ja, okay“ über „Vielleicht“ bis hin zu „Das glaubst du doch wohl selber nicht“ und kann daher auch eine Allerweltsentschuldigung für Pleiten, Pech und Pannen sein. Da alles – und vor allem alles Zukünftige – in Gottes Hand liegt, steht *'in šā'a llāh* auch beispielhaft für die gottergebene Lebens- und Schicksalshaltung vieler Musilme.
- *Al-ḥamdu li-llāh*, „Der Lobpreis für Gott“: Wird immer ausgesprochen, wenn einem Gutes widerfährt; auch Antwort auf die Frage nach dem Befinden, denn der Höflichkeit halber geht es immer allen gut und Gott hat dieses Wohlergehen beschert. Wird auch nach dem Essen ausgesprochen.
- *Allāhu 'akbar*, „Gott ist allmächtig“: So beginnt der Ruf zum Gebet (arab. *'aḏān)*, der fünf Mal täglich von den Moscheetürmen zu hören ist.
- *Mā šā'a llāh*, „Was Gott wollte“ und *yā allāh!*, „Oh Gott!“: Wird in der freudigen Bedeutung für „Wie schön!“, „Wie herrlich!“ ausgerufen.
- *Bi-smi llāh*, „Im Namen Gottes“: Beginn fast aller Suren des Koran, wird ausgesprochen um Beistand zu erbitten, z. B. vor einer Reise, manchmal auch vor Mahlzeiten.
- *Fi'amāni llāh*, „Im Schutze Gottes“: Formvollendeter Abschiedsgruß.
- *Bāraka llāhu fi-kum*, „Gottes Segen mit euch“: Sehr formelle Abschieds- und Dankesform.

Grund liegt darin, dass es ohne dieses Verbot zu einer Bilderverehrung kommen könnte, was den monotheistischen Ansprüchen des Islam widerspricht. In der heutigen Zeit mit ihren Massenmedien, Passfotos und Spiegeldekorationen ist das **Bilderverbot** in seiner strengen Form nicht mehr durchzusetzen und gilt nur noch im religiösen Zusammenhang. Wegen des Bilderverbots hat sich im Islam eine reiche Ersatzkunst in Form von Ornamentik und Kalligraphie entwickelt. Die künstlerische Gestaltung der arabischen Schrift schafft eine formvollendete Verbindung von Wort und Bild, meist ist der Text religiösen Inhalts.

Ein wichtiges Wort ist *Allāh*, nicht nur aus theologischer oder künstlerischer Sicht. *Allāh* ist ein Segen bringender Terminus und was im Christentum in etwa das Kreuz symbolisiert, dem entspricht im Islam **Gottes Schriftzug** – millionenfach zu sehen beispielsweise auf Schlüsselanhängern und Autoaufklebern.

Allāh als kalligraphisches Ornament

Glaube an Gottes Engel

Im Dienste von Gott stehen eine unbekannte Zahl geschlechtsloser und **unsichtbarer Engel,** welche die Gläubigen leiten, begleiten, Fürbitte einlegen und ihnen Botschaften vermitteln. Sie sind aus Licht erschaffene Wesen, die über Raum und Zeit stehen, aber über Vernunft und Sprache verfügen und nur Gott dienen. Jedem Menschen sind zwei namenlose **Schutzengel** zugeteilt.

Im Koran sind **vier Erzengel** erwähnt, darunter auch der biblische *Gabriel* (arab. *Ǧabrā'īl*, Koran 2:97 ff.), der *Muḥammad* die Offenbarungen Gottes vermittelte, und *Michael* (arab. *Mīḫā'īl)*, der über die Natur wacht und Gottes Befehle in der außerirdischen Welt ausführt.

Glaube an heilige Schriften

Koran und *ḥadīṯ* sind Schriften verschiedener Art und die wichtigsten Quellen religiösen Wissens. Im **Koran** findet sich das verkündete Wort Gottes, wohingegen die Überlieferungen der **ḥadīṯ** von Religionsgelehrten gesicherte Worte und Taten *Muḥammads* aufzeichnen. Diese Lebenspraxis von *Muḥammad* gilt als gelebte Ausdeutung der koranischen Offenbarungen.

Glaube an Gottes Gesandte

Gott beauftragte **mehrere Auserwählte** mit der Verkündung seiner Botschaften. Sein allererster Gesandter war *Adam,* doch auch *Noah, Abraham, Hiob, Moses* und *Jesus* gaben als Propheten Gottes Worte kund. Da nach muslimischem Glauben jedoch die Menschen deren Aussagen oftmals missverstanden, sandte Gott schließlich *Muḥammad,* damit er Gottes wahre Worte kundtun konnte. Er war der **letzte Prophet** der Menschheitsgeschichte und daher gelten die von ihm übermittelten Worte als endgültig und unveränderlich (Koran 3:19). An *Muḥammad* und alle anderen Gesandten Gottes zu glauben, ist Pflicht eines jeden Muslim.

Glaube an göttliche Vorbestimmung

Für Muslime liegt ihr Schicksal allein in Gottes Hand. Der Mensch besitzt zwar einen freien Willen, doch über diesem stehen **Gottes Bestimmungen** (Koran 31:17, 9:51). Alles was war und alles was sein wird, alle guten und alle bösen Taten sind demnach vorbestimmt (arab. *qisma,* daraus hat sich „Kismet" abgeleitet).

018je Foto: kk

Dennoch sollen die Menschen ihr **Leben** verantwortungsbewusst und zielstrebig führen und sich nicht willen- und tatenlos der Erwartung, Gott würde alles fügen, hingeben. Der Koran betont nachdrücklich, dass Vernunft, Denken, Wissen und Erkenntnis genutzt werden sollen (Koran 4:79, 30:24 u. 28, 10:24, 6:97).

Die 99 Namen Gottes auf einem Wandteppich

Gleichwohl lässt der Glaube an die göttliche Vorbestimmung **Schicksalsschläge** leichter verkraften, so wie *Carsten Niebuhr* in „Entdeckungen im Orient" - vermutlich übertrieben - beschreibt: *„Am 17. April sah ich in Beit el fakih, wie gottergeben die Araber sind. Nachdem ein Haus in Brand geraten war, stand wenig später die halbe Stadt in Flammen. Die von der Hitze ausgedörrten Häuser mit ihren Grasdächern vermochten dem Feuer keinen Widerstand entgegenzusetzen, jeder Löschversuch war sinnlos. Wir wohnten in einem Stadtteil, den das Feuer nicht erreichen konnte, stiegen auf das Dach unseres Hauses und hörten in den Straßen weder Geschrei noch Jammern. Im Gegenteil, die Araber nahmen es gelassen hin, daß mit ihren Häusern ihr gesamtes Hab und Gut verbrannte. Das war* Gottes *Wille, und* Gott *wollte immer das Richtige."*

Glaube an Wiederauferstehung

Für Muslime ist Leben ein vorübergehender Zustand und nach dem Tod besteht der Glaube an ein **Fortleben im Jenseits** (Koran 40:39 ff.). Sie glauben, dass die Seele nach dem Tod in einem traumlosen Schlafzustand dahindämmert, empfindungslos und ohne Zeitgefühl, aber in Gottes Nähe.

019je Foto: kk

Am **Jüngsten Tag,** den Gott bestimmt, wird Gericht gehalten (Koran 4:13-14, 16:97, 46:19-20) und diejenigen, die in der irdischen Zeit ein gläubiges, rechtschaffenes und verdienstvolles Leben geführt haben, werden ins **Paradies** (arab. *ǧanna)* eingelassen (siehe: „Gesellschaft"/„Familie"/„Tod").

Religiöse Pflichten

„Was muslimische Männer und Frauen sind, Männer und Frauen, die gläubig, die (Gott) demütig ergeben, die wahrhaftig, die geduldig, die bescheiden sind, die Almosen geben, die fasten, die darauf achten, daß ihre Scham bedeckt ist (oder: die sich des [unerlaubten] Geschlechtsverkehrs enthalten [?], w. die ihre Scham bewahren), und die Gottes ohne Unterlaß (w. viel) gedenken, - für sie (alle) hat Gott Vergebung und gewaltigen Lohn bereit."

(Koran 33:35)

Glaubensbekenntnis

Das **Glaubensbekenntnis** (arab. *šahāda)* eines jeden Muslim lautet: *Lā 'ilāha 'illa llāh wa Muḥammad rasūl llāh* und heißt übersetzt „Es gibt keine Gottheit außer Gott und *Muḥammad* ist sein Gesandter". Mit diesem Zeugnis nimmt der Gläubige die Pflichten als Muslim auf.

Theoretisch schließt sich jeder, der dieses Bekenntnis in ernster Absicht und mit der Einleitung „Ich bezeuge" ausspricht, dem Islam an. Der Beitritt in die **muslimische Glaubensgemeinschaft** (arab. *'umma,* „Gemeinde") ist irreversibel und eine Abkehr kann nur durch den Tod eintreten.

Pilgerfahrt nach Mekka

Jeder Muslim, der dazu gesundheitlich und finanziell in der Lage ist, sollte einmal in seinem Leben an einer jährlich im 12. Monat des Islamischen Jahres (siehe: „Religiöse Feste"/„Islamischer Kalender") stattfindenden **großen Pilgerfahrt** (arab. *ḥaǧǧ)* mitmachen (Koran 2:196 ff.). Die Teilnahme an allen Wallfahrtszeremonien in und um die heiligen Stätten von Mekka und Medina stellt für Muslime den Höhepunkt ihres Lebens dar.

Koranstudien im Innenhof einer Moschee

Am 10. Tag des Pilgermonats beginnt das **Opferfest** (arab. *ʿīd al-'aḍḥā*, siehe: „Religiöse Feste"/„Islamische Festtage"), das höchste islamische Fest. Weltweit schlachtet jeder Muslim, der es sich leisten kann, ein Opfertier (Schaf, Ziege, Rind oder Kamel), verteilt einen Teil Fleisch an die Armen und verspeist den Rest in festlicher Gemeinschaft anderer.

Neben der *haǧǧ*, die als Pflicht zu verstehen ist, können Muslime zu jeder Zeit freiwillige **kleine Pilgerfahrten** (arab. *ʿumra)* nach Mekka unternehmen.

Fasten

Es gibt eine Reihe von Zeiten, zu denen das Fasten fromme Sitte der Muslime ist. **Pflicht** (arab. *ṣaum)* ist es allerdings während des Ramadan (arab. *ramaḍān)*, dem 9. Monat des islamischen Kalenders. Zu dieser Zeit erhielt *Muḥammad* einst seine erste Offenbarung, weshalb der Ramadan Muslimen heilig ist.

Das Fasten bedeutet für alle Muslime, dass sie einen Monat lang **von Sonnenaufgang bis Sonnenuntergang** auf Essen, Trinken, Rauchen und geschlechtliche Beziehungen verzichten (Koran 2:183 ff.). Außerdem soll jeder seine bösen Gedanken besiegen und ein besonders vorbildliches und religiöses Leben führen. Mit dem Konsumverzicht am Tage soll zum Nachdenken über den Sinn dieses Gebotes angeregt und eine symbolische Gleichheit zwischen Arm und Reich angestrebt werden. Die Nächte des Ramadan dagegen können eine gesegnete Zeit sein, denn es war in einer Nacht (arab. *lailat al-qadar*, „Nacht der Vorherbestimmung"), in der *Muḥammad* Gottes erste Bestimmung erhielt (Koran 97:1 ff.). Und so wird, wenn die Sonne untergegangen ist, üppig gegessen und man trifft sich mit Freunden.

Alle gesunden Muslime sind ab der Pubertät zum Einhalten des Ramadan verpflichtet. Alte, Kranke, Reisende, Schwangere oder stillende Mütter und körperlich hart arbeitende Menschen dürfen die **Fastenpflicht brechen,** müssen die verlorenen Tage jedoch nachholen. (Zu Tagesablauf und Verhalten im Ramadan siehe: „Als Fremder im Jemen"/„Religion respektieren"/„Ramadan".)

Beten

Theoretisch sollte jeder Muslim (Kinder und Frauen während ihrer Periode sowie nach der Niederkunft ausgenommen) fünf Mal am Tag zu festgesetzten Zeiten beten: bei Morgendämmerung, am Mittag, am Nachmittag, bei Sonnenuntergang und am Abend (Koran 30:17). Diese **Pflichtge-**

bete (arab. *ṣalāt)* können überall verrichtet werden, doch es gilt als besonders verdienstvoll, sie gemeinschaftlich in einer Moschee auszuführen. Daher schallen zu diesen Zeiten Gebetsrufe (arab. *'aḏān)* der Muezzine (arab. *mu'aḏḏin)* von allen Minaretten. Diese Gebete müssen nicht zu den exakten Zeiten erfolgen, aber das gilt als besonders rühmenswert.

Neben diesen täglichen Fürbitten gibt es zwei weitere Arten von Pflichtgebeten: **Freitagsgebete** sowie **Festgebete** zu den wichtigsten muslimischen Festtagen, dem Fest am Ende des Fastenmonats und zum Opferfest (siehe: „Religiöse Feste"/„Islamische Festtage"). **Freiwillige Gebete** können allerorts und jederzeit zusätzlich ausgeführt werden. Fester Bestandteil eines jeden Gebets (und auch des Gebetsrufes) ist das mehrmalige Ausrufen von *„allāhu 'akbar"*, **„Gott ist allmächtig"**.

Almosengaben

Das Geben von Almosen (arab. *zakāt)* dient als **symbolischer Beitrag**, um soziale Spannungen zwischen armen und reichen Muslimen gering zu halten. In Koran 9:60 ist geregelt, welchen Personengruppen eine **Armensteuer** zukommen soll. Doch die Regeln des heiligen Buches sind betagt, wer heute wann und wie viel zu zahlen hat, ist umstritten. Als Richtwert soll jeder wohlhabende Städter, sofern er finanziell dazu in der Lage ist, einmal im Jahr 2,5 % des Überschusses, der nach Versorgung seiner Familie bleibt, spenden. Muslime nehmen die Almosenpflicht sehr ernst und folgen ihr ohne organisatorische Zwänge.

Neben diesen Pflichtspenden gelten **freiwillige Abgaben** (arab. *ṣadaqa)* als ehrenhaft.

Bettler werden nicht verachtet, sondern sie sind insofern willkommen, als sie dem Gläubigen ermöglichen, durch Almosengabe ein gottgefälliges Werk zu tun.

Gebetskette im Einsatz

Muslimische Gesellschaftsordnung

„Ihr Frauen des Propheten! Wenn eine von euch etwas ausgesprochen Abscheuliches begeht, wird ihr die Strafe verdoppelt. Dies (wahr zu machen) ist Gott ein leichtes. Wenn aber eine von euch Gott und seinem Gesandten demütig ergeben ist und tut, was recht ist, geben wir ihr (auch) ihren Lohn doppelt. Und wir haben für sie (im Jenseits) vortrefflichen Unterhalt bereit."

(Koran 33:30-31)

Geschlechtertrennung

Im Jemen haben **Frauen und Männer eigene Lebenswelten** und Aufgaben. Bei den schiitischen Zaiditen wird die Geschlechtertrennung nach außen besonders sichtbar, in sunnitisch-schafiitischen Landesteilen fällt sie nicht so deutlich ins Auge. Doch Fakt ist hier wie dort: Frauen verleben fast den ganzen Tag unter sich, entsprechend sind Männer überwiegend unter Männern. Diese Geschlechtertrennung gilt übrigens in vielen Gesellschaften und ist keine „Erfindung" der Muslime.

Freya Stark beschreibt in „Die Südtore Arabiens" mit ihrem ureigenen Wortwitz **Frauenrunden** wohlhabender Kreise: *„Wie die Frauen es überhaupt fertigbrachten, ihren Tag auszufüllen, ist mir nie klargeworden. Sie gaben sich nicht mit Stickerei ab, obwohl sie ihre Kleider selber machten – doch das war ebenso einfach wie einen Sack zu nähen; der kunstvolle Brustbesatz hingegen mit seinen Plättchen und Perlen und Gold- und Silberornamenten wurde an Berufsstickerinnen außer Haus gegeben. Manchmal kochten sie oder überwachten die Küche, und das mochte dann viel Arbeit bedeuten in einem Haushalt, wo zu jeder beliebigen Zeit eine beliebige Anzahl treuer Stammesleute zu Gast erscheinen konnte und bewirtet werden mußte. Den größten Teil des Tages verbrachten sie mit gegenseitigen Besuchen von einem Haus der Festung zum andern oder mit dem Empfang von Freundinnen aus dem Häusergenist des Dorfes 'Ora unten im Tal. (...) Kein Mann durfte unangemeldet diese heiligen Räume betreten, außer Mahmud, dem Türhüter, der das Tor der Festung mit einer Kette von oben bediente. Er war ein bevorzugter Gefolgsmann, im Hause der Ba Surra geboren und aufgezogen, ein munterer, kleiner junger Bursche mit einem Buckel und einem runden Bartbüschel auf dem runden Kinn. Er kam immer hereinstolziert wie ein Hahn zu seinen Hennen, mit zwei oder drei Paar bunten Manschettenknöpfen statt Knöpfen vorn an seiner weißen Jacke. Er machte sich jedesmal lustig über die zimperlicheren Besucherinnen von außerhalb, die ihre Gesichtstücher herunterzogen, sobald er erschien. Als* *ich krank war, kam er immer zu mir mit einem: ‚Taib, taib. Gut, wie geht's? Jetzt ist alles wieder gut, wenn Gott will' – wobei er jegliche Bemerkung völlig unbeachtet ließ. Denn war er nicht ein Mann? Lag nicht der Klang sinnlosen weiblichen Geschwätzes unter seiner Würde, ein bloßes Geräusch, nicht mehr? Manchmal, wenn das Geschnatter der Damen überhaupt nicht mehr aufzuhören schien, war ich geneigt, ihm beizupflichten."*

Für beide Geschlechter gilt das **Prinzip der Verhaltensbegrenzung.** Spätestens ab der Pubertät soll unbeobachtetes Zusammensein von nichtverwandten oder unverheirateten Damen und Herren auf ein Minimum reduziert werden. Dies bringt für alle Einschränkungen des Handlungsspielraumes und der Bewegungsfreiheit mit sich. Auch Fremde müssen diese Geschlechtertrennung akzeptieren und in manchen Situationen praktizieren (siehe: „Als Fremder im Jemen"/„Religion respektieren"/ „Männerwelten – Frauenwelten").

Neben diesen islamischen Grundsätzen stehen speziell-jemenitische Normen und Traditionen sowie **durch den Staat garantierte Rechte.** Die aktuelle jemenitische Verfassung charakterisiert Frauen als „Schwestern der Männer" (Artikel 31, wichtig zudem Artikel 40). Gleiche allgemeine Rechte und Pflichten gelten im politischen Bereich (Frauen genießen genau wie Männer das passive und aktive Wahlrecht) sowie in Erziehung und Bildung. Bei ihrer Einführung im Jahr 1991 verschrieb sich die Verfassung zunächst der generellen Gleichstellung beider Geschlechter, Reformen haben dies später jedoch relativiert.

Doch wie auch immer es in der Verfassung steht: **Gleichberechtigung** nach westlichem Verständnis ist ein völlig anderer Sachverhalt, der in anderem Kontext steht und daher nur schwer als Maßstab für die jemenitische Gesellschaft herangezogen werden kann.

Vorrang der Männer

Vor der Islamisierung waren die Stämme Arabiens – im Gegensatz zu heute – nicht ausnahmslos patrilinear strukturiert. Manche führten sich auf ihre Ahninnen mütterlicherseits zurück und waren **matrilinear** organisiert. Die Autonomie der Frauen war groß, die Vaterschaft eines Kindes war von untergeordneter Bedeutung. Mitunter verblieben Kinder beim Stamm der Mutter und halfen diesem später bei der Existenzsicherung.

Ab etwa 400 n. Chr. zogen es wohlhabende städtische Händler immer öfter vor, ihr Vermögen an ihre Söhne zu vererben, statt wie bisher dem Allgemeineigentum des Stammes. So gewann die **Gewissheit über die Vaterschaft** eine enorme Bedeutung. Diese Sicherheit konnte besser gewährleistet werden, indem die Frauen strikter von ihren Männern und de-

021je Foto: kk

ren Familien beaufsichtigt wurden. Mit dem Brauch Frauen in die Familien der Ehemänner einzugliedern, setzte sich auch in allen Stämmen die patrilineare Erbfolge durch.

Zur Zeit *Muḥammads*, um die Wende vom 6. zum 7. Jh., spitzten sich **gesellschaftliche Missstände** zu. Vor allem die Frauen hatten ein schweres Los, denn sie galten als eine Art Ware, die man kaufen, verkaufen oder vererben konnte. Es existierte keine Begrenzung der Polygamie, es war keine Ausnahme, dass ein Mann mehrere Mätressen unter seinen Sklavinnen hatte. Jeder Mann konnte seine Ehen nach Belieben auflösen.

Als sich der Islam im 7. Jh. immer stärker ausbreitete, erhielten Frauen vermehrt Rechte – aber auch Pflichten. Insbesondere im Ehe- und Erbrecht **verbesserte der Islam die Position der Frauen** erheblich. Von nun an bedurfte es zu einer Eheschließung der Einwilligung der Frauen. Frauen konnten nun auch eigenständig Güter erben, einen Beruf ausüben und selber vor Gericht ziehen. Die im Koran festgeschriebenen Grundsätze garantieren den Frauen, ihr ganzes Leben versorgt zu sein.

Im Koran festgeschrieben steht auch der **Vorrang des Mannes.** Von Bedeutung ist Sure 4, Vers 34: *„Die Männer stehen über den Frauen, wegen dessen, was Allah den einen vor den anderen gegeben hat und weil sie von ihrem Geld (für die Frauen) auslegen"*. Dieses Edikt ist ein zentrales Merkmal der muslimischen Gesellschaftsordnung – und wie alle Gebote des Korans ist auch dieses gottgewollt und somit unerschütterlich.

Kopftuch und Schleier

Im gesamten Land ist das Tragen eines Kopftuches Brauch und in *Ṣanʿāʾ* (Sana'a) sowie in vielen anderen Landesteilen sieht man kaum eine Jemenitin ohne Gesichtsschleier in der Öffentlichkeit.

In der **Geschichte** war die Verschleierung der Frau lange Zeit eine soziale Konvention, deren Befolgung hohes Sozialprestige demonstrierte. Vornehme Bürgerinnen der Handelsstadt Mekka trugen schon in vorislamischer Zeit einen Schleier. Und auch in Persien und Byzanz gab es diese Gesichtsverhüllung lange vor dem Islam. Bereits bei Assyrerinnen und Babylonierinnen im alten Orient kennzeichnete der Schleier Standesunterschiede: Nur freie und ehrbare Damen durften ihn tragen, Sklavinnen und Tänzerinnen war dies bei Strafe verboten. Erst Mitte des 8. Jh., als mit dem Sieg der Abbasiden über die Umayyaden persische Einflüsse die arabisch-islamische Gesellschaft nachhaltig zu prägen begannen, widmeten sich Rechtsgelehrte verstärkt der Frage der Verschleierung.

Der Islam räumt Männern den gesellschaftlichen Vorrang ein

Frauen bleiben meist unter sich

Im Verschleierungskontext ist **Sure 24, Vers 31** wichtig, sagt aber in den Augen vieler Religionsgelehrter nichts Eindeutiges: *„Und sag den gläubigen Frauen, sie sollen (statt jemanden anzustarren lieber) ihre Augen niederschlagen, und sie sollen darauf achten, dass ihre Scham bedeckt ist, ... ihren Schal über den (vom Halsauschnitt nach vorne heruntergehenden) Schlitz (des Kleides) ziehen und den Schmuck, den sie (am Körper) tragen, nicht offen zeigen, außer ihrem Mann, ihrem Vater, ihrem Schwiegervater, ihren Söhnen ..."*

Nach allgemeiner Überzeugung sollen Frauen Männern durch ihr Verhalten und ihre Kleidung **keinen Anlass zu unkeuschen Gedanken** und zur Entfesselung der Sexualität bieten. Sie sollen ihren Blick senken und ihre Sittlichkeit wahren. Doch der Koran geht bei dieser Frage nicht ins Detail.

Wie man oben genanntes göttliches Gebot auslegt, ist abhängig von der **Definition des Begriffes „Scham".** Nach breitem Konsens muslimischer Gelehrter erstreckt die Scham der Frau sich zumindest auf die Haare und den ganzen Körper mit Ausnahme der Hände und des Gesichtes. Entsprechend sollte der gesamte Körper einschließlich der Haare von Kleidung bedeckt sein, und zwar in einer Weise, die keine Körperkonturen erkennen lässt. Die Mehrheit der islamischen Rechtsgelehrten vertritt die Ansicht, dass die Bedeckung des Gesichtes oder das Tragen eines Ganzkörperschleiers nicht eindeutig vorgeschrieben wird. Vereinzelt wird „Scham" noch weiter ausgelegt und den Frauen wird das Tragen von Handschuhen und Gesichtsschleier auferlegt. Ganzkörperumhang, Schleier oder Kopftuch sind im Jemen nicht gesetzlich vorgeschrieben, so wie etwa in Saudi-Arabien und Iran.

Die islamischen **Kleidungsanweisungen** gelten beim Gebet und immer dann, wenn Frauen mit nicht-verwandten Männern zusammenkommen können. An Orten, die nur Frauen vorbehalten sind, geht es wahrlich nicht so „bedeckt" zu.

Ebenfalls nicht ganz eindeutig ist **Sure 33, Vers 59**: *„Prophet! Sag deinen Gattinnen und Töchtern und den Frauen der Gläubigen, sie sollen (wenn sie austreten) sich etwas von ihrem Gewandt (über den Kopf) herunterziehen. So ist es am ehsten Gewähr leistet, dass sie (als ehrbare Frauen) erkannt und daraufhin nicht belästigt werden ..." Muḥammad* empfing diese Offenbarung, nachdem seine Frauen nachts belästigt worden waren, denn sie trugen keinen Schleier und wurden für ehrlose Sklavinnen gehalten. Was anfangs nur die **Gattinnen des Propheten** beachteten, breitete sich schnell aus – zumindest in höheren städtischen Gesellschaftsschichten. Auf dem Land und bei Beduinen wurde die Sitte des Schleiertragens nicht beachtet.

Einen **Schleier zu tragen,** wurde erst unter *Muḥammads* Nachfolgern, den Kalifen, etwa ein Jahrhundert nach seinem Tod als Norm propagiert. Allerdings geschah dies damals weniger in der Absicht, den Frauen „Fesseln" anzulegen, als vielmehr, um sie vor Blicken, Zudringlichkeiten und Nachstellungen von Männern zu schützen und außerdem soziale Ungleichheiten zu verdecken.

Den Worten des Korans und den Auslegungen der Rechtsgelehrten gegenüber stehen **gesellschaftsspezifische Traditionen und Werte** – und diese zu wahren gilt im Jemen als oberste Prämisse. Individuelle Vorlieben haben sich im Rahmen zu halten, dafür sorgen familiäre und nachbarschaftliche Kontrolle. Überall gelten Kopftuch sowie „verhüllende" Garderobe als Norm. Und vielerorts auch das Tragen eines Gesichtsschleiers.

Insbesondere letzteres Kleidungsstück signalisiert deutlich, dass die Trägerin sich mit dem Islam eng verbunden fühlt und ein ehrbares Leben führt, dass Annäherungen durch Männer nicht erwünscht sind und nicht geduldet werden. Einen **Schleier zu tragen** empfinden viele Jemenitinnen als Zeichen weiblicher Reife, die es wert ist, vor fremden Blicken geschützt zu werden. Dieses Stückchen Stoff zieht eine klare Grenze zwischen Frau und Mann – Frauenbande im Islam sind stark und oftmals möchten Frauen bewusst Distanz zur Männerwelt halten. Daher tragen auch viele Jemenitinnen, die nicht durch sozialen Druck dazu gezwungen sind, gerne und freiwillig einen Schleier. Auch sichert er eine Art befreiender Anonymität. Mit ihm lassen sich männerdominierte Bereiche leichter betreten, da Frau darunter unbehelligt bleibt und nicht gleich zum Sexualobjekt degradiert wird. Im sozial streng überwachten Umfeld kann eine verschleierte Frau sich unbeobachteter fühlen und freier bewegen. Außerdem können Privilegien proklamiert werden, die „oben ohne" als unschicklich gelten oder gar unmöglich zu erreichen sind.

In der ehemaligen Demokratischen Volksrepublik Jemen war das Tragen eines Schleiers und langer Oberbekleidung in öffentlichen Einrichtungen verboten. Die meisten Frauen in *ʿAdan* (Aden) waren europäisch gekleidet, offene Gesichter gehörten zum gewohnten Bild. Heute sind fast alle Frauen im **ehemaligen Südjemen** verschleiert, das Tragen traditioneller Kleidung ist zur Norm geworden.

Auch ohne gesetzliche Kleiderordnung, ohne staatlichen Zwang ist der **gesellschaftliche Druck** groß. Frauen ohne Schleier werden bestenfalls angestarrt und mitunter beschimpft; in den ersten Jahren der Vereinigung wurden sie vereinzelt sogar mit Säure überschüttet, da sie als Gegnerin der Einheit beschuldigt wurden. Auch wenn manche Frauen persönlich andere Kleidungsvorstellungen haben, so kann der gesellschaftliche Zwang mächtiger sein.

Frauenfragen – Denkanstöße

Um den Rang der muslimischen Frau ranken sich oftmals schemenhafte Vorstellungen und Vorurteile. Ein Schreckensbild der entrechteten, zwangsweise versteckten, in schwarze Tücher gehüllten, gesichtslosen Muslima zieht sich durch die vermeintlich selbstbewussten Köpfe des Abendlandes. Emanzipation und die Partizipation der Frauen am öffentlichen Leben gilt dem Westen als eine Art Gradmesser für gesellschaftlichen Fortschritt.

Doch oftmals sind dies Stereotypen, die von der Realität weit entfernt liegen. Es gibt nicht „die Frau im Islam" – oder „die Frau im Jemen" oder gibt es etwa „die Frau im Christentum" oder „die Frau der westlichen Welt"? Nein, denn zum einen sind gesellschaftliche Realitäten nicht allein das Ergebnis einer Religion und zum anderen ist die Wirklichkeit viel zu komplex – hier wie dort.

Zur Situation bei den Beduinen eine Schilderung von *Wilfred Thesiger* aus „Die Brunnen der Wüste": *„Die in England allgemein verbreitete Ansicht, daß arabische Frauen hinter Schloß und Riegel gehalten werden, trifft für viele Frauen in den Städten zu, nicht aber für die der Stämme. Abgesehen davon, daß der Bedu seine Frau unter einem Baum oder in einem Zelt, das stets auf einer Seite offen ist, gar nicht einsperren könnte, ist sie ihm als Arbeitskraft unentbehrlich. Sie muß Wasser und Brennholz holen und die Ziegen hüten. Fühlt eine Frau sich von ihrem Mann vernachlässigt oder mißhandelt, kann sie ohne weiteres zu ihrem Vater oder Bruder zurückkehren. Dann muß ihr Mann ihr folgen und sie zur Rückkehr zu bewegen versuchen. Ihre Familie wird sich in jedem Fall einmischen und behaupten, die Frau sei in ungeheuerlichem Ausmaß vernachlässigt worden."*

Will man sich mit Frauenfragen im Islam im Allgemeinen oder auch im Jemen im Speziellen beschäftigen, so muss man bedenken, dass sich im Laufe der Jahrhunderte trotz der allumfassenden Religions- und Lebensideologie des Islam eine Vielfalt von Ausformungen entwickelt haben, in die kulturelle, ethnische und politische Faktoren einflossen. Und auch einzelne Frauen beurteilen ihre gesellschaftliche Position oft sehr unterschiedlich und verhalten sich in einer Bandbreite, die sozusagen von „streng gläubig" bis „muslimisch emanzipiert" definiert werden kann. Zudem variieren die sozio-ökonomischen Lebensumstände: Der Alltag einer Beduinenfrau ist anders als der einer Oasenbäuerin oder einer Studentin oder einer Großmutter. Viele Lebensrealitäten und Normen sind schichtspezifisch.

Traurig, aber wahr ist, dass Frauen in nahezu allen Kulturen weitaus größeren sozialen Zwängen unterliegen als Männer. Vieles, was das Leben von Jemenitinnen betrifft, rührt nicht unbedingt vom Islam her, so etwa die Verschleierung oder die Mädchenbeschneidung.

Kann ein Stück Stoff wie ein Kopftuch tatsächlich als Indikator für eine Entrechtung (ob nun vermeintlich oder real) herangezogen werden? Der Blick muss tiefer gehen. Ob religiöse Pflicht oder nicht: Frauen können durch das Tragen eines Kopftuches oder Schleiers ihre tief-religiöse Haltung äußern. Dies entspricht dem Recht auf Meinungs- und Religionsfreiheit und sollte toleriert werden.

Westliche Betrachtungsweisen drängen Jemenitinnen schnell in die Opferrolle. Sich selbst empfinden Frauen der westlichen Welt gerne als individualistische We-

Befreiende Anonymität unter dem Gesichtsschleier

023je Foto: kk

sen, befreit von männlicher Vorherrschaft. Doch westliches und orientalisches Frauenbewusstsein ist grundverschieden, nach muslimischer Auffassung haben viele Europäerinnen ihre Identität und Aufgabe verloren. Viele Jemenitinnen bedauern berufstätige Frauen, denn ihrem Denken nach erfüllt der Mann in diesen Fällen nicht seine Aufgabe die Familie zu versorgen. Viele Jemenitinnen schütteln den Kopf über die Tatsache, dass es in westlichen Ländern so viele allein erziehende Mütter gibt. Was ist das nur für eine egoistische Gesellschaft ohne Familienzusammenhalt? Viele Jemenitinnen fühlen sich wohl in ihrer Umsorgtheit und Beschütztheit. Konservative Muslime vertreten die Meinung, je weniger eine Frau an die Öffentlichkeit treten muss, desto höher ist ihr sozialer Rang und ihre Würde – und desto angesehener auch ihr Mann, da er sie pflichtgemäß rundum versorgt. Hohe soziale Anerkennung kommt Frauen in muslimischen Gesellschaften nicht durch die Ausübung eines Berufes zu, sondern durch ihre Rolle als Ehefrau, Hausfrau und Mutter.

Viele Diskussionen drehen sich um eine Unterdrückung der Frau durch den Islam, doch ist dies überhaupt die richtige Formulierung? Vor aller Ablehnung von Anderem tut Selbstkritik Not. Für alle Missstände in „unserer" Gesellschaft würde keiner allein die Bibel verantwortlich machen, obwohl sich auch in diesem Buch der Bücher ein patriarchalisches Gesellschaftsbild zeigt. Dagegen muss in islamischen Landern gemeinhin der Koran für alles herhalten – ob zu Recht oder zu Unrecht.

Keinesfalls sollen die landläufigen Verhältnisse der Frauen im Jemen zu positiv dargestellt oder gar glorifiziert werden, denn sicherlich gibt es Missstände und sicherlich würden etliche Jemenitinnen gerne anders leben, als es ihnen möglich ist.

Letzter Denkanstoß: Unzähligen Jemenitinnen kann mit Ausbildungsprogrammen, besserer medizinischer Betreuung, Maßnahmen zur Senkung der Kindersterblichkeit oder der Verbesserung der Wasser- und Stromversorgung weitaus mehr geholfen werden als mit „Emanzipation" nach westlichen Maßstäben.

Religiöse Feste

„Ihr Gläubigen! Euch ist vorgeschrieben, zu fasten, so wie es auch denjenigen, die vor euch lebten, vorgeschrieben worden ist. Vielleicht werdet ihr gottesfürchtig sein.“

(Koran 2:183)

Islamischer Kalender

Anders als unser am Sonnenzyklus festgelegte gregorianische Kalender orientiert sich die islamische Zeitrechnung am **Stand des Mondes.** In vorislamischer Zeit besaßen Araber kein Kalendersystem, üblich war eine Zeitorientierung am in klaren Nächten sichtbaren Mond. Durch die göttlichen Offenbarungen im Koran wurde der Wechselrhythmus des Mondes in seiner Umlaufbahn um die Erde zur Grundlage der muslimischen Zeitrechnung (Koran 10:5–6).

Ein **Mondjahr** hat rund 354,5 Tage und ist somit im Durchschnitt elf Tage kürzer als unser Sonnenjahr. Die islamischen **Mondmonate,** von denen es 12 gibt, haben 29 oder 30 Tage. Ihre Anfangsdaten rücken jedes Jahr um zehn oder elf Tage nach vorn.

Als der Prophet *Muḥammad* im Jahr 632 starb, hatte er zwar die Grundsätze des muslimischen Kalendersystems verkündet, allerdings war ein solches noch nicht in Gebrauch. Erst etwa vier Jahre später soll die Einführung der muslimischen Zeitrechnung beschlossen worden sein. Dabei wurde der **Beginn der islamischen Zeitrechnung** auf das christliche Jahr 622 gelegt, in dem *Muḥammad* mit der muslimischen Gemeinde von Mekka nach Medina auswanderte. Dabei haben dieses Ereignis sowie das muslimische Kalendersystem und der muslimische Neujahrstag ein und denselben Namen angenommen: *al-hiǧra* „der Auszug“.

Im Jemen existieren **islamischer Mondkalender und christlicher Sonnenkalender nebeneinander.** Der erstgenannte steht religiösen Angelegenheiten zur Verfügung, der zweite dient dem Businessleben. Im Alltagsleben orientiert sich die Majorität der Jemeniten am Mondjahr, gegenüber Ausländern jedoch am Sonnenkalender.

Übrigens: Der **wöchentliche Feiertag** fällt im Jemen auf den Freitag – nicht wie bei uns auf den Sonntag.

Kleine Jungen schwingen ihre Dolche beim Tanz

Islamische Festtage

Das **islamische Neujahrsfest** (arab. *al-hiğra)* wird als besinnlicher Tag begangen, an dem viele Muslime in die Moschee gehen und Verwandte besuchen.

Zehn Tage später ist der **Todestag des Märtyrers Hussein** (arab. *ʿašūrā')*, eines Sohnes des Kalifen *ʿAlī*, den Schiiten als Trauertag – teil-

024je Foto: kk

Staatliche Feiertage

Staatliche Feiertage und nationale Gedenktage haben feste Daten, die sich am gregorianischen Kalender orientieren:

- Neujahr: 1. Januar
- Tag der Arbeit: 1. Mai
- Tag der Einheit (1990): 22. Mai
- Revolutionstag des ehemaligen Nordjemen (1962): 26. September
- Nationaltag der Revolution des ehemaliger Südjemen (1963): 14. Oktober
- Unabhängigkeitstag des ehemaligen Südjemen (1967): 30. November

weise mit Selbstgeißelungen – zelebrieren, für Sunniten ist dies ein freiwilliger Fastentag.

Kein einzelner Festtag, sondern ein ganzer heiliger Monat ist der **Ramadan** (9. Monat des islamischen Kalenders), in dem alle Muslime ein enthaltsames und besonders gottesfürchtiges Leben führen.

Die Höhepunkte des Religionsjahres bilden das **Fest zum Fastenbrechen nach dem Ramadan** (arab. *ʿīd al-fiṭr)* und das **Opferfest zur Pilgerfahrt nach Mekka** (arab. *ʿīd al-'aḏḥā).* Gottgefällige Zeremonien, Danksagungen, Familientreffen und Festmahle prägen beide Ereignisse. Nahezu jedermann hat Urlaub, Kinder haben schulfrei, Geschäfte sind geschlossen und überall wird gefeiert. An beiden Festen opfern alle, die es sich leisten können, ein Tier und spenden Almosen. Fremde werden an diesen beiden Ereignissen oftmals zu Festessen eingeladen. Das oft auch „Kleines Fest" (arab. *ʿīd al-ṣaġīr)* genannte Fest zum Ende des Fastenmonats Ramadan dauert rund drei Tage. Der Grund des Feierns sollte eigentlich nicht der sein, dass man das Fasten „hinter sich hat", sondern dass man in den vergangenen Wochen ein vorbildlich-religiöses Leben geführt und spirituelle Stärkung erfahren hat. Allerdings kommt dem ungehemmten Schlemmen dennoch eine große Bedeutung zu. Das dagegen oft auch so genannte „Große Fest" (arab. *ʿīd al-kabīr)* wird am zehnten Tag des Pilgermonats (12. Monat des islamischen Kalenders), begangen und zieht sich über fünf bis sieben Tage hin. Es dient dem Gedenken an *Abrahams* Bereitschaft, Gott einen Sohn zu opfern.

Der **Geburtstag des Propheten Muḥammad** (arab. *maulid an-nabī)* liegt im fünften Monat des islamischen Kalenders und wird mit Lobpreisungen und Koranrezitationen zelebriert. Orthodoxe Muslime halten nicht viel davon, dieses Fest zu ehren, da *Muḥammad* nur ein Mensch war und nicht als Anzubetender verstanden wird. Ähnlich verhält es sich mit dem Tag der **Himmelfahrt des Propheten** (arab. *lailat al-miʿrāǧ),* an dem er der Überlieferung nach von einer geflügelten Schimmelstute in den siebten Himmel bis vor Gottes Thron getragen wurde.

Daneben haben viele Regionen individuelle Festtage, welche der Geburt oder dem Tod **lokaler Heiliger** gewidmet sind.

Die **Termine der religiösen Festtage** richten sich nach der islamischen Zeitrechnung und fallen deshalb nach unserem gregorianischen Kalender jedes Jahr auf einen anderen Termin.

Bei **religiösen Zeremonien** möchten Jemeniten für gewöhnlich lieber unter sich bleiben. Wenn Fremde eingeladen werden, dann meistenteils zum **Festessen** mit anschließendem gemütlichen Beisammensein.

Termine des islamischen Religionsjahres

(Verschiebungen um einzelne Tage sind möglich)

Jahr d. isl. Kalenders	1424	1425	1426	1427	1428
Beginn gr. Opferfest	12.2.2003	1.2.2004	19.1.2005	8.1.2006	28.12.2007
isl. Neujahr	4.3.2003	21.2.2004	11.2.2005	31.1.2006	20.1.2007
Geburtstag d. Proph.	13.5.2003	2.5.2004	21.4.2005	10.4.2006	30.3.2007
Himmelfahrt d. Proph.	22.9.2003	11.9.2004	31.8.2005	20.8.2006	9.8.2007
Beginn d. Ramadan	27.10.2003	14.10.2004	3.10.2005	22.9.2006	11.9.2007
Ende d. Ramadan	24.11.2003	13.11.2004	2.11.2005	22.10.2006	11.10.2007

025je Foto: kk

GESELLSCHAFT

In diesem Buchkapitel wird das **gesellschaftliche Gefüge** im Jemen beleuchtet, insbesondere die Bereiche Bevölkerung, Familie, Ehe, Stammesordnungen, Wohnformen sowie Wirtschaft und Politik.

Als **Hintergrund** dienen die zuvor beschriebenen geschichtlichen und religiösen Gegebenheiten – insbesondere die muslimische Gesellschaftsordnung.

Bevölkerung

„Ihr Menschen! Wir haben euch geschaffen (indem wir euch) von einem männlichen und einem weiblichen Wesen (abstammen ließen), und wir haben euch zu Verbänden und Stämmen gemacht, damit ihr euch (auf Grund der genealogischen Verhältnisse) untereinander kennt. (Bildet euch aber auf eure vornehme Abstammung nicht zu viel ein!) Als der Vornehmste gilt bei Gott derjenige von euch, der am frommsten ist. Gott weiß Bescheid und ist (über alles) wohl unterrichtet."

(Koran 49:13)

Problematisch: Rund die Hälfte aller Jemeniten ist unter 15 Jahre alt

Abstammung

Bis auf wenige Einwanderer sind die allermeisten Jemeniten arabischer Herkunft und glauben an einen gemeinsamen **stammesgeschichtlichen Ursprung.** Bedeutsam ist auch, dass die Herkunft der Mehrzahl der arabischen Stämme im Jemen liegt.

Die arabische Ahnenfolge ist schriftlich festgehalten in der **Bibel** (auf der auch der Koran basiert). In Jeremia 25, 24 findet sich eine Erwähnung der Araber erstmalig um 600 v. Chr. – jedoch in der allgemeinen Bedeutung „Wüstenbewohner", „Nomaden". Zur Volksbezeichnung wurde Araber (arab. *ʿarab)* erst, nachdem sich der Islam unter den Kalifen zu einem politischen Machtfaktor entwickelt hatte.

Zur arabischen Genealogie gibt es auch **arabische Überlieferungen,** die in manchen Abschnitten mit den biblischen konform sind, in manchen Teilen aber abweichend oder weitergehend. Doch allseits verloren sich manche Zeiträume oder Ahnenlinien im Dämmerlicht der Frühgeschichte.

Für Jemeniten sowie für alle Südaraber beginnt der wichtigste Teil der Abstammungsgeschichte bei **Noah,** dem Stammvater aller Semiten, der arabischen Überlieferungen nach seine Arche bei *ʿAdan* (Aden) erbaut haben soll.

Am wichtigsten: Alle arabischen Stämme führen sich in ihrer Ahnenfolge auf **ʿAdnān** oder **Qaḥṭān** zurück.

ʿAdnān-Araber führen sich auf *Abraham* zurück, der zwei Söhne (von unterschiedlichen Müttern) hatte: *Ismael* und *Isaak*. *Ismaels* Sohn *ʿAdnān*

Stammbaumauszug

Adam (arab. *Ādam)*
↓
Noah (arab. *Nūḥ)*
↓
Sem (arab. *Sām)*
↓
↙ *Eber* (arab. *Hūd)* ↘

Joktan (arab. *Qaḥṭān)*
↓
Yaʿrub
↓
Yašǧub
↓
Saba'
↓
Ḥimyar

Peleg (arab. *Fāliǧ)*
↓
Abraham (arab. *'Ibrāhīm)*
↓
Ismael (arab. *'Ismāʿīl)*
↓
ʿAdnān

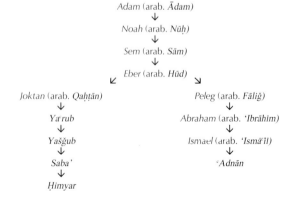

Zum Nachlesen

In der Genesis des Alten Testaments

- 1. Mose, 5. Kapitel: Geschlechtsfolge der Urväter von *Adam* bis *Noah*
- 1. Mose, 10. Kapitel: Völkertafel, *Noahs* Nachkommen, auch *Sems, Ebers* und *Joktans* Söhne
- 1. Mose, 11. Kapitel: Geschlechterfolge nach *Sem* = Vorfahren *Abrahams*
- 1. Mose, 16. Kapitel: *Ismaels* Geburt
- 1. Mose, 25. Kapitel: Nachkommen *Abrahams,* auch Söhne *Ismaels*

Aussagen zu den Stammvätern im Koran

- *Noah:* 10:71 ff., 11:25 ff., 19:58 ff., 21:76 ff., Sure 71
- *Hūd:* 7:65 ff., 11:50 ff., 26: 124 ff., 46:21 ff.
- *Abraham:* 2:124 ff., 14, 35 ff., 19:41 ff., 21:69 ff.
- *Ismael:* 2:125 ff., 19:54, 21:85 ff.

wurde Stammvater der Araber und *Isaak* über *Jakob* Stammvater der Juden. Kurz gesagt war *ʿAdnān* ein Enkel *Abrahams.* Die Nachfahren des biblisch nicht nachgewiesenen *ʿAdnān* sind **Nordaraber,** zu denen auch der Prophet *Muḥammad* gehörte.

Dagegen sind *Qaḥṭān*-Araber **Südaraber** (Jemen, *Ḥaḍramaut,* Oman) und rühmen sich, die eigentlichen Ur-Araber zu sein. Von *Qaḥṭāns* Söhnen leiten alle jemenitischen Stämme ihren Ursprung ab. *Qaḥṭān* (in der Bibel *Joktan* genannt) war der Sohn von *Hūd* (vermutlich dem biblischen *Eber* gleichzusetzen), also der Nachkomme *Sems,* des Sohnes *Noahs.* In frühgeschichtlicher Zeit sollen *Hūd* und seine Nachkommen in den Talzügen des *Wādī Ḥaḍramaut* (Wadi Hadramaut) gelebt haben. Einer der Söhne von *Qaḥṭān* war *Yaʿrub,* der hatte einen Enkel, der *Sabaʾ* genannt wurde und als Begründer des Stammes der Sabäer gilt.

Mit dem Untergang des Königreiches von *Sabaʾ* setzte eine **erste Ausbreitungswelle** der Araber ein. Nachdem Ur-Stämme die natürliche Barriere der Wüste *Ar-Rubʿ al-Ḫālī* (Rub al Chali) beidseitig umgangen hatten, verloren sie den Kontakt zu den Südarabern, beide Volksgruppen schlugen eine unterschiedliche kulturelle und auch sprachliche Entwicklung ein.

In einer **zweiten Wanderbewegung** waren es vor allem Beduinenstämme, die ab der Mitte des 7. Jahrhunderts unter dem Banner des Propheten *Muḥammad* aus der Tiefe der Arabischen Halbinsel aufbrachen und weite Teile des Nahen und Mittleren Ostens, des Vorderen Orients sowie Nordafrikas arabisierten.

Bevölkerungszahlen

Die auf über **17 Millionen Menschen** geschätzte Einwohnerzahl (offizielle Schätzung 2003, letzter Zensus 1994) besteht überwiegend aus jemenitischen Arabern. Rund 4 % sind keine Araber – ein Großteil davon ist indischer, pakistanischer oder somalischer Herkunft.

Das jährliche **Bevölkerungswachstum** lag in den letzten Jahren bei etwa 3,7 %, d. h. in weniger als 20 Jahren wird sich die Einwohnerzahl verdoppelt haben. Dieses hohe Bevölkerungswachstum erschwert eine nötige wirtschaftliche Entwicklung (siehe: „Wirtschaft"/„Wirtschaftsgrundlagen"). Die Fertilitätsrate ist sehr hoch: Statistisch kommen auf jede Jemenitin mehr als 7 Lebendgeburten.

Problematisch ist auch, dass rund die Hälfte aller Jemeniten unter 15 Jahre alt ist. Die durchschnittliche **Bevölkerungsdichte** liegt bei 29 Einwohnern pro Quadratkilometer (in Deutschland beträgt sie knapp 250). Knapp 25 % der Jemeniten leben in Städten.

Gesellschaftsstrukturen

Die Gesellschaftsstrukturen im Jemen sind seit jeher deutlich **regional definiert.** In weiten Teilen prägt die Stammesorganisation (siehe: „Stammeswesen"), doch es gibt auch nicht-tribale Gefüge.

In vorrepublikanischer – gleich **vorkapitalistischer Zeit** – war die Einteilung in soziale Klassen sehr festgefügt. Soziale Mobilität gab es meist nur als Ausnahme. Chancen auf Bildung und politischen Einfluss waren weitgehend durch Abstammung vorbestimmt. Ebenso waren die Möglichkeiten der Eheschließung und der Berufswahl stark vom Sozialstatus abhängig. Von Bedeutung waren vor allem Abstammung von einer bestimmten Ethnie, einem Stamm oder einer Gesellschaftsgruppe sowie konfessionelle Zugehörigkeit zu Zaiditen oder Schafiiten, aber auch Beruf und wirtschaftlicher Wohlstand. Vermögend waren für gewöhnlich nur Großgrundbesitzer und überregional agierende Händler.

Heute setzen im Zuge der Modernisierung vielfältige Auflösungserscheinungen der traditionellen Strukturen ein. Auch bilden sich „gemischte Klassen" heraus, vor allem in den großen Städten. Bildung und Qualifikation sind verstärkt von Bedeutung, insbesondere in einer Art „neuen Mittelschicht", der Städter in den Berufsfeldern Verwaltung, Handel und Management angehören. Heute kann Eigentum politischen Einfluss mit sich bringen, früher kam dieser vorrangig aus dem Status.

Einst wie heute ist es wegen ihrer Fragmentierung nur bedingt möglich, die jemenitischen **Gesellschaftsstrukturen in Modellen** zu beschreiben.

Doch traditionell kann man die Gesellschaft nach folgender Hierarchie einteilen:

Die Oberschicht bildet die **religiöse Adelselite** (arab. *sāda).* Zu Zeiten des zaiditischen Imamats hatten allein Angehörige dieser Adelsklasse das Recht, die herrschenden Imame zu stellen. Alle zaiditischen *sāda* sind Nachfahren von *Fāṭima*, der Tochter des Propheten *Muḥammad*, und verdienen daher eine besondere Hochachtung. Diese Herrschaftsgeschichte fehlt der schafiitischen Adelselite des Südjemen, denn sie begründet sich auf einen im 10. Jh. aus dem Irak eingewanderten Urahnen. Heute nehmen Angehörige der *sāda* wichtige administrative Stellen ein, zudem sind sie Richter, Rechtsgelehrte oder Großgrundbesitzer. Sie gelten als strikte Bewahrer der tradierten Normen. Der Religionsadel schmückt sich standesgemäß mit einem weißen Gewand, weißem Turban sowie einem besonderen Dolch (arab. *ṯuma)*, der an der rechten Seite der Hüfte getragen wird (im Gegensatz zu der Mehrheit der Jemeniten, die eine andere Art von Dolch vor dem Bauch tragen, siehe: „Alltag"/„Bekleidung und Schmuck"/„*Ǧanbīya*").

Auch andere religiöse Würdenträger können geistige und rechtliche Autorität innehaben (arab. *ʿulamā, qāḍī*). Sie nehmen als **Religionsgelehrte und Richter** eine Sonderstellung ein und bilden im engeren Sinne keine eigene Gesellschaftsklasse. Im Gegensatz zu den Angehörigen der zaiditischen *sāda* berufen sich die hier genannten religiösen Würdenträger nicht auf eine Abstammung vom Propheten *Muḥammad*. Im Allgemeinen entstammen sie aus Familien, die seit Generationen diese Ämter innehaben, auf die jedoch kein Erbanspruch besteht. Ihre Autorität gründet sich nicht nur auf ihren sozialen Rang, sondern vor allem auf ihre oftmals langjährige religiöse und juristische Bildung.

Eine weitere Statusgruppe sind die **Scheichs** (arab. *šā'iḫ).* Mit diesem Titel können im Jemen vielerlei Personen gemeint sein. Oft ist ein Scheich ein Stammesanführer (arab. *mašā'iḫ al-qabā'il, šaiḫ al-mašā'iḫ*, siehe: „Stammeswesen"/„Interne Stammesstruktur"). Es können aber auch Stammesälteste, Anführer einer Sippe, Dorfvorsteher, weise Würdenträger, Religionsgelehrte, einflussreiche Vorstände von Familienverbänden oder jüngere Personen einen Scheich-Rang innehaben. Historisch bedingt kommt Stammesführern im zaiditischen Landesteil eine machtvollere Stellung zu als in den Gebieten, wo tribale Strukturen etwa seit der Rasulidenzeit eine geringere Rolle spielen – so in der Küstenebene *Tihāma* und in den Gebieten um *Taʿizz* (Taizz) und *ʿAdan* (Aden). Dort können sich auch Großgrundbesitzer Scheich (arab. *mašā'iḫ al-'arḍ)* nennen. In den schafiitischen Regionen im Südjemen werden als Scheich auch Nachkommen von Heiligen bezeichnet, deren Grabstätte ein Wallfahrtsort ist. Wichtig ist, dass

Namen, Titel, Würden

Die für westliche Ohren verwirrende arabische Namensfolge besteht traditionell aus drei bis sechs Elementen. Sie geben zunächst Aufschluss über den eigenen Namen sowie den des Vaters und eventuell auch des Großvaters und Urgroßvaters. In den einst übersichtlichen Gesellschaften der frühislamischen Zeit ließ sich durch diese Genealogie die Identität eines Menschen verlässlich feststellen.

Vornamen haben größtenteils eine konkrete Bedeutung: *ʿAbdallāh* ist der „Knecht Gottes", *Mubārak* ist der „Gesegnete" und *'Amīra* eine „Prinzessin". Der wohl häufigste Name ist *Muḥammad* – in nahezu jeder Familie kann man einen jungen oder alten *Muḥammad* antreffen, denn die Segenskraft, die vom Namen des Propheten ausgeht, ist groß. Insbesondere Erstgeborenen wird diese Würdigung häufig zuteil.

Hinter dem Eigennamen folgen Verwandtschaftsverbindungen: bei Jungen arab. *bin* („Sohn des") und bei Mädchen *bint* („Tochter des"). *Munīra bint 'Aḥmad* ist also *„Munīra*, Tochter des *'Aḥmad*". Für Väter gibt es die entsprechende Bezeichnung *'abū* („Vater des"). Ein ehrenvoller arabischer Frauentitel ist *'umm* („Mutter des"), gefolgt vom Vornamen ihres ältesten Sohnes. Auch für weitere Verwandtschaftsbeziehungen gibt es Bezeichnungen, die allerdings kein Namensbestandteil sind. Jemenitische Frauennamen ändern sich nach ihrer Heirat nicht.

Nach den verwandtschaftlichen Verhältnissen folgen Angaben über die gesellschaftliche oder geographische Herkunft, so etwa über einen Stamm, eine Familie oder eine Stadt. *Banī* ist ein geläufiger Teil eines Stammesnamens und heißt übersetzt „Söhne des", also eines (fiktiven) Urahn.

Auch der soziale Rang wird im Namen offenbart. Angehörige der religiösen Oberschicht werden würdevoll mit arab. *sayid*, „Herr", oder arab. *šarīf*, „Adeliger", betitelt. Muslime, die ihre Pilgerfahrt zu den heiligen Stätten von Mekka und Medina unternommen haben, tragen den Ehentitel *ḥağğ*. Der Titel Scheich (arab. *šaiḫ)* kann übersetzt werden mit „Ältester", „Verehrungswürdiger". Mit ihm werden eine Vielzahl von Personen gewürdigt – nicht nur Stammesführer.

Neben diesen verwandtschaftlichen, gesellschaftlichen oder geographischen Elementen ist oft auch der Beruf Teil der Titulierung. Typisch arabische Bezeichnungen sind beispielsweise *'imām* (Vorbeter, Vorsteher einer Moschee, bei Schiiten auch religiöser Staatsführer) oder *qāḍī* (Richter).

nur hinter den tribalen Führern eine – mitunter bewaffnete – Stammesgemeinschaft steht.

Stammesangehörige (arab. *qabā'il)* hatten in der Historie des Jemen einen höheren sozialen Rang inne als Stammesungebundene, doch dies kann man heute nicht mehr als allgemein gültig bezeichnen. Im engeren Sinn stellen *qabā'il* den wehrhaften, waffentragenden männlichen Teil der Stammesgemeinschaft dar. Übertragen gesehen entsprachen sie in vorrepublikanischen Zeiten dem Mittelstand, der heute von vielen neuen Einflüssen geprägt wird. Sich selber betrachten *qabā'il* als stolze Stammeskrieger, doch wird ihnen von anderen sozialen Gruppen, z. B. vom städtischen Bildungsbürgertum oder vom Geldadel, ein gewisses Maß an Geringschätzung ob ihrer „Primitivität" entgegengebracht. Die meisten Stammesangehörigen verdienen ihren Lebensunterhalt als Landwirt. Ihre Bewaffnung ist auf der eventuellen Notwendigkeit der Verteidigung ihrer Besitztümer gegründet.

Die Gruppe der **stammesungebundenen Bauern und Viehzüchter** (arab. *raʿīya)* gibt es in Landesteilen, in denen die Stammesorganisation ihre Funktion als gesellschaftliches Ordnungsprinzip eingebüßt hat, wie in der Küstenebene *Tihāma* und in den Regionen um *Taʿizz* und *ʿAdan.*

Zur **nicht-tribalen Stadtbevölkerung** (arab. *'ahl al-madinā),* die weder einem Stamm noch dem Religionsadel angehört, aber dennoch in einem Schutz- oder Abhängigkeitsverhältnis zu einem Stammesführer steht, gehören zum einen Gelehrte, Kleinhändler, Beamte und Handwerker höherer Berufsklassen (wie etwa Färber, Maurer, Stuckateur, Tischler, Bäcker, Wächter, Wäscher). Ihnen an Status unterlegen sind Angehörige niederer Betätigungen (z. B. Kupferschmiede, Gerber, Fleischer, Töpfer, Barbiere, Weber, Teekocher, Schuhmacher, Hotelangestellte, Boten). In der Stammesgesellschaft sind Dienstleistungsberufe traditionell nicht hoch bewertet.

An unterster Stelle der jemenitischen Gesellschaft stehen **Menschen nicht-arabischer Abstammung** (arab. *'aḫdām,* „Diener"). Weder in Abstammung noch in Stammeszugehörigkeit arabisch sind Nachfahren jener Abessinier, die im 6. Jh. ins Land kamen, sowie ehemaliger afrikanischer Sklaven. Noch im 19. Jh. waren Sklaven vom afrikanischen Kontinent keine Seltenheit; die britischen Kolonialherren bemühten sich, die Sklaverei zu verbieten, die Abschaffung konnte aber erst endgültig nach Abzug der Briten ab den 1970er Jahren durchgesetzt werden. Die Nachkommen der Abessinier und der Sklaven haben sich im Laufe der Zeit mit arabischstämmigen Jemeniten verbunden, sie sind also weder rein afrikanisch noch rein arabisch. Heute leben zudem etliche Flüchtlinge aus Somalia im Jemen. Sie dürfen kein Land besitzen und keine der oben beschriebenen höheren Handwerksberufe ausüben. Vornehmlich arbeiten sie als Straßenkehrer, Lastenträger, Müllmänner, Abdecker oder Hafenarbeiter und wohnen isoliert am Rande der Städte – entsprechend ihrer Armut in zusammengezimmerten Hütten. Etliche Jemeniten vertreten rassistische Ansichten, die sie mitunter ohne Skrupel kundgeben. Insbesondere die Küstenbewohner der *Tihāma* sind nicht selten Nachfahren ehemaliger Sklaven oder Einwanderer aus ostafrikanischen Ländern jenseits des Roten Meeres. Im Nationalbewusstsein vieler Jemeniten steht die *Tihāma* sozusagen „am vergessenen Rande des Landes", in *Ṣanʿā'* (Sana'a) gibt es für diese Region kaum eine Lobby.

Gemeinschaftssinn

Sozialstrukturen im Jemen werden maßgeblich von der muslimischen Gesellschaftsordnung geprägt. Zudem ist jeder Jemenite in ein **System von Familien- und Stammeszugehörigkeit** eingebunden.

Ganz anders als in Mitteleuropa ist das wichtigste Element die **Gruppe,** nicht das einzelne Individuum. Gesellschaftliche Identität und soziales Prestige entstehen durch die Zugehörigkeit zu einer ethnischen Gruppe, einer Religionsgemeinschaft, einem Stamm und einer Familie. Im Jemen steht das „Wir" im Mittelpunkt, nicht das „Ich".

Individualismus steht im Regelfall nicht weit oben in der Hierarchie der Werte, anders als in Mitteleuropa, wo Selbstverwirklichung, eigenbestimmtes Leben mit Freiraum zur persönlichen Gestaltung, freier Berufswahl und selbstständig gefällten Entscheidungen in hohem Maße anerkannt und erstrebenswert sind. Im Jemen haben solche Wertvorstellungen allerdings eine völlig andere Gewichtung.

Wer sich im Jemen außerhalb oben beschriebener Gemeinschaften begibt, verliert Schutz, Achtung und Unterstützung und erfährt **soziale Abgeschiedenheit.**

Tradition und Moderne

Wie in vielen anderen Ländern sorgen auch im Jemen gesellschaftliche Umbrüche und die Auflösung der überkommenen Sozialstrukturen für Unsicherheiten und **Ängste** vor dem Zerbrechen der vertrauten Konstellationen, der traditionellen Bindungen und Sicherheiten. Die Ausbreitung der Moderne wird daher oftmals mit **Skepsis** betrachtet. Insbesondere die ältere Generation hat Schwierigkeiten mit den für sie revolutionären Erscheinungen einer sich wandelnden, immer vielschichtiger, mobiler und urbaner werdenden Gesellschaft.

In der Rückbesinnung auf das Althergebrachte und **Hinwendung zu den Traditionen,** besonders zum Islam, sehen viele Jemeniten eine Lösung für die Probleme der heutigen Zeit. Die vertrauten Strukturen wie Familie und Stamm bieten diesen Menschen mehr Fürsorge und Identifikationsmöglichkeiten als die Ideen der Moderne und das vergleichsweise junge Staatsbewusstsein. Der Jemen wird deshalb von Außenstehenden schnell als traditionalistisch oder fundamentalistisch, als illiberal oder altmodisch bezeichnet. Diese Betrachtungsweise ist aber zu einseitig, dazu ist der Sachverhalt viel zu komplex.

Jungen helfen früh in Vaters Geschäft mit – hier in einer Wechselstube

026je Foto: kk

Familie

„Und der Herr hat bestimmt, daß ihr ihm allein dienen sollt. Und zu den Eltern (sollst du) gut sein. Wenn eines von ihnen (Vater oder Mutter) oder (alle) beide bei dir (im Haus) hochbetagt geworden (und mit den Schwächen des Greisenalters behaftet) sind, dann sag nicht ‚Pfui!' zu ihnen und fahr sie nicht an, sondern sprich ehrerbietig zu ihnen."

(Koran 17:23)

Großfamilie

Das Leben in der **Großfamilie** gilt im Jemen – wie in allen islamischen Ländern – als mustergültige Lebensform und Garant für die Aufrechterhaltung der muslimischen Gesellschaftsordnung. Dass drei Generationen unter einem Dach leben, entspricht der Norm und erweckt, anders als in Mitteleuropa, keinerlei Staunen.

Kleinfamilien wie bei uns sind im Jemen selten, werden jedoch in Großstädten immer zahlreicher, auch auf Grund der beengten Wohnverhältnisse. Doch auch dann werden Familienbande intensiv gepflegt. Frei gewählte Ehelosigkeit und Singlehaushalte finden sich nur als Ausnahmefall.

Familiäre Strukturen basieren auf der Anerkennung des Mannes als Patriarchen und der Ehrung betagter Angehöriger. Unverkennbar ist eine **Trennung der Aufgaben von Frauen und Männern:** In der Familienorganisation werden innerfamiliäre und häusliche Angelegenheiten von Frauen und außerhäusliche von Männern geregelt.

Kinder sind für das Prestige der Familie und als Garanten der elterlichen Altersvorsorge wichtig. Viele Söhne zu haben, erhöht das Familienansehen. Dem ältesten Sohn kommt die wichtige Rolle des Stammhalters zu und somit auch eine Vorrangstellung vor seinen Brüdern.

Der Separation der Geschlechter entsprechend, unterscheidet sich auch die **Erziehung von Jungen und Mädchen.** Töchter werden von klein an in die Hausarbeit einbezogen und helfen bei der Betreuung jüngerer Geschwister. Von frühester Kindheit an bestimmen Gebote der Scham die weiblichen Verhaltensweisen. Knaben haben weit mehr Bewegungsfreiheit als Mädchen und sie werden ab einem gewissen Alter vornehmlich von ihren Vätern erzogen, die sie in die Männerwelt samt ihrer Aufgaben einführen.

Können kleine Kinder noch unbefangen miteinander umgehen, so gehören sie **ab der Pubertät** mit allen Konsequenzen zur Frauen- bzw. Männerwelt. Junge Frauen werden streng überwacht, da eventuell unzüchtiges Verhalten die Familienehre nachhaltig beeinträchtigen kann.

Junge Menschen verlassen ihr Elternhaus gewöhnlich nach dem Abschluss ihrer Ausbildung und der Gründung einer eigenen Familie. Eine **geschiedene Frau** kehrt im Allgemeinen wieder in ihr Heim zurück, bis sie erneut heiratet.

Ehre und Schande

Die persönliche Ehre und Würde sowie das Ansehen der Familie frei von Schande zu halten sind wichtige Tugenden der jemenitischen Gesellschaft. Das Ehrgefühl ist leicht verletzbar, oft reichen schon Gerüchte und mitunter tragen auch Intrigen ihren Teil dazu bei.

In puncto Familienehre gelten nach jemenitischem Denken Männer als Schützer und Frauen als Garanten des guten Rufes. Frauen, die sich allen Anstandsregeln nach verhalten, gebührt Achtung und Respekt. Andererseits kann ihr Verhalten Schande über die gesamte Familie bringen.

Für Stammesmitglieder ist es bedeutsam, den Stammeskodex zu wahren und den Regeln der Stammestraditionen zu entsprechen. Verletzt jemand die geltenden Werte und Normen außerordentlich, so kann er schnell in eine Außenseiterrolle oder ins gesellschaftliche Abseits geraten.

Rollen der Männer

Jemenitische Männer sind Vertreter im öffentlichen Leben und Repräsentanten der Familie. In ihren Händen liegt es, sich um das Wohl der Familie sowie um Angelegenheiten des Stammes und der Gemeinde zu kümmern. Sie besitzen dadurch **Privilegien,** tragen aber auch eine große **Verantwortung** und müssen vielen Verpflichtungen nachkommen – sowohl ökonomisch als auch rechtlich und moralisch. Blutsverwandtschaft, Abstammung und Familienehre sind wichtige Werte, über die sie zu wachen haben. Die Pflicht eines Ehegatten ist es, die Wohnung zu stellen und voll für die Lebenshaltungskosten seiner Familie zu sorgen.

Väter haben für den Unterhalt ihrer Kinder bis zu deren Verheiratung aufzukommen. Die väterliche Autorität ist unantastbar. Eine Art Stellvertreterposition kommt dem **ältesten Sohn** zu. Er führt den Familiennamen und das Erbe weiter und er ersetzt die Rolle seines Vater im Falle von dessen Krankheit oder Tod.

Diese Verantwortungen der Männer gründen sich auf die im Koran festgelegte **Vorrangstellung** gegenüber den Frauen (Koran 4:34), die im Jemen zudem im Familiengesetz verankert ist.

Rollen der Frauen

Maßgeblich für Frauen ist, dass sie unter der Obhut der Männer stehen. Eine Frau hat ihr Leben lang das **Recht, finanziell versorgt zu sein,** zum einen durch ihre Herkunftsfamilie und Anspruch auf eigenen Besitz, der Ehemann muss für die Wohnung und den Unterhalt aufkommen. Der Islam sieht keine eheliche Gütergemeinschaft vor. Nicht einmal für den Unterhalt ihrer Kinder oder ihres arbeitslosen bzw. arbeitsunfähigen Mannes kann eine Jemenitin verantwortlich gemacht werden. Dementgegen besteht die wichtigste Ehepflicht der Frau aus dem **Gehorsam** gegenüber ihrem Mann.

Dem Islam nach kommt Frauen biologisch und sozial die Aufgabe der **Mutter** zuteil. Bis zu ihrer Hochzeit leben junge Frauen in ihrem Elternhaus bzw. wenn ihre Eltern verstorben sind, in der Familie ihres Bruders oder eines anderen männlichen Verwandten. Ehen werden gewöhnlich jung geschlossen, weil Heirat das Erstrebenswerteste im Leben einer Jemenitin ist. Die erste Schwangerschaft wird gewöhnlich herbeigesehnt, um von der Angst vor Kinderlosigkeit und ihren Folgen wie soziales Stigma, Scheidung oder Mehrehe (siehe: „Ehe"/„Polygynie") befreit zu werden.

Die **soziale Anerkennung** einer Frau in der Familienhierarchie hängt nicht nur davon ab, ob sie verheiratet ist, sondern auch ob und wie viele

027je Foto: kk

Kinder – bzw. Jungen – sie geboren hat. Männliche Nachkommen führen die Ahnenlinie des Ehemannes fort, sie werden später wiederum Väter und Oberhäupter ihrer Familien. Söhne sind eine Gnade Gottes und es ist die Aufgabe der Frau, sich dieser Gnade (möglichst oft) erhaben zu erweisen. Bekommt eine Jemenitin keinen Knaben – oder anders gesagt erweist sie sich der Gunst Gottes als unwürdig –, so kann dies für den Mann ein Scheidungsgrund sein.

Ein Höchstmaß an sozialer Achtung wird **Großmüttern** zuteil, insbesondere, wenn sie mehrere Söhne geboren haben. Ihre Ratschläge sind innerhalb der Familie sehr gefragt, ihren Worten wird Folge geleistet. In der weiblichen Familiengemeinschaft haben sie die zentrale Rolle inne.

Für Jemenitinnen eine wichtige „Einrichtung" ist das soziale Netzwerk aus weiblichen **Verwandten und Freundinnen,** in das sie sehr eng eingebunden sind. Im Zuge der Geschlechtertrennung halten Frauen sich überwiegend unter ihresgleichen auf und Frauenfreundschaften kommt eine wichtige Bedeutung zu.

Dass Frauen **allein leben,** kommt nur selten vor, etwa bei geschiedenen oder verwitweten älteren Frauen mit eigenem Einkommen.

Geburt und Beschneidung

Die Geburt (arab. *milād)* eines Kindes wird als **Geschenk Gottes** angesehen, besonders stolz sind die Eltern, wenn ihr Erstgeborenes ein Junge ist und somit die Stammhalterschaft gesichert wird. Unmittelbar **nach der Abnabelung** werden dem Neugeborenen der Gebetsruf und fromme Koranverse ins Ohr geflüstert. Am Tag nach der Geburt findet oftmals ein **Familienfest** statt – Feste zu Ehren eines Jungen werden deutlich pompöser gefeiert.

Während der ersten Woche ruht sich die Mutter von der Geburt aus. Der siebente Tag nach dem freudigen Ereignis gilt als besonders geeignet für die **Namensgebung.** Eine Taufe als Aufnahme in die Glaubensgemeinschaft gibt es im Islam nicht. Kinder sind automatisch Muslime, wenn ihr Vater es ist. Jungen werden mit der Beschneidung in die Gesellschaft integriert, Mädchen mit der Heirat.

Das freudige Ereignis wird gerne gefeiert: Vom 7. bis zum 40. Tag verweilen viele Mütter zu Hause und empfangen jeden Tag (weibliche) Verwandte, Bekannte oder Nachbarn als Gratulanten. Ärmere Familien kön-

Studentinnen im *šaršaf,* einer Kombination aus schwarzen Kleidungsstücken und Gesichtsschleier

nen oft nicht so lange auf die Arbeitskraft einer ihrer Angehörigen verzichten, weshalb bisweilen die **Ruhezeit** auf wenige Tage verkürzt wird.

In dieser Zeit findet auch ein besonders großes **Fest** statt: Die junge Mutter ruht in einem Festtagskleid, mit Schmuck und Körperbemalung (siehe: „Alltag"/„Bekleidung und Schmuck"/„*Naqš*") herausgeputzt auf einem mit Kissen und Decken üppig ausgestatteten „Thron". Kräuter, Duftöle, Parfum und Räucherwerk verbreiten einen betörenden Duft. Eine Berufssängerin rezitiert Suren aus dem Koran, trägt Loblieder zu Ehren des Propheten vor und formuliert Segenswünsche für das Neugeborene und die Mutter. Die Gäste werden mit Tee, Saft, Naschwerk und Wasserpfeife bewirtet, *qāt* bringt jeder selbst mit. Am Abend endet die Party und die Gäste überreichen ein Geldgeschenk.

Die **Beschneidung von Jungen** (arab. *ḫitān)*, bei der ein Teil der Penisvorhaut entfernt wird, symbolisiert eine kultische Reinigung und die Aufnahme in die islamische Gemeinschaft. Im Koran wird die schon in vorislamischer Zeit gebräuchliche Beschneidung nicht erwähnt, aber der *sunna* nach ist sie ein Kennzeichen des Islam und somit obligat. Für den Eingriff sprechen auch hygienische und medizinische Gründe, wie die Vermeidung von Phimose, einer Verengung der Vorhaut. Kindern wird die Beschneidung als Entfernung von etwas Unreinem erklärt. Knaben werden üblicherweise am siebenten Tag nach der Geburt beschnitten, selten auch im siebten Lebensjahr und in der Küstenebene *Tihāma* erst kurz vor der Pubertät. Traditionell findet die Beschneidung bei Sonnenaufgang statt und wird von einem Barbier durchgeführt, heute oft auch von Ärzten. Anwesend sind der Vater und männliche Verwandte, zum Ritual gehören das Rezitieren der ersten Koransure. Ein großes Familienfest gehört unbedingt dazu – Geschenke helfen tröstend über den Schmerz hinweg.

Im Jemen gibt es, wie auch in über 40 weiteren arabischen oder afrikanischen Ländern, den Brauch der **Mädchenbeschneidung** (arab. *ḫafḍ)*, also die Entfernung der Schamlippen und/oder der Klitoris. Im Vergleich zu anderen Ländern werden Mädchenbeschneidungen im Jemen vergleichsweise selten praktiziert, mit Ausnahme der *Tihāma.* Doch anders als die Beschneidung von Jungen ist die von Mädchen in keiner Weise vom Islam empfohlen, geschweige denn vorgeschrieben. Diese (Un-)Sitte gründet sich auf das Brauchtum und lässt sich mit keinem medizinischen oder hygienischen Nutzen rechtfertigen. Oft kommt es zu schweren gesundheitlichen Schäden und auch seelischen Leiden. Die ägyptische Frauenrechtlerin und Schriftstellerin *Nawāl as-Saʿdāwī* formuliert, mit der Beschneidung der Mädchen versuche die Männergesellschaft Frauen ihrer sexuellen Lust zu berauben, sich deren Keuschheit zu sichern und sie vollends zu Gebärmaschinen zu degradieren.

Tod

Mit dem Christentum und dem Judentum teilt der Islam die Vorstellungen vom Jüngsten Gericht, vom himmlischen Paradies, der Hölle und der Auferstehung. Gott ist derjenige, der nicht nur Leben spendet (Koran 4:1), sondern auch den Tod (Koran 3:145). Für Muslime bedeutet der Tod eine **Einkehr ins Jenseits** und eine Rückkehr zu Gott. Dabei stellt das Leben im Diesseits einen vorübergehenden Zustand dar und das Leben im Jenseits ist von Bestand (Koran 40:39 ff.). Der Glaube an göttliche Vorbestimmung lässt den Tod als vorbestimmt und gottgewollt erscheinen. Im Glauben an Gott und die **Wiederauferstehung** ist der Tod ein nur unbedeutender Zwischenstatus.

Nach dem Ableben erwartet jeden die **Positiv-Negativ-Bilanz** seines Erdendaseins. Je nach Resultat wartet das Höllenfeuer oder der Garten Eden. Muslime glauben, das Paradies sei ein großer, üppiger Garten im siebten Himmel. Wohl dem, der schlechte Taten durch gute ausgeglichen hat und dort Einlass findet. *„Das sind die Gebote Gottes. Wer nun Gott und seinem Gesandten gehorcht, den läßt er (dereinst) in Gärten eingehen, in deren Niederungen (w. unter denen) Bäche fließen, und in denen sie (ewig) weilen werden. Das ist dann das große Glück. Wer aber gegen Gott und seinen Gesandten widerspenstig ist und seine Gebote übertritt, den läßt er in ein Feuer eingehen, damit er (ewig) darin weile. Eine erniedrigende Strafe hat er zu erwarten."* (Koran 4:13-14, auch bedeutsam: 16:97, 46:19-20)

Der Islam schreibt die **Erdbestattung** vor (Koran 20:55, 30:19), andere Formen, wie z. B. die Einäscherung, werden abgelehnt. Verstorbene sollten ohne Verzögerung beerdigt werden, daher geschieht dies in aller Regel noch am Todestag, spätestens aber am Tag danach. Vor der Einbettung in die Erde wird der Leichnam einer rituellen Totenwaschung unterzogen und es wird ausgiebig der Koran rezitiert.

Muslimische **Beerdigungszeremonien** sind eher schlicht. Üblicherweise wird der Leichnam auf der rechten Seite liegend, mit angewinkelten Beinen und dem Gesicht nach Mekka gerichtet, ohne Sarg nackt in Stoff gehüllt, ins Grab gelegt. Üblich sind laute und mitunter dramatisch-theatralische Totenklagen von Ehefrauen oder weiblichen Verwandten, die ihre Trauer herausweinen und -schreien oder sich als Zeichen ihres unermesslichen Leids „verunstalten", indem sie ihr Gesicht schwärzen oder ihre Kleider zerreißen. Bevor das Grab verschlossen wird, sprechen alle Anwesenden das islamische Glaubensbekenntnis. Nach der Beerdigung wird ein Totenmahl zelebriert, bei dem Koranausschnitte vorgetragen werden.

Muslimische **Gräber** von Normalsterblichen sind schlicht und schmucklos. Am Kopfende befindet sich ein Grabstein, zwei Steine kennzeichnen

028je Foto: kk

die Begräbnisstätte einer Frau. Dagegen sind viele Ruhestätten von prominenten Heiligen oder Herrschern reich dekoriert, z. B. mit Ornamenten, frommen Schriftbändern oder grünen Stoffen. Ruhmreiche Tote ruhen oft in Moscheen oder eigenen Kuppelbauten auf Friedhöfen. Jede Region hat ihre „eigenen" Heiligen, deren Grabstätten sind mitunter bedeutsame Wallfahrtsorte oder Opferstätten.

Die **Trauerzeit** dauert in der Regel vierzig Tage und ist erfüllt mit Gebeten und Trauersitzungen. In dieser Zeit gilt es als besonders verdienstvoll, Almosen zu spenden.

Grabbesuche sind an den hohen Feiertagen, dem Fest des Fastenbrechens und dem Opferfest, üblich. Wer einem Toten einen Dienst erweisen möchte, liest Suren aus dem Koran vor bzw. entlohnt einen Rezitator.

Heiligengrab im *Wādī Ḥaḍramaut*

Ehe

„Und wenn ihr fürchtet, in Sachen der (eurer Obhut anvertrauten weiblichen) Waisen nicht recht zu tun, dann heiratet, was euch an Frauen gut ansteht (?) (oder: beliebt ?), (ein jeder) zwei, drei oder vier. Wenn ihr aber fürchtet, (so viele) nicht gerecht zu (be)handeln, dann (nur) eine, oder was ihr (an Sklavinnen) besitzt! So könnt ihr am ehesten vermeiden, unrecht zu tun."

(Koran 4:3)

Polygynie

Über die Polygamie - also die eheliche Verbindung eines Mannes mit mehreren Frauen oder einer Frau mit mehreren Männern - werden hier zu Lande immer wieder hitzige **Diskussionen** geführt. Fakt ist, dass Muslime bis zu vier Frauen ehelichen dürfen.

In **vorislamischer Zeit** war es gang und gäbe, dass ein Mann mehrere Geliebte oder Konkubinen unter seinen Sklavinnen hatte und Ehen nach Belieben schließen konnte. Die Ehe mit mehreren Frauen (lat. Polygynie) sicherte eine reiche Nachkommenschaft und diente zugleich dazu, den durch zahlreiche Kriege und Kämpfe entstandenen Frauenüberschuss auszugleichen.

Diesem Treiben setzten die göttlichen Offenbarungen (Koran 4:3, siehe Zitat am Kapitelanfang) ein Ende. Das **Recht auf vier Ehefrauen** bedeutete in seiner Entstehungszeit eine Beschränkung auf „nur" vier. Und bei genauem Hinsehen zeigt es sich, dass dieser Korantext zugleich die Empfehlung zur Einehe (lat. Monogamie) gibt. Die Mehrehe ist als Ausnahme gedacht, zur Versorgung von Witwen und Waisen, im Falle einer schweren Krankheit oder Unfruchtbarkeit. Nirgends wird die Ehe mit mehreren Frauen als Vorwand zur zügellosen sexuellen Erquickung propagiert.

Eine wichtige Bedingung ist, dass laut Sure 4, Vers 129, **alle Ehefrauen absolut gleich und gerecht behandelt** werden müssen: *„Und ihr werdet die Frauen (die ihr zu gleicher Zeit als Ehefrauen habt) nicht (wirklich) gerecht behandeln können, Ihr mögt noch so sehr darauf aus sein. Aber vernachlässigt nicht (eine der Frauen) völlig, so daß ihr sie gleichsam in der Schwebe laßt! Und wenn ihr euch (auf einen Ausgleich) einigt und gottesfürchtig seid (ist es gut). Gott ist barmherzig und bereit zu vergeben (oder: Aber wenn ihr euch bessert und gottesfürchtig seid, ist Gott barmherzig und bereit zu vergeben)."* Islamische Reformisten legen diese Prämisse so aus, dass sie indirekt die Vielehe blockiert, denn welcher Mann vermag es schon, fair und ohne Unterschied seine Liebe und sein Geld aufzuteilen sowie bei jeder Frau in gleichem Maße den Pflichten und Freuden als Mann oder Vater nachzukommen? Befürworter der Polygynie argumentieren damit, dass sich die Bedingung lediglich darauf bezieht, alle Frauen finanziell gleichzustellen.

Im Jemen braucht eine Erstfrau nicht darüber informiert zu werden, dass ihr Mann **eine weitere Frau hinzuheiraten** will – und den allgemeinen Rechtsregeln nach kann sie dies nicht untersagen. Stellt sich heraus, dass der Mann nicht in der Lage ist, mehrere Frauen wirtschaftlich zu versorgen, so kann jede der Angetrauten auf Aufhebung der Ehe klagen.

Im Jemen sind Ehen mit zwei oder mehr Frauen die **Ausnahme.** Auf Grund der für einen Mann hohen finanziellen Aufwändungen (Brautgeld und Unterhalt jeweils doppelt bzw. drei- oder vierfach) sind nur etwa 5 % aller Ehen Mehrehen.

Eheanbahnung und Eheschließung

Menschen, die nicht heiraten, sieht die Gesellschaftsordnung des Islam nicht vor. Zwingende Argumente gegen eine Hochzeit sind lediglich schwere Krankheit und Unfruchtbarkeit.

Eine alte Tradition ist, dass Erst-Ehen im Jemen **von den Eltern arrangiert** werden. Denn Heirat dient nicht nur der Legitimierung der Beziehung zwischen Mann und Frau, sondern auch der **Fusion zweier Familien** oder Stämme. Oftmals ist der Ruf der Brautfamilie ein wichtigeres Auswahlkriterium als der Charakter der Zukünftigen.

Heiraten im Jemen ist selten Privatsache – ethnischer und sozialer Status sowie Stammeszugehörigkeit sind wichtige Attribute für die **Wahl der Braut.** Bei vielen Ehearrangements ist es so, dass sich die beiden Zukünftigen kaum kennen oder noch nie gesehen haben. Nach jemenitischer Auffassung kommt die Liebe mit der Ehe. Doch Liebesehen und die freie Wahl des Partners kommen in Ausnahmefällen vor.

Zu bedenken gilt, dass auf Grund der Normen der Geschlechtertrennung ein **Kennenlernen vor der Ehe** stets ein schwieriger Balanceakt ist. Eltern müssten ihren Kindern mehr Freiraum eingestehen, als gesellschaftlich toleriert wird und die Gefahr, dass Reputation und Ruf der Familie verletzt würden, ist groß. Die größten Möglichkeiten, einen Partner vor der Heirat kennen zu lernen, bestehen für junge Leute aus wohlhabenden Familien mit fortschrittlich denkenden Vätern. In den großen Städten gehen zahlreiche junge Männer und Frauen auf höhere Schulen oder Universitäten, wo es gute Chancen zum „Flirten" und Kennenlernen gibt.

Wenn Kinder **ihren Partner selbst gewählt** haben und ihren Eltern bei der Heiratsanbahnung zuvorkommen möchten, dann sind folgende Wege üblich: Der junge Mann macht seiner Auserwählten persönlich oder über einen Vermittler einen Antrag. Diese überlegt sich ihre Entscheidung und gibt ihm entweder eine Absage (direkt oder via Vermittler) oder sie ermuntert ihren Vater zur Zustimmung. Unabdingbar ist es allerdings, dass der junge Mann bzw. seine Familie einen formellen Heiratsantrag bei der Brautfamilie stellt. Immer mehr Familien lassen der jungen Generation Freiraum und fürchten nicht, dadurch ihre Autorität zu verlieren, denn die Ziele der Zukünftigen unterscheiden sich nicht notwendigerweise von den Interessen der Familie.

Doch viele junge Jemeniten - sowohl Frauen als auch Männer - **befürworten die Tradition des Ehearrangements.** Sie vertrauen ihren Eltern, die schließlich nur das Beste wollen. Die Unsicherheit dieser jungen Menschen ist oft groß, viele trauen sich keine eigenen Entschlüsse zu und fürchten, im Falle eines Scheiterns der Ehe nicht auf den Rückhalt der Familie zurückgreifen zu können. Eine selbst gewählte Entscheidung bedeutet außerdem eventuell persönliches Versagen hinnehmen zu müssen.

Nach islamischem Recht darf eine Frau eine Heirat ablehnen, letztendlich ist es ihre **Einwilligung** oder Ablehnung, die zählt. Ihr Vater bzw. Vormund hat sie um Zustimmung zu fragen. Jedoch ist es oft so, dass der soziale Druck, die elterliche Entscheidung zu akzeptieren, so groß ist, dass vielen Frauen keine andere Wahl bleibt. Zudem ist es üblich und gesetzlich legitim, ein Schweigen von Frauen, die das erste Mal heiraten, als Zustimmung zu deuten. Rein formal könnte ein junger Mann auch ohne die Einwilligung seines Vaters heiraten - jedoch gilt dies als sehr verwerflich und ist oftmals auch nicht realisierbar, immerhin müssten alle finanziellen Mittel für die Hochzeit aus eigener Tasche aufgebracht werden (vornehmlich stammen sie aus dem Besitz seiner Familie). Eine Eheschließung unter Zwang - egal ob gegenüber der Frau oder dem Mann - ist nicht rechtens.

Können sich Eltern und Kinder in puncto Partnerwahl nicht einigen, so besteht eine Möglichkeit des Entgegenkommens darin, den Hochzeitstermin möglichst spät anzusetzen und eine lange **Verlobungszeit** zu vereinbaren. Während dieser Zeit können sich die Zukünftigen näher kommen und dann ist es auch gesellschaftsfähig, wenn beide sich (besser) kennen lernen. Allerdings dürfen sie sich nicht allein in einer Wohnung treffen, über Nacht zusammen wegbleiben oder gar sexuellen Kontakt haben. Der Verlust der weiblichen Jungfräulichkeit - sofern dies publik wird - vor der Hochzeit stößt ein Mädchen ins soziale Abseits und ruiniert den Ruf ihrer Familie. Dagegen ist es ein kleineres Problem, wenn junge Männer vorehelichen Sex haben. Offiziell sollen die Zukünftigen ihre erste gemeinsame Nacht nach der Hochzeit verbringen.

Nach der Eheschließung dürfen frisch Vermählte zusammenleben. Im Jemen ist es üblich, dass das Paar bei der Familie des Mannes lebt. Hat der junge Bräutigam genügend Geld, so gründen immer mehr Familien ihren eigenen Hausstand, insbesondere in großen Städten. Mit der Hochzeit tritt die Frau aus der Vormundschaft des Vaters (oder falls dieser tot ist, seines Stellvertreters) in die ihres Angetrauten über.

In muslimischen Lebensgemeinschaften stellt die Ehe eine gegenseitige Verpflichtung dar, sie hat keinen sakramentalen Charakter. Dazu gehört der Abschluss eines **Ehevertrages** (arab. *ᶜaqd)* vor einem Richter und zwei Zeugen, in dem Bedingungen in Bezug auf Scheidung, Erbschaft oder Handhabung einer eventuellen Mehrehe mit anderen Frauen fixiert werden. Etliche Frauen mit höherer Bildung lassen sich beispielsweise auch zusichern, ihr Studium beenden zu können oder außer Haus berufstätig sein zu dürfen. Nach jemenitischem Familienrecht ist eine Frau nicht berechtigt, einen Heiratsvertrag zu unterzeichnen, dies tut ihr Vormund für sie.

Für die Eheschließung gilt ein **Mindestalter** von 15 Jahren, jedoch sind Ehen mit jüngeren Ehepartnern weder ungültig noch strafbar und daher gang und gäbe. Mit Erreichen der Volljährigkeit zum 15. Lebensjahr ist der zu junge Ehepartner allerdings berechtigt, seine eventuelle Ablehnung auszusprechen – womit diese Ehe aufgelöst werden muss. Wer dies jedoch durchsetzen möchte, wird häufig auf sozialen Druck durch familiäre Missbilligung treffen. Und nur wenige junge Menschen sind in der Lage, diese Schwierigkeiten zu bewältigen.

Im Ehevertrag vereinbart wird auch die Höhe des **Brautgeldes** (arab. *mahr),* das vom Ehemann bzw. seiner Familie an die Braut zu zahlen ist. Das Brautgeld gehört ausschließlich der Ehefrau und dient zum größten Teil als Absicherung für den Fall der Scheidung oder Verwitwung (Koran 4:4, 4:24). Die Höhe des *mahr* richtet sich nach dem Status der Braut. Ein alltäglicher Knackpunkt: In ärmeren Familien wird das Brautgeld oft nicht ausbezahlt, die Ehefrauen erhalten lediglich einen Schuldschein.

Zu einer Hochzeit gehören **noch mehr Hochzeitsgelder,** die jedoch nicht im Ehevertrag festgesetzt werden. Das *šarṭ* wird vom Bräutigam an den Brautvater gezahlt, um damit die Zukünftige auszustatten. In ärmeren Familien geschieht dies jedoch häufig nicht und der Vater verwendet das Geld für eigene Zwecke oder die Hochzeit eines Sohnes. Die Höhe der Hochzeitsgelder ist nicht festgelegt und wird von den Eltern der Zukünftigen abgemacht. Jedoch wäre es falsch, von einem „Kaufpreis“ der Braut zu sprechen.

Ehen mit Andersgläubigen sind den islamischen Regelungen nach nur in der Richtung statthaft, dass die Frau einer anderen Buchreligion (Buchreligionen sind Christentum, Judentum und Islam) angehört. Der Fall, dass ein Muslim eine Frau ehelichen möchte, die Heidin ist oder nicht einer Buchreligion angehört, stellt ein Ehehindernis dar (Koran 2:221). Eine Muslima darf nur einen Glaubensgenossen ehelichen. Der Grund liegt darin, dass die Religion des Mannes automatisch die Glaubenszugehörigkeit der Kinder bestimmt.

Durchaus oft üblich – und dem Islam nach legitim – ist die **Heirat unter Verwandten** zweiten Grades, wie zwischen Cousin und Cousine (Koran 4:22 ff.). So wird die Ebenbürtigkeit beider Ehepartner gesichert und das Familieneigentum zusammengehalten.

Traditionelle Hochzeitsfeiern

Auf Grund der ethnischen Vielfalt im Jemen haben sich im Laufe der Zeit zum Teil **unterschiedliche Hochzeitstraditionen** und Riten entwickelt.

Immer wichtig ist es, ein **großes, mehrtägiges Fest** im Kreise der Familie zu veranstalten. Für das soziale Ansehen der Angehörigen ist die Ausgestaltung des Hochzeitsfestes so wichtig, dass viele sich über Jahre hinweg verschulden. Bei Bauern oder Beduinen geht es eher schlicht zu, wohingegen bei entsprechender Finanzlage aufwändig und sieben Tage lang gefeiert wird. Im Sinne der Geschlechtertrennung finden nahezu alle Festlichkeiten getrennt statt, Frauen amüsieren sich unter sich und Männer unter ihresgleichen.

Immer mehr Jemeniten heiraten nach **europäischer Mode,** vor allem junge, reiche, moderne Familien aus großen Städten bevorzugen ein Festbankett im Ballsaal eines großen Hotels mit Musik und Tanz, als Prunkstück dient eine mehrstöckige Torte, die Braut trägt ein weißes Brautkleid und als Erinnerung wird ein Hochzeitsfoto im Fotostudio vor romantischer Posterkulisse angefertigt.

Traditionell fangen viele Hochzeitsfeiern an einem **Dienstag** an. An diesem arab. *yaum aḏ-ḏubāl,* „Tag der Lichter", wird eine häusliche Lichterprozession zu Ehren der Braut veranstaltet. Dazu treffen sich die weiblichen Mitglieder beider Familien im Hause der Brauteltern.

Der folgende Tag, der **Mittwoch,** ist der „Tag der Malerei", der arab. *yaum al-naqš.* Vormittags geht die Braut zusammen mit anderen weiblichen Angehörigen beider Familien in ein oft nur für die Familie angemietetes Badehaus. Und nachmittags – während der Rest der Gesellschaft bei Musik und Tanz feiert – beginnt für die Braut eine aufwändige Prozedur der Körperbemalung (siehe: „Alltag"/„Bekleidung und Schmuck"/

„Naqš“). Oft sind es professionelle Brautschmückerinnen (arab. *šāriʿa),* welche die Haut der Zukünftigen von den Händen bis zu den Schultern und auf dem Dekolleté sowie vom Fuß bis zum Knie mit filigranen Mustern aus Naturfarbstoffen bemalen. Am gleichen Tag treffen sich im Haus des Bräutigams dessen männliche Verwandte und Freunde zu einer großen *qāt*-Sitzung (siehe: „Alltag"/„Typisch jemenitisch"/*„Qāt“).* Zwar bringen viele ihr eigenes „Kaukraut" mit, dennoch hat der Vater des Zukünftigen dafür gesorgt, dass reichlich *qāt* im Hause ist. Das wichtigste Ereignis des Tages ist die Übergabe von Geldgeschenken oder Nahrungsmitteln. Jeder Gast gibt seinem Vermögen entsprechend, die Gaben erhält der Vater des Bräutigams, um ihn bei den hohen Hochzeitskosten zu unterstützen.

Die Feierlichkeiten haben ihren Höhepunkt am **Donnerstag,** dem *yaum al-duḫla,* dem Tag des Eintritts der Braut in die Familie des Bräutigams samt der Hochzeitsnacht. Dieser Tag gilt in der Zählung der Hochzeitsfeiertage als erster Tag. Zum Ablauf: Die Zukünftige bleibt bis zum Abend im Brauthaus, wo sie im Beisein ihrer weiblichen Verwandten und Freundinnen angekleidet, geschmückt und parfümiert wird. Traditionelle Hochzeitsgewänder sind grün. Der Brautvater lädt den Bräutigam samt seiner Verwandten und Freunde zum Essen ein. Parallel dazu offeriert die Familie des Bräutigams Essen und *qāt.* Die Heimkehr des Bräutigams wird mit Musik und Tanz zelebriert. Die Zusammenführung der Eheleute steht bevor, wenn am Abend die engsten Angehörigen des Bräutigams die Feier verlassen um die Braut abzuholen – der Bräutigam ist nicht dabei, er bleibt im Hochzeitshaus. Die Braut wird begleitet von ihren Eltern, ihren weiblichen Verwandten und Freundinnen sowie der *šāriʿa.* Gesänge, Trommelschläge, Knallkörper und Gewehrsalven geleiten den Brautzug zum Heim des Ehemannes. Vor dem Betreten des Hauses werden rohe Eier auf den Boden geworfen, dies soll böse Geister fern halten (siehe: „Alltag"/„Bekleidung und Schmuck"/Exkurs „Böse Blicke und feurige Dämonen – Aberglaube"). Die Braut und ihre Angehörigen werden ins Hochzeitsgemach geleitet. Nach einer Weile verabschieden sich die Begleiter der Braut, nur die *šāriʿa* bleibt an ihrer Seite und bereitet sie auf den Empfang ihres Ehemannes vor. Dieser wird unterdessen in Begleitung der Hochzeitsgäste in einem von Böllerschüssen, Gewehrsalven und Gesang begleiteten Umzug durch das Stadtviertel geführt. Der Abschluss des geselligen Beisammenseins ist erreicht, wenn der Bräutigam zu seiner Frau in das Hochzeitsgemach geführt wird. Hier sehen sich viele Eheleute zum ersten Mal

Zwei festlich herausgeputzte Bräutigame

von Angesicht zu Angesicht. Die *šāriʿa* lüftet den Schleier der Braut, während der Bräutigam die Eröffnungssure des Korans rezitiert. Anschließend verlässt die Brautschmückerin den Raum und die Familie des Frischvermählten kommt kurz zum Gratulieren dazu. Danach sind die zwei Eheleute zum Vollzug der Ehe im Sinne der Hochzeitsnacht allein.

Am **Freitag,** der in diesem Falle arab. *yaum aṣ-ṣabāḥ* („Tag des Morgen") heißt, besucht die Familie der Braut das Hochzeitshaus. Zweck ist die Begutachtung eines blutbefleckten Tuches, das die Entjungferung der Braut bekunden soll. Aus Dankbarkeit dafür, dass die Tochter ihrer Familie keine Schande bereitet hat (was das Fehlen des Blutes – egal aus welchem Grund – in jedem Fall bedeuten würde und was unverzeihlich wäre), erhält sie von ihrem Vater ein Geschenk. Auch der Bräutigam überreicht ihr Präsente, oftmals Geld oder Schmuck. Im Folgenden feiern Bräutigam, Verwandte und Freunde öfters draußen bei Musik und Tanz (siehe: „Alltag"/„Typisch jemenitisch"/*„Barʿa")*. Mittags lädt der Brautvater zum Essen samt anschließender *qāt*-Runde ein.

Am dritten Tag, im Allgemeinen **Samstag,** feiern nur die Frauen – beider Familien – im Hochzeitshaus. Mittagessen, *qāt,* Musik und Tanz gehören dazu und an diesem Tag bekommen Mutter und Tanten der Braut Geschenke, üblicherweise in Form von Stoffen.

Am **siebten Tag** lädt die Familie der Braut die weibliche Verwandtschaft und deren Freundinnen ein, auch hier vergnügen sich die Damen bei Musik und Tanz und *qāt.*

Der Tradition nach soll die junge Ehefrau vor dem **20. Tag** das Haus der Familie ihres Mannes nicht verlassen, so sieht sie meist erst dann ihre Familie wieder. Aus diesem Grund veranstaltet die Brautfamilie als offiziellen Abschluss eine Feier, zu welcher die Familie des Bräutigams – samt dem jungen Paar – empfangen wird.

Scheidung

Obwohl der Islam nicht von einer lebenslangen Ehe ausgeht, sind **Scheidungen im Jemen seltener** als etwa in Europa. Diese Tatsache begründet sich darin, dass im Jemen das Leben innerhalb einer Familie einen höheren Stellenwert hat und der sozialen Norm entspricht.

Beide Geschlechter haben das **Recht zur Scheidung,** allerdings kann sich ein Mann nahezu ungehindert trennen, wohingegen eine Frau an bestimmte Bedingungen gebunden ist.

Es gibt **drei Haupt-Scheidungsarten:** Verstoßung der Frau, Freigabe der Frau gegen Entgelt und richterliche Aufhebung der Ehe.

Männer können dem islamischen Recht nach durch dreimaliges Aussprechen einer bestimmten Formel jederzeit und ohne Angabe von Gründen **ihre Frauen verstoßen** (arab. *ṭalāq,* Koran 58:1 ff.). Solch eine Verstoßung kann vom Mann zwei Mal widerrufen werden, ist aber beim dritten Mal gültig. Es gibt viele Streitfälle über gültige oder ungültige Lossagungen. Im Kernpunkt dreht es sich oftmals darum, ob das bloße Aussprechen der Verstoßungsworte wirksam ist oder ob hinter diesen Worten eine Absicht stehen muss. Insbesondere im Streit oder wenn sie wütend sind, geht manchen Jemeniten leicht die Kontrolle verloren und der *ṭalāq* wird ausgesprochen. Doch letztendlich obliegt das Urteil über Bestehen oder Nichtbestehen der Ehe der Gewissensentscheidung des Ehemanns. Dieses uneingeschränkte Recht des Mannes zur Verstoßung seiner Frau schwebt wie ein Damoklesschwert über solchen Ehen, an denen Frauen festhalten möchten. Sind jedoch beide an einer Scheidung interessiert, so stellt der *ṭalāq* eine einfache und schnelle Lösung dar. Möchte nur die Frau die Ehe beenden, so kann sie ihren Mann um diesen Bruch bitten. Der Koran ruft an vielen Stellen dazu auf, Verstoßungen zu unterlassen und nach schlichtenden Lösungen zu suchen.

Die zweite Möglichkeit besteht in der **Freigabe** (arab. *ḫulʿ*) der Frau gegen einen finanziellen Gegenwert zur Entschädigung des Ehemanns. Die Gegenleistung richtet sich nach der Höhe des Brautgeldes und ist von der Frau oder ihrer Familie zu entrichten. In Fällen, in denen nur der Frau daran gelegen ist aus der Ehe freizukommen, kann ihr dies leichter gelingen, wenn dem Ehemann ein finanzieller Gewinn angeboten wird. Neben der Rückgabe des Brautgeldes können für diesen Selbstloskauf auch Ländereien als Gegenwert dienen. Doch da die wenigsten Frauen über Vermögen verfügen, ist es gang und gäbe, dass sie auf ihnen zustehende Finanzmittel des Mannes – ihren Unterhalt für die Wartezeit (drei Monate Wartezeit sind vorgeschrieben, bevor die Frau wieder heiraten darf) oder den der Kinder – verzichten oder ihm eventuelle Unterhalts- oder Brautgeldschulden erlassen.

Während beide bisher genannten Formen der Ehebeendigung nur durch den Ehemann und ohne Mitwirkung eines Richters erfolgen, so kann es Fälle geben, in denen um eine **richterliche Aufhebung** (arab. *fasḫ*) ersucht wird. Beide Ehepartner können dies beantragen, doch da Männer das Recht zur Verstoßung ihrer Frau haben, ist die gerichtliche Scheidung für sie irrelevant. Eine richterliche Beendigung kann in Kraft treten, wenn zum einen ein Grund vorliegt, der die Eheschließung von vornherein untersagte (z. B. Heirat durch Zwang) oder wenn ein individueller Mangel angezeigt wird. Scheidungsgründe für beide Ehepartner sind z. B. schwere Krankheiten (insbesondere Geisteskrankheit), ein Mangel an Ebenbürtigkeit hinsichtlich Sittlichkeit oder Religion oder wenn ein Ehepartner vom Islam abfällt.

In einigen Fällen haben nur **Frauen das Recht auf richterliche Auflösung** der Ehe, z. B. bei unüberwindlicher Abneigung seitens der Ehefrau oder wenn der Ehemann gewohnheitsmäßig kriminell ist oder wenn er nachweislich dem Alkohol oder sonstigen Rauschmitteln verfallen ist oder wenn er längere Zeit mit unbekanntem Aufenthaltsort verschollen ist oder wenn er eine Freiheitsstrafe von mehr als drei Jahren verbüßen muss. Einer der häufigsten Gründe für Frauen auf Aufhebung der Ehe zu klagen ist die mangelnde Fähigkeit oder Bereitschaft des Mannes für den Unterhalt aufzukommen. Viele Scheidungen werden eingeklagt, weil Ehefrauen von ihrem Mann verlassen wurden, z. B. wenn dieser im Ausland arbeitet, sich dann aber nicht mehr um seine Frau kümmert. Ein ebenso häufiger Scheidungsgrund ist Gewalt – doch dieses Thema ist stark tabuisiert und umstritten, denn viele Jemeniten sehen es als unstrittig an, dass der Mann im Rahmen seines Anspruchs auf Gehorsam der Frau ein Züchtigungsrecht besitzt.

In der Praxis ziehen Frauen oft **nur im äußersten Notfall** vor Gericht, da dieser Schritt nicht selten eine gesellschaftliche Demütigung mit sich bringt. Zudem sind juristische Verfahren umständlich und langwierig, die bürokratischen Anforderungen sind für die meisten kaum nachvollziehbar. Besonders benachteiligt sind Frauen aus den unteren sozialen Schichten, die sich Gerichts- oder gar Beratungskosten selten leisten können und nicht lesen oder schreiben können. Es ist eklatant, dass der Aufwand, den eine Frau aufbringen muss, um die Ehe zu beenden – insbesondere gegen den Willen des Mannes –, im scharfen Kontrast zum uneingeschränkten Verstoßungs-Recht des Mannes steht.

Nach der Scheidung haben Frauen – zumindest theoretisch – Anspruch auf einen eventuell noch nicht gezahlten Teil des Brautgeldes (Ausnahme: Scheidung durch *ḫulʿ*- Freigabe). Tatsächlich verfügen die allerwenigsten Jemeniten über Finanzmittel, so dass ewig offene Schulden keine Seltenheit sind. Frauen haben nach der Trennung aber nur bis zu drei Monate ein Recht auf **Alimente,** denn ihre Versorgung ist mit dem Brautpreis abgegolten. Eine Unterhaltspflicht der Frau gegenüber ihrem Mann gibt es weder während noch nach der Ehe.

Nach der Scheidung bleiben **Väter für ihre Kinder unterhaltspflichtig** – für Töchter bis zur Eheschließung, für Söhne bis zu deren Erwerbstätigkeit. Für den Fall, dass der Vater mittellos ist, wird auf das Vermögen des Vormundes des Kindes (meist männliche Verwandte väterlicherseits) zurückgegriffen.

Das jemenitische Familienrecht sieht eine **Pflege für Kinder** (arab. *ḥaḍāna)* vor, dies ist ein Recht, das Kleinkindern bis zum 5. Lebensjahr zusteht und das nicht umgangen werden kann. Bis auf wenige Ausnahmen ist es zuallererst die Mutter, die die Pflege übernimmt und das Kind betreut. Wenn sie dies nicht möchte, jedoch nichts gegen ihre Eignung spricht, kann sie zur Pflege verpflichtet werden. Hat die Mutter keine Tauglichkeit zur Fürsorge (z. B. bei Geisteskrankheit oder anderen schlimmen Krankheiten, Nachlässigkeit, Lasterhaftigkeit, Unterlassung der Aufsicht), so geht diese auf ihre Mutter über, dann auf ihre Großmutter, dann auf ihre Tanten

Im Sozialismus war alles anders

Von den heutigen Regelungen wich das Familienrecht der ehemaligen Demokratischen Volksrepublik Jemen stark ab. Dort war zwischen 1974 und 1990 die Ehe als ein Bündnis konzipiert, in dem Mann und Frau einander gleich waren und die gleichen Rechte und Pflichten hatten. Beide Ehepartner waren dazu verpflichtet, im Rahmen ihrer Möglichkeiten zum Lebensunterhalt beizutragen. Berufstätigkeit unter Frauen war etwas Alltägliches. Polygynie war nur unter bestimmten Bedingungen erlaubt, die einseitige Verstoßung der Frau war verboten, Scheidungen waren nur durch ein Gericht möglich und das Sorgerecht für Kinder erhielt generell die Mutter.

In der vormaligen Arabischen Republik Jemen galten die islamischen Scharia-Grundsätze, an die sich das heutige Familienrecht eng anlehnt, jedoch mit einigen Modifizierungen.

mütterlicherseits – und dann erst auf den Vater und von dort auf seine weiblichen Verwandten. Oftmals gibt es Probleme, wenn Kinder bei der Mutter bleiben, denn viele Männer sind dann nicht bereit, den Unterhalt zu stellen und fechten die Befähigung der Mutter gerichtlich an. Die Pflege der Kinder kann auch über deren 5. Lebensjahr hinausgehen, endet aber bei Jungen mit 9 Jahren, bei Mädchen mit 12 Jahren. Dann kann das Kind entscheiden, bei wem es bleiben möchte (arab. *kafāla)*. Stehen Kinder unter der Obhut ihres Vaters, so werden sie meist von seiner neuen Frau oder seinen Schwestern, Schwägerinnen oder seiner Mutter betreut.

Geschiedene Jemenitinnen haben Anspruch darauf, von ihrer Herkunftsfamilie versorgt zu werden und leben für gewöhnlich wieder dort. Allerdings kann ein solcher Zustand auf Dauer schwierig sein, denn oft sind sie eine Art „geduldeter Gast", der einen relativ niedrigen Rang innehat. Hat eine Frau ältere Söhne, so sind diese zur Versorgung ihrer Mutter verpflichtet.

Im Islam geht man davon aus, dass nach einer Scheidung **erneut geheiratet** wird. Geschiedene (oder verwitwete) Frauen müssen eine dreimonatige Wartezeit einhalten, in der sichergestellt werden soll, dass die Frau nicht schwanger ist (Koran 2:228 ff., 65:1 ff.). Eine Wiederverheiratung wird gemeinhin angestrebt, doch die Möglichkeiten sind insbesondere für Frauen eingeschränkt – sie werden am häufigsten Zweitfrau von älteren Männern. Geschiedenen Frauen und Witwen wird bei ihrer zweiten Heirat wesentlich mehr Mitspracherecht eingeräumt, diese Ehen sind selten von den Eltern arrangiert.

Stammeswesen

„Doch plötzlich wurde der Friede unserer Unterhaltung durch mehrere Schüsse gestört. ‚Malesch, es macht nichts, nur ein kleiner Krieg hier augenblicklich', sagte man mir. Die Stadt Tariba stand in Stammesfehde mit benachbarten Beduinen. Man stritt sich um verschiedene Wasserstellen, und nachts kam es gewöhnlich zu kleinen Geplänkeln; einige der Beduinen hatten Häuser gegenüber der Stadt, so daß man von einem Fenster zum anderen schießen konnte. Uns selbst schützte gegen eventuelle feindliche Kugeln eine hohe Brüstung. Solche Stammesfehden sind in Hadramaut an der Tagesordnung, sie werden von dem Sultan und dem Adel kaum beachtet, meist weiß man in Terim oder Saiwun nicht, was in der nächsten Umgebung vor sich geht. Mögen diese Leute mit ihren Angelegenheiten allein fertig werden!"

(Hans Helfritz: „Entdeckungsreisen in Süd-Arabien")

Stammessystem

Ein Großteil der Einwohner Jemens gehört einem Stamm (arab. *qabīla)* an. Alle jemenitischen Stämme bezeichnen sich als arab. *qaḥṭānīyūn*, zurückführend auf ihren Stammvater *Qaḥṭān.* Stämme können ein komplexes **Beziehungsgeflecht** bilden, sie stiften Identität und fördern den lokalen Zusammenhalt. Für einen Stammesangehörigen wird der **gesellschaftliche Status** dadurch geprägt, wie der Ruf „seines" Stammes ist und welche Position er in ihm einnimmt.

Der Begriff Stamm umschreibt eine **Abstammungsgemeinschaft,** die in einem festen Territorium als soziale Gruppe und politischer Verband (siehe: „Politik"/„Staatsmacht und Stammeseinfluss") agiert.

Für Stammesangehörige sind die **Interessen des Stammes** und der Verwandtschaftsgruppe den individuellen Bedürfnissen übergeordnet. Verantwortungsgefühl gegenüber dem eigenen Stamm ist für sie Ehrensache.

Schon bevor es die alt-südarabischen Reiche gab, wurde die Arabische Halbinsel von Stämmen regiert. In kaum einem anderen Land Arabiens bewahrten Stämme in ähnlichem Maße wie im Jemen ihre Wesensart und **Autonomie.** Oft bilden Stämme mächtige Subsysteme. Bis in die 1970er Jahre wurden alle wichtigen Angelegenheiten wie Rechtsprechung, Handel oder Verteidigung in Verantwortung der Stämme geregelt. Stammes-

Bewaffnung eines Stammesangehörigen

rechte (arab. *ᶜurf*, „Gewohnheit") haben in den Stammesgebieten neben den Lehren des Islam die gesellschaftlichen Strukturen geprägt. Doch heute ist mitunter das **Stammessystem aufgeweicht** und existiert nur noch dem Namen nach, so etwa in den großen Städten, in der Küstenebene *Tihāma* sowie in den Regionen um *Taᶜizz* (Taiz) und *ᶜAdan* (Aden).

Stammeskonflikte

Stammeskonflikte und Kampfhandlungen untereinander, mangelnde Solidarität und Missgunst im Kampf ums Überleben waren in der Geschichte

Mord und Totschlag – Vergeltung oder Blutgeld

Sowohl den traditionellen Stammesrechten als auch der im Jemen gültigen islamischen Rechtslehre nach ist Vergeltung (arab. *qiṣāṣ)* eine rechtmäßige Maßnahme zur Sühnung von Mord und vorsätzlichem Totschlag. In dieser Vergeltung sehen viele Jemeniten eine Chance zur Wiederherstellung der verletzten Ehre. Ebenso kommt der *qiṣāṣ* ein wichtiger Abschreckungseffekt zu.

Statt der Ausführung der Vergeltung ist es auch möglich – und meistens üblich – von der Familie des Täters ein Blutgeld (arab. *dīya)* einzufordern. Die Höhe der Zahlung richtet sich nach der Art des Vergehens: Wurde der Tod fahrlässig verursacht, fällt das Blutgeld niedriger aus als bei Vorsatz. In Fällen von fahrlässiger Tötung sowie bei Verkehrsunfällen mit Todesfolge ist die *qiṣāṣ* nicht rechtens, der Schuldige muss lediglich *dīya* zahlen. Doch in puncto Vorsatz gibt es auch Ausnahmen: Wenn ein Vater seinen Sohn geplant getötet hat, hat dessen Familie keinen Anspruch auf Vergeltung, sondern lediglich auf das entsprechende Blutgeld (zusätzlich kann eine Gefängnisstrafe von bis zu drei Jahren verhängt werden). Das begründet sich dadurch, dass elterliche Gewalt im Jemen immer über öffentlicher Gewalt steht. Die Zahlung des Blutgeldes ist stets ein privatrechtlicher Anspruch und somit nicht nur vor Gericht feststellbar: Sofern alle Beteiligten damit einverstanden sind, können auch Stammesanführer solche Übereinkünfte regeln. Üblicherweise wird dies den Justizbehörden gemeldet.

Den Stammesrechten nach kann bei Körperverletzungen ein Wundgeld (arab. *'arš)* gerechtfertigt sein.

Im Jemen können Fälle von Mord und vorsätzlichem Totschlag rechtmäßig nur vor einem staatlichen Gericht verfolgt werden. *Qiṣāṣ* kann nur im Rahmen eines Gerichtsverfahrens verhängt werden. Das Recht zur Anklage haben zum einen der Staat und zum anderen die nächsten Angehörigen und Erben des Opfers. Zu jeder Zeit des Prozesses ist es möglich, sich auf die Zahlung des Blutgeldes zu einigen. Wenn auf Erfüllung der Vergeltung geurteilt wurde, so muss dieser Entscheid – wie alle Todesurteile – durch den Präsidenten bestätigt werden. In seinen Händen liegt es auch, eine Amnestie zu erlassen. Die Vollstreckung der *qiṣāṣ* geschieht im Gerichtsgebäude im Beisein der Opferfamilie durch Soldaten. Selbst kurz vor der Erschießung des Täters ist noch eine Blutgeldeinigung möglich.

In vergangenen Zeiten wurde die *qiṣāṣ*-Vergeltung ohne richterliche Beteiligung durch einen engen Verwandten des Opfers ausgeführt. War eine Einigung auf Blutgeldzahlung nicht möglich, so entstanden speziell unter Beduinen manchmal regelrechte Stammeskriege. Insbesondere die Ermordung eines Scheichs konnte weit reichende Folgen haben, denn alle wehrhaften Stammesmitglieder waren zur *qiṣāṣ* berechtigt. Dazu zwei Schilderungen aus den 1930er Jahren, die erste von *Hans Helfritz: „Ein Beduine der Ma'ari hat einen Beduinen eines anderen Stammes getötet. Die Blutfehde kann nur beendet werden durch den Tod eines Beduinen der Ma'ari. Das ist unumstößliches Gesetz der Wüstenstämme. Das wissen die Ma'ari und davor zittert der ganze Stamm."* Der Holländer *Daniel van der Meulen* kam zu dem Urteil: *„Die Bauern sind weniger kriegerisch, denn sie haben durch Kampf weit mehr zu verlieren als die Beduinen, welche mit ihren Herden als Nomadenvölker nicht seßhaft sind."*

des Jemen allzu oft Ursache für Armut und Tod. In der jemenitischen Agrargesellschaft dreht sich das Gros der **Stammesfehden** (arab. *ṯa'r)* seit jeher um Uneinigkeiten bezüglich Landbesitz, Weideland und Wasserrechten. Doch Stammesloyalität und -organisation sollten nicht als rückständige, quasi hinterwäldlerische Strukturen, die Gewalt begünstigen, gesehen werden. Ständiges Chaos ist nicht der Normalzustand, nicht alle Stämme sind streitbar und tragen Auseinandersetzungen mit Waffeneinsatz aus.

Stammesordnungen sind hoch komplex, dazu zählen auch Präventivmaßnahmen zur Vermeidung von Streit oder Schlimmerem. Eine wichtige Funktion, die von jedem rechtsfähigen, sprich wehrfähigen, Stammesmitglied als Pflicht auszuführen ist, ist die **Vermittlung in Streitfällen** (arab. *hākim,* „Richter"). Der Mittelsmann kann sich der Unterstützung der Stammesmitglieder sicher sein, ebenso dessen, dass die streitenden Parteien sich seinem Urteil beugen. Ein Beispiel: Zwei Männer zanken heftig. Ein Anwesender schaltet sich ein und fordert sie auf, ihre Krummdolche (siehe: „Alltag"/„Bekleidung und Schmuck"/„*Ǧanbīya*") abzugeben. Somit hat der Vermittler quasi „offiziell" seine Tätigkeit begonnen und mit der Herausgabe der Dolche erkennen die Streitenden dies an. Sie haben sich weiterer Feindseligkeiten zu enthalten und dem Schiedsspruch des Mittlers – der nicht notwendigerweise sofort, sondern häufig erst nach einer Zeit der Klärung gesprochen wird – zu erfüllen. Zieht sich die Lösung hin, so verbleiben die Dolche als Symbolakt beim Vermittler, damit sind die Streitenden nicht voll wehr- und rechtsfähig. Je nach Tragweite kann es vorkommen, dass die Streitenden ihre Schusswaffen abgeben müssen – als Garantie-Pfand zur Einhaltung eines Lösungsvorschlages. Bei schwerwiegenden Problemen werden Stammesanführer, Gelehrte oder Angehörige der religiösen Adelsklasse zur Schlichtung herangezogen.

Äußere Stammesordnung

Stämme sind latente Gemeinschaften mit gleicher geographischer Herkunft. **Eingrenzungen und Definitionen** von Stammesföderationen, Unterstämmen oder Stammesgruppen sowie mitunter auch von Stämmen sind schwer zu treffen. Sie können sich teilen oder abspalten, wieder vereinigen oder neu verbinden. Die Größe eines Stammes kann wenige hundert bis viele tausend Menschen betragen. Durchschaubarer werden Zugehörigkeiten zu kleineren Einheiten wie Clan (arab. *ʿašīra),* Familiengruppe (arab. *humūla)* und Familie (arab. *bayt,* „Haus").

Die zwei **größten Stammesföderationen** des Jemen sind die aus dem Hochland stammenden *Bakīl* sowie die *Ḥāšīd,* beide zaiditischer und bäu-

Beduinenleben – einst und heute

Das Beduinentum auf der arabischen Halbinsel entwickelte sich im Zusammenhang mit der Domestikation des Kameles seit Anfang des 3. Jahrtausends v. Chr. Anders als in anderen Ländern der Arabischen Halbinsel stellte die beduinische Bevölkerung im Jemen stets eine Minderheit dar, die meisten Jemeniten waren sesshafte Ackerbauern.

Die Mehrheit der Beduinen lebte als nomadisiernde Viehzüchter in der Weite des wüstenhaften Binnenlandes sowie in den fruchtbaren Trockentälern. Charakteristisch war die Haltung von Kamel- und Ziegenherden, Schafe wurden seltener gezüchtet.

Tiere galten den Beduinen als Mitbewohner. Ihnen wurde viel Zeit und Aufmerksamkeit gewidmet, sie gehörten quasi zum Hausstand. Kleinvieh hatte seinen Platz neben dem Frauenzelt und Frauen und Kinder kümmerten sich um sie – die Kamelpflege oblag allein Jungen und Männern. Das arabische Pferd war das edelste Tier der Nomaden.

Beduinenstämme lebten für gewöhnlich nicht allein von der Viehzucht, sondern zudem noch von anderen Wirtschaftsformen wie dem Dattelanbau in eigenen Gärten (die mitunter auch an Bauern verpachtet waren). Stämme in Küstennähe profitierten auch vom Fischfang, getrocknete Sardinen dienten als Viehfutter. Die wenigsten Beduinensippen lebten als Vollnomaden, sondern waren Halbnomaden und besaßen einen oder mehrere Wohnsitze. Nahezu alle Angehörigen waren regelmäßig oder sporadisch an saisonalen Wanderungen beteiligt. Als Wohnraum dienten Häuser oder Hütten in Ortschaften und Beduinenzelte oder Höhlen in unbesiedelten Gebieten, wo als zwischenzeitlicher Lagerplatz für Lebensmittel, Utensilien und Kleidung auch Baumhütten genutzt wurden.

Tauschhandel spielte eine wichtige Rolle, um Waren zu bekommen, die man selber nicht erwirtschaften konnte. Eine für alle kamelhaltenden Nomaden lohnende Einnahmequelle stellte der Karawanentransport und der Verkauf von Lasttieren dar.

Wie hart und entbehrungsreich der Beduinenalltag sein konnte, beschreibt *Daniel van der Meulen* in „Hadhramaut das Wunderland" Ende der 1930er Jahre: *„Am ersten Mai zogen wir nordwärts, in der besten Stimmung und im Vorgefühl, fruchtbareres Land zu sehen, denn wir näherten uns der Gegend, wo der 'Awâmir-Stamm mit seinen Herden lebte. Die Landschaft wurde nun etwas abwechslungsreicher, trotzdem waren wir beeindruckt von den jämmerlichen Bedingungen, unter welchen die Menschen hier bisweilen um die nackte Existenz kämpfen müssen. Viele schlagen sich in diesem hoffnungslos armen Land wohl nur durch, weil sie von dem Wunsch beseelt sind, ihr eigenes Leben zu leben und frei und unabhängig zu sein. Das eigene Land ist eben das liebste auf Erden, auch wenn es kahl und dürr und unfruchtbar ist!"*

Weidegründe und Brunnen waren stets Gemeinschaftsbesitz. Dieses kollektive Eigentum sowie das Stammesgebiet zu verteidigen galt als Verpflichtung der Gemeinschaft. Stammesfehden (arab. *ṯa'r)* um Wasserquellen, Weideland und Einflussgebiete machten einen Teil des täglichen Beduinendaseins aus. Manche Stammesgruppen erpressten und beraubten schwächere Stämme, stahlen Viehherden, plünderten Reisende aus und überfielen Siedlungen und Oasen. Unterlegene, aber wohlhabende Stammesherren zahlten regelmäßig eine Art Bruderschaftsgeld, damit die Räuber von ihren Raubzügen absahen.

Dennoch herrschte ein strenger Sittenkodex. Friedensvereinbahrungen mussten eingehalten werden, Lüge, Unzucht und Bluttaten gegen nicht wehrhafte Stammesmitglieder waren streng verboten. Nicht den Stammesregeln widersprechend war jedoch das Töten im Rahmen der Vergeltung eines Mordes. Bei Überfällen (arab. *ǧazwa)* begnügten sich Beduinen üblicherweise damit, Beute zu rauben. Den Überfallenen wurde Wasser gegeben oder der Weg zum nächsten Brunnen gewiesen. Wurden Zeltlager überfallen und ausgeplündert, so galt es als ehernes Gesetz, dass Frauen, Kindern und alten Menschen nichts angetan wurde. Selbst wenn die Männer des unterlegenen Lagers flohen um Blutvergießen zu vermeiden, konnten sie darauf vertrauen, dass den Zurückgelassenen nichts geschah. Gab ein Unterlegener auf, indem er seine Waffen und sein Reittier abgab, so durfte er nicht getötet werden.

Nach ungeschriebenen Gesetzen und gewohnheitsrechtlichen Gebräuchen (arab. *ʿurf)* wurden Vergehen gegen den Sittenkodex oder gar schlimmere Verbrechen mit Ächtung und Ausschluss aus der Gemeinschaft geahndet. Diese Furcht vor Verachtung und dem Verlust der Ehre bedingt eine starke Motivation die Stammesregeln einzuhalten und Selbstdisziplin zu wahren. Dazu eine Darstellung von *Hans Helfritz* aus „Entdeckungsreisen in Süd-Arabien": *„Noch eine andere Art von Bewohnern birgt die Rub' al Khali. Das sind Geächtete, die wegen eines schweren Vergehens aus der Gemeinschaft ihres Stammes ausgestoßen wurden. Wie es einst bei den nordischen Völkern war, so ist es heute noch für den Beduinen die schwerste Strafe, die ihn treffen kann. Ein Geächteter ist gleichsam ausgelöscht aus dem Leben, und zum Zeichen dafür wird auf dem Bestattungsplatz seines Stammes für ihn ein Steinhaufen errichtet, so, als ob er gestorben und begraben wäre. Zu den schwersten Verbrechen, die unbedingt die Ächtung zur Folge haben, gehört die Schändung einer Frau. Denn in einer Gemeinschaft, die ausschließlich durch die Bande des Blutes begründet ist, genießt die Frau als Pflanzstätte und Erhalterin des Stammes eine Ehre, die unantastbar ist. Diese recht- und heimatlos Gewordenen können nur in der herrenlosen Wüste Zuflucht finden, wie der Rub' al Khali. Dort schließen sich die Genossen gleichen Schicksals zusammen und widmen sich der einzigen Existenzmöglichkeit, die ihnen geblieben ist: Bettelei und Raub."*

Einen hohen Stellenwert hatte die Gastfreundschaft und das Gastrecht, vorausgesetzt der Besucher hatte einen Friedensgruß ausgesprochen. Dann wurden jedem Fremden – egal ob Freund oder Feind und ohne nach dem Woher und Wohin zu fragen – Unterkunft, Verpflegung und Wasser gewährt. Danach hatte der Besucher seine Reise fortzusetzen, stand aber noch unter dem Schutz seines Gastgebers.

Dass dieses Gastrecht auch Räubern gebühren kann, beschreibt nochmals *Hans Helfritz: „Als wir dann eben Rast gemacht und Feuer angezündet hatten, schreckte uns der Ruf des Karawanenführers auf, und alles eilte mit schußbereitem Gewehr in Deckung hinter die im Kreis gelagerten Kamele. Nun sah man auch aus dem Dunkel undeutliche Schatten auftauchen, und man erkannte eine Anzahl Reiter, immer je zwei auf einem scharf herantrabenden Kamel. Es waren die angekündigten Räuber, doch als sie sahen, daß wir auf ihren Empfang vorbereitet und zudem in der Überzahl waren, sprangen sie ab, näherten sich mit Zeichen des Friedens und baten um gastliche Aufnahme. Sie erhielten etwas Wasser und Brot, saßen eine Weile am Lagerfeuer, unterhielten sich, als wären sie unsere besten Freunde, und verschwanden dann wieder in der Dunkelheit der Nacht ebenso spurlos, wie sie gekommen waren."*

Das Leben der Beduinen unterlag in den letzten Jahrzehnten einem starken Wandel. Die Zeit der mächtigen Wanderstämme ist vorbei. Nur wenige sind der mobilen

Lebensform treu geblieben, die meisten sind sesshaft geworden. Viele leben in einer nomadischen „Zwischenform", sie besitzen einen festen Wohnsitz, doch Teile der Familie ziehen zu bestimmten Zeiten des Jahren umher. Vornehmlich in der Provinz Al-Mahra im Osten des Landes sowie in den Gebieten der *Ar-Rubᶜ al-Ḫālī* (Rub al Chali) nördlich des *Ḥaḍramaut* leben heute noch einige wenige Nomaden. Nur rund 2 % von Jemens Gesamteinwohnerzahl entfällt auf die beduinische Bevölkerung.

Viele leben entfremdet von ihrem angestammten Lebensraum, von ihrer Kultur und ihren Werten. Im ehemaligen Südjemen bemühte sich die sozialistische Regierung, Programme zur Ansiedlung der Beduinen durchzusetzen. Dass die für ihr Unabhängigkeitsstreben geradezu legendären Beduinen das Nomadentum aufgaben, geschah aber vornehmlich aus Not und weniger aus freiem Willen.

Die wenigsten leben heute noch als Viehzüchter, viele haben sich darauf verlegt, ihr Einkommen als Schmuggler zu verdienen. Kreuz und quer werden alle Art von Waren über die Arabische Halbinsel gekarrt, die irgendwo begehrt und teurer sind als anderswo – seien es Elektrogeräte, Ersatzteile, Zigaretten, Arzneimittel, Lebensmittel, Geländewagen oder Waffen. In Saudi-Arabien finden sich massenhaft begeisterte Abnehmer für das im Jemen angebaute Genussmittel *qāt* (siehe: „Alltag"/„Typisch jemenitisch"/ *„Qāt")* und da die Pflanze im puritanischen Königreich verboten ist, können Schmuggler Spitzenpreise erzielen. Wüsten, Grenzen oder Einfuhrbestimmungen stellen kein Hindernis dar.

Wilfred Thesiger formulierte Anfang der 1950er Jahre eine Art Nachruf auf das Nomadentum: *„Ich war mir darüber klar, daß die Bedu, mit denen ich gelebt hatte und gereist war und in deren Gesellschaft ich mich wohl gefühlt hatte, dem Untergang geweiht waren. Manche Menschen sind der Ansicht, es wird den Bedu in Zukunft besser gehen, da sie die Entbehrungen und die Armut der Wüste gegen die Sicherheit einer materialistischen Welt eintauschen werden. Ich teile diese Ansicht nicht. Ich werde nie vergessen, wie oft ich mir diesen analphabetischen Hirten gegenüber armselig vorgekommen bin, weil sie soviel großzügiger, soviel mutiger, ausdauernder, geduldiger und ritterlicher waren als ich. Bei keinem anderen Volk der Erde habe ich je ein ähnliches Gefühl der Minderwertigkeit verspürt."*

erlicher Abkunft. Das Stadtgebiet von *Ṣanᶜā'* (Sana'a) wird beispielsweise umgeben von den Stammesterritorien der *Banī al-Ḥāriṯ* im Norden, der *Banī Ḥušayš* im Nordosten, der *Hamdān* im Nordwesten, der *Sanḥān* im Südosten und der *Banī Maṭar* im Südwesten.

Das Kerngebiet der Hauptstadt unterliegt einem **geschützten Ausnahmezustand** (arab. *hiğra)*, der von den Stämmen garantiert wird. Dieser unverletzliche Status herrscht auch in diversen anderen Städten sowie in Moscheen, an Heiligengräbern, auf Märkten und in Wohnvierteln der Adelselite. In allen diesen Gebieten ist die Sicherheit von Menschen und Gütern gewährleistet, es gilt Friedenspflicht – Wächter und Garanten sind die Stammesführer.

Interne Stammesstruktur

Heute sind Stämme stets **patrilinear organisiert,** maßgebend für die Zugehörigkeit ist also die vaterrechtliche Linie, wohingegen in vorislamischen Zeiten bei manchen Stämmen die Abstammung der Mutter relevant sein konnte.

Führer von Stämmen, Stammesbezirken und Stammesföderationen nennen sich Scheich (arab. *šaiḫ*, auch *mašā'iḫ al-qabā'il, šaiḫ al-mašā'iḫ).* Im Süd- und Südostjemen gab es einst auch Stammesführer mit den ranghöheren Amtsbezeichnungen *sulṭān* und *'amīr.*

Stammesführer sind Vermittler innerer Stammesangelegenheiten und Verhandlungsführer mit Außenstehenden, sie stehen auch als Mittelsmänner zwischen Stamm und Staat. Sie haben für Recht und Ordnung zu sorgen, kümmern sich um kommunale Angelegenheiten, schlichten Streitigkeiten, beglaubigen Dokumente, sammeln Almosensteuern ein, kümmern sich um Wasserversorgung oder Straßenbau.

Immer wieder wichtig ist es, diplomatisch zu wirken, z. B. damit sich Familienstreitereien nicht zu Stammesfehden ausweiten. Bei wichtigen Schritten ist es nötig, das Einvernehmen der **Stammesältesten** bzw. der Führer einzelner Stammesbezirke einzuholen. Zudem gibt es aus den Stammesmitgliedern gewählte, ehrbare Männer, die als Vertreter eines Viertels oder einer Berufsgruppe oder als Schatzmeister dienen oder auch nur auf Grund ihrer Erfahrung Vertrauen genießen. Sie werden quasi als **„Sachverständige“** (arab. *ʿaqil)* zu Rate gezogen.

Über wichtige Entscheidungen berät eine **Stammesversammlung** und sie stimmt auch über den Beschluss ab.

Stammesführer wird man eigentlich durch Erbfolge, denn die Scheich-Würde wird meist vererbt. Um jedoch das politische Amt eines Stammesoberhauptes innezuhaben, muss dies durch eine **Wahl** bestätigt werden. Wahlberechtigt sind einem Egalitätsprinzip entsprechend alle wehrbaren Stammesmitglieder (Frauen also generell ausgeschlossen). Entscheidend in diesen stammesdemokratischen Verfahren ist die einfache Stimmenmehrheit. Den gewählten Autoritäten wird keine feste Amtszeit zugestanden, bei erwiesener Unfähigkeit und Unzufriedenheit mit der Stammespolitik können die Stammesmitglieder ihre Loyalität kündigen.

Die Stämme unterteilen sich in **Sesshafte** (arab. *ḥaḍr)* und **Nomadisierende** (arab. *badw*, „Wüstenbewohner“, daraus leitet sich das Wort „Beduine“ ab). In der Historie lebten Stammesmitglieder im zentralen Bergland vorwiegend als Bauern (siehe: „Wirtschaft“/„Landwirtschaft“), in den Wüstengebieten als nomadische Beduinen. Stets stellten Beduinen nur einen vergleichsweise geringen Teil der Population Jemens dar.

Wohnformen

„Er führte mich zu dem Bau, wo Maurer die aus Lehm und gehacktem Stroh gefertigten Ziegel auf die Lehmunterlage klatschten und im Takt dazu sangen. Nur das unterste Fundament des Hauses war aus Stein, alles übrige wurde, bis zu sieben Stockwerken hoch, aus diesen Lehm- und Strohplatten gebaut, die achtzehn Zoll breit und drei Zoll dick waren. Sie wurden drei Wochen in der Sonne gedörrt und dann in einen Lehmbrei eingemauert. Esel trotteten grade herbei mit Wasser in Ziegenschläuchen - zum Anrühren dieses Breis. (...) Als ich sagte, ich fände diese Häuser schöner als die modernen Bauten der Städte Europas, wollten die beiden Ba Surra mir nicht glauben; sie gaben jedoch zu, daß ihre alten geschnitzten Türen vielleicht schöner seien als die maschinell hergestellten, braunlackierten Verlogenheiten, die sie gerade im Westen bestellt hatten."

(Freya Stark: „Die Südtore Arabiens")

Bauweisen

Berühmt ist die jemenitische Baukunst, die zumeist auf eindrucksvolle Weise mit der Natur verschmilzt. Jede Großlandschaft hat ihren eigenen Haustyp, denn man baut vornehmlich mit den **lokal verfügbaren Rohmaterialien.** Bemerkenswert ist, dass jede der Wohnformen bestens an das jeweilige Klima angepasst ist, welches durchaus extrem sein kann.

Für die **Städte der Küstenebene Tihāma** typisch sind eingeschossige, um einen zentralen Innenhof angelegte Stadthäuser aus gebrannten Lehmziegeln oder Korallenstein. Die schönsten Fassaden sind weiß verputzt und mit geometrischen Ornamenten aus hervorstehenden Ziegeln verziert. Obwohl deutlich vom Verfall gekennzeichnet, kann man in Städten wie *Zabīd* (siehe: „Städte des Weltkulturerbes"), *Bayt al-Faqīh* (Bäit al-Fakki) oder *Al-Manṣūrīya* (Mansuhria) noch prunkvolle Hausfassaden erblicken. In den Städten *Al-Ḥudayda* (Hudäida), *Al-Muḫā* (Mocha) und *Al-Luḥaya* (Luhäia) wurden in osmanischer Zeit mehrgeschossige, reich verputzte Häuser mit Holzerkern, geschnitzten Türen und Balkonen erbaut. Auch diese Pracht ist heute häufig baufällig, insbesondere *Al-Muḫā,* einst wohlhabendes Kaffeehandelszentrum, gleicht einem Trümmerhaufen.

Traditionelle **Dörfer der Tihāma** bestehen aus runden Lehmhütten mit spitzen Schilf- und Palmfaserdächern. Mehrere solcher Hütten sind zu einem ummauerten Gehöft angeordnet, in dem für gewöhnlich eine Großfamilie lebt. Jedes Haus besteht aus einem Raum, neben den Wohnhütten gibt es Stallungen, Holz-, Vorrats- und Waschhütten sowie Versammlungshäuser. Küchen sind oft unter freiem Himmel eingerichtet. Diese Dörfer erinnern stark an afrikanische Kral-Siedlungen. Die *Tihāma*-Hütten sind gut durchlüftet, was im Hinblick auf das stets feucht-heiße Klima oberste Prämisse ist. Ihre einfache und außen schmucklose Bauweise lässt kaum auf ihr teilweise aufwändig dekoriertes Innenleben schließen. Bunte Wandbemalungen aus abstrakten Phantasiemustern oder Abbildern realer Alltagsgegenstände erinnern an naive Kunst. Oftmals sind Haushaltsgegenstände wie Plastikeimer, Blechteller oder Thermoskannen quasi als Teil eines Gesamtkunstwerkes an der Wand des runden Innenraumes drapiert. Als Bett und Sitzgelegenheit dienen mit Sisal bespannte, hochbeinige Liegen (arab. *qaᶜāda).* Diese althergebrachten Materialien und Bauweisen sind vielerorts quadratischen Beton- oder Zementsteinhäusern gewichen.

In anderen Landesteilen sind Jemeniten wahre Meister im **Bau von Hochhäusern,** sowohl aus behauenen Bruchsteinen als auch aus gebrannten oder luftgetrockneten Lehmziegeln. Zudem gibt es vier- bis fünfgeschossige Häuser aus reinem Stampf- oder Nasslehm. Eine weit verbreitete Technik besteht aus einer Kombination von Natursteinen in den unteren Etagen und Lehmziegeln in den höheren Etagen. Diese Bautechnik findet sich beispielhaft in der Altstadt von *Ṣanᶜā'* (Sana'a), wo die reich verzierten Fassaden der Häuser ein Gesamtkunstwerk bilden (siehe: „Städte des Weltkulturerbes").

Das **Fundament** eines Turmhauses muss stabil sein. Besteht der natürliche Untergrund nicht aus Fels, sondern aus Sand oder Erde, so wird ein Unterbau aus Natursteinen errichtet, in heutigen Zeiten auch aus Beton. Da **Holz** im Jemen rar und teuer ist, wird es nur in wenigen Bauteilen, wie Deckenbalken, Stützpfeilern, Treppenläufen, Fenstergittern oder Türen, verwendet. Das **„Rückgrat"** jemenitischer Wohntürme ist eine viereckige, massive Steinsäule in ihrer Mitte (arab. *'umm al-bayt* „Mutter des Hauses"; Jemeniten sagen doppelsinnig, im Mittelpunkt des Hauses stehe eine Frau). In manchen Landesteilen wird neben ihr ein Lüftungsschacht hochgezogen. Um diesen Kern herum verläuft der Treppenaufgang. Nur wenn die Trägersäule unversehrt ist, lohnt es, ein beschädigtes Haus zu renovieren. Ansonsten ist die Stabilität nicht gewährleistet und das Gebäude muss von Grund auf neu errichtet werden.

Die Tradition Hochhäuser zu bauen gibt es im Jemen **seit über 2000 Jahren** und diese Bauweise hat sich bestens bewährt. Vier bis neun Stockwerke sind die quadratischen Flachdachhäuser oft hoch – egal ob aus Stein oder aus Lehm.

Eine **wehrhafte und dichte Bebauung** ist im ganzen Land typisch, weil man sich in der Vergangenheit so besser vor Angreifern schützen konnte und zudem möglichst wenig wertvolles Ackerland in Anspruch nahm. Im

Bergjemen stehen Häuser mancherorts so eng, dass ihre Außenwände eine Stadtmauer ersetzen, bekanntes Beispiel ist der Ort *Al-Hağara* (Al-Hadschara) bei *Manāḫa* (Menaacha) im Südwesten von *Ṣanʿāʾ*. Beachtlich ist, dass manche dieser **„Steinfestungen"** aus individuell behauenen Steinen bestehen, die fugenlos und ohne Mörtel aufgeschichtet sind. Weitere touristisch bekannte Steinstädte sind *Ṯulā* (Thulla), *Kawkabān (Kaukaban), Al-Maḥwīt* (Machwiet) und *Kuḥlān* (Kuchlan). Außenverzierung und -bemalung unterscheiden sich von Region zu Region.

Beeindruckend ist auch die **Lehmbauweise** am Rand der Wüste, so die Stampflehmburgen im nördlichen Landesteil, z. B. in der Stadt *Ṣaʿda* (Saada) und die Lehmhochhäuser im *Wādī Ḥaḍramaut*, z. B. in *Šibām* (Schibam), das *Hans Helfritz* „Chicago der Wüste" nannte (siehe: „Städte des Weltkulturerbes"). Während die Häuser in *Ṣaʿda* aus dicken, kräftig festgestampften Lehmwülsten erbaut sind, bestehen die im *Wādī Ḥaḍramaut* aus in der Sonne getrockneten Lehmziegelplatten, die mittels eines Holzrahmens von Hand hergestellt und gleich groß sind. Der Lehm stammt stets aus nächster Umgebung und wird mit Wasser und Strohhäckseln zu einem Brei geknetet. Bei allen Lehmhaustypen dienen dicke Wände dem Ausgleich von Hitze und Kälte. Ein Putz aus gebranntem Kalk und Vulkanstein (arab. *qadad)* hilft, gegen Feuchtigkeit zu imprägnieren. Die Stärke der Mauern nimmt in den oberen Etagen ab, damit werden die unteren entlastet. Zur besseren Stabilität verjüngen sich die Bauwerke nach oben. Solide gebaut und regelmäßig in Stand gehalten können Lehmbauten durchaus 200 Jahre überdauern. Doch nach heftigen Regengüssen können schadhafte Häuser in sich zusammenstürzen. Im schlimmsten Fall kann der Schutt zum Wiederaufbau genutzt werden.

Raumaufteilung in Turmhäusern

Die Innenräume jemenitischer Turmhäuser sind in allen Landesteilen nach demselben Muster vertikal unterteilt. Diese Aufteilung kommt daher, dass die Häuser gewöhnlich von einer **Großfamilie bewohnt** werden.

Im vornehmlich fensterlosen Parterre befinden sich hinter einer oftmals leeren und daher leicht zu verteidigenden **Eingangshalle** die **Viehställe.** Darüber liegen auf einer Zwischenetage **Abstell- und Lagerräume.** In vielen Häusern ist im ersten Stockwerk ein **Gäste- und Empfangszimmer** (arab. *dīwān* oder *mağlis)* eingerichtet, das auch für Frauenversammlun-

Hölzerne Erker spenden Schatten und lassen Frauen ungesehen nach draußen blicken

030je Foto: kk

gen (arab. *tarifa),* Familienversammlungen und bei Bedarf als Wohn- und Schlafraum genutzt wird. Die **Küche** liegt entweder in der zweiten oder in der vorletzten Etage, wohlhabende Haushalte haben mehrere Kochgelegenheiten. Im zweiten Stockwerk befinden sich neben der Küche auch Zimmer für Frauen und Kinder, dieser **Frauenbereich** wird arab. *ḥarīm* („geheiligter Ort") genannt. Männer, die nicht zur engeren Familie gehören, haben in diesen Räumen keinen Zutritt. Ab dem dritten Stock sind die nach Geschlechtern getrennten **Wohn- und Schlafräume** zu finden. Leben mehrere verheiratete Familienmitglieder (z. B. Brüder samt deren Frauen und Kindern) unter einem Dach, so bewohnt oftmals ein Paar samt Kinder ein Obergeschoss. Ziehen neue Familienmitglieder dazu (z. B. nachdem ein zuvor lediger Sohn geheiratet hat) und fehlt das Geld einen eigenen Hausstand zu gründen, so rücken alle zusammen oder stocken das Haus um eine Etage auf. In vielen Landesteilen liegt hoch oben der schönste und **repräsentativste Raum** des Hauses, der hauptsächlich dem Empfang von Gästen dient (arab. *mafraǧ*, siehe: „Alltag"/„Typisch jemenitisch"/„*Mafraǧ*"). Die letzte Ebene bildet die **Dachterrasse,** tagsüber ist dies ein Frauenbeich, z. B. zum Wäscheaufhängen, in mancher heißen Nacht wird die Dachterrasse auch als Schlafplatz genutzt.

Städte des Weltkulturerbes

Die beiden vermutlich bekanntesten jemenitischen Städte sind *Ṣanᶜā'*, (Sana'a) die Landeshauptstadt, sowie *Šibām* (Schibam), im *Wādī Ḥadramaut* gelegen. Die Altstädte beider Berühmtheiten wurden von der **UNESCO** als herausragende Zeugnisse islamischer Architektur und südarabischer Stadtbaukunst zum Weltkulturerbe erklärt.

Mitte der 1980er Jahre startete die Regierung ein von der UNESCO unterstütztes und maßgeblich von ausländischem Kapital finanziertes Aktionsprogramm zur **Sanierung und Erhaltung** beider Altstadtquartiere. Es beinhaltet die Restauration von Einzelgebäuden, das Pflastern von Straßen, das Verlegen eines Kanalnetzes und die Beratung von Hausbesitzern beim Neu- oder Umbau, so dass traditionelle Stilelemente mit modernem Wohnkomfort verbunden werden können. Im Vordergrund steht die Anhebung der Attraktivität als Wohn- und Geschäftsstandort. Denn es hat sich gezeigt, dass immer mehr wohlhabende Jemeniten, also diejenigen, die eigentlich finanzielle Mittel zur Renovierung der Altstadthäuser aufbringen könnten, lieber in modernen Ansprüchen genügende Neustadtviertel ziehen.

Auch *Zabīd* steht seit 1993 auf der UNESCO-Liste – sogar als gefährdetes Kulturerbe –, allerdings wird für dessen Erhaltung vergleichsweise wenig getan und die Schönheiten der Stadt sind erst beim zweiten oder dritten Blick ersichtlich.

Ṣanᶜā' (Sana'a) ist nicht nur eine der ersten muslimischen Städte, sondern eine der ältesten der Welt. Der Legende nach wurde sie von *Sem,* dem ältesten Sohn *Noahs,* im 2. vorchristlichen Jh. gegründet. Der historische Stadtkern von *Ṣanᶜā'* mit seinen Turmhäusern und Ziegelpalästen ist nicht „nur" ein märchenhaftes Traumbild aus 1001 Nacht, sondern ein lebendiges Gesamtkunstwerk. Rund 70.000 Menschen leben in den 6000 Häusern, die sich über ein Areal von 150 Hektar erstrecken. Die Hauptstadt zählt insgesamt rund 1,7 Millionen Einwohner.

Das Gros der Wohnhäuser hat 4-6 Etagen, das Fundament und die unteren Stockwerke sind aus Naturstein und die oberen Etagen aus gebrannten Lehmziegeln gebaut. Ihre braunen Fassaden sind mit pittoresken Mustern und Schmuckbändern aus weißer Kalkfarbe sowie geometrischen

Ziegelsteinornamenten verziert. Die spielerische Vielfalt der Formen ist beeindruckend, jedes Haus hat ein individuelles Antlitz. Oftmals erweisen Inschriftenbänder ihre Referenz an Gott und sollen Schutz spenden. Mit buntem Glas gestaltete Oberlichter (meist halbrunde Formen, arab. *qamarīya),* mit Schnitzerei verzierte Fensterläden (sperren die Sonnenstrahlen aus), hölzerne Fenstergitter (damit Kinder nicht herabfallen), Erker aus Holz (aus denen Frauen ungesehen das Geschehen auf der Straße beobachten können, arab. *mašrabīya)* und aus durchbrochenen Steinen gemauerte Erker (traditionelle „Kühlschränke", die mittels durchströmender Luft funktionieren) sind weitere althergebrachte Architekturelemente.

Das älteste Wohnhaus der Stadt wurde im 11. Jh., die Mehrzahl aber „erst" im 18. oder 19. Jh. erbaut. Viele Moscheen (arab. *masǧid),* Lagerhäuser (arab. *samsara)* und öffentliche Bäder (arab. *ḥammām)* stammen aus der Zeit des frühen Islam.

Die immer wieder zwischen den Turmhäusern auftauchenden Nutzgärten (arab. *maqšāma)* lockern das Bild mit grünen Farbtupfern auf. In vergangenen Zeiten waren die Bewohner von *Ṣanʿā'* in der Lage, sich aus diesen Gärten selbst zu versorgen. Heute sind sie im Besitz karitativer Stiftungen (arab. *waqf).* Früher wurden sie mit Wasser aus Moschee-Ziehbrunnen bewässert, deswegen liegen die *maqšāma* stets neben Moscheen. Insgesamt gibt es in der Altstadt 43 Gärten (viele sind in jüngster Zeit verödet oder dienen als wilde Müllkippe) wie auch 43 Moscheen und 11 öffentliche Bäder.

Das *Bāb al-Yaman* („Tor des Jemen") ist das einzig erhaltene historische Stadttor und liegt im Süden der Altstadt. Hinter ihm beginnt das historische Geschäftsviertel (arab. *sūq,* siehe: „Alltag"/„Typisch jemenitisch"/ *„Sūq").* Der *sūq* ist der größte des Jemen und einer der ursprünglichsten der arabischen Welt. Unzählige Läden und Stände von Kleinhändlern bescheren ein großes orientalisches Warenangebot. Auch in der heutigen modernen Zeit hat er nur wenig von seiner Originalität, seiner Organisation und seinem Zweck eingebüßt. Der *sūq* gliedert sich in über 40 Untergebiete, die jeweils einem anderen Produktions- oder Handelszweig angehören. Die einfachen, niedrigen Ladenbuden heben sich scharf von den umstehenden perfekt dekorierten, hohen Wohnhäusern ab. Zu den Märkten in *Ṣanʿā'* eine historische Beschreibung von *Carsten Niebuhr* aus „Entdeckungen im Orient": *„Es gibt in der Stadt viele Plätze, wo man alles kaufen kann: Holz, Holzkohlen, Eisen, Weintrauben, Korn, Butter und Salz. Auf dem Brotmarkt sitzen lauter Weiber. Nahe dem Tor Bâb es sabbá liegt ein Markt, wo man alte Kleider gegen neue tauschen kann. Der größte Markt befindet sich in der Vorstadt. Hier sieht man viele Buden, in welchen getrocknete und frische Früchte verkauft werden, des weiteren Buden, in wel-*

chen Zimmerleute, Schmiede, Schuster, Sattler, Schneider, Mützennäher, Steinhauer, Goldschmiede, Barbiere, Köche und Buchbinder ihre Dienste anbieten. Beim Tor Bâb el Jemen sitzen die Schreiber, die für wenig Geld Bittschriften an den Imâm aufsetzen, Kinder unterrichten und Bücher abschreiben."

Šibām (Schibam) ist nicht nur die faszinierendste, sondern vermutlich auch die älteste Siedlung im *Wādī Ḥaḍramaut*. Schon in der Antike standen in *Šibām* Hochhäuser, denn diese Hausform war bestens zu verteidigen und sparte fruchtbaren Boden ein. Etwa 500 Häuser stehen heute dicht an dicht in dieser Trutzburg. Sie haben 6 bis 8 Geschosse und erreichen Höhen von 30 bis 40 Metern. Viele Häuser sind zwischen 100 und 300 Jahre alt – und das, obwohl sie aus Lehm bestehen. Das älteste Haus zählt sogar mehr als 750 Jahre. Rund 250 Familien bzw. 2000 Menschen leben heute in dieser Lehmfestung.

Ungewöhnlich ist, dass *Šibām* nicht wie andere Siedlungen des *Wādī Ḥaḍramaut* im Schutze der mächtigen Talwände erbaut wurde, sondern wie ein riesiges Lehm-Schiff mitten im Flussbett steht. Gegen die seltenen, aber heftigen saisonalen Fluten ist die Stadt durch Dämme sowie die vollständig umschließende Stadtmauer geschützt. Das einzige Stadttor liegt entgegen der Hauptströmungsrichtung der saisonalen Fluten im Süden.

Doch das architektonische Juwel *Šibām* droht zu verfallen. Einen großen Anteil daran hat Wasser, allerdings nicht aus den Fluten des Flusses, sondern aus nachträglich an die Häuser montierten Wasserleitungen. Sie sind oft schlampig verbaut, so dass durch undichte Stellen Wasser austritt und den Lehm wegwäscht. Dadurch entstehen Risse, die sich langsam, aber sicher durch ganze Wände ziehen. Dass Hausteile wegbrechen ist keine Seltenheit. Oftmals fehlen den Einwohnern die finanziellen Mittel zur Instandsetzung.

Im Gegensatz zu *Ṣanʿā'* und *Šibām* ist **Zabīd** eine flache Stadt, es gibt keine Turmhäuser und nicht Lehm ist der Hauptbaustoff, sondern Backstein und Korallenstein.

Zabīd wurde 819 gegründet und ist damit eine der ältesten Städte des Jemen. Der Ort war jahrhundertelang das politische und geistige Zentrum der *Tihāma* und bevor seine Häfen versandeten, sogar eine rege Handelsstadt. Noch zu Beginn der Herrschaft der Ziyaditen wurde in *Zabīd* eine Universtät gegründet, die schnell zur führenden Hochschule der sunnitisch-schafiitischen Lehre wurde. Akademiker aus allen Winkeln der islamischen Welt wirkten hier. Ihre Blütezeit erlebte die Stadt zwischen 1230 und 1420 als Winterhauptstadt der Rasulidenherrscher. Nachdem *Zabīd* 1918 unter den Herrschaftsbereich der Zaiditen fiel, wurde die Universität 1950 geschlossen.

Den einstigen Ruhm und die Bedeutung der Stadt kann man heute nur noch erahnen. Elegische Bilder von morbidem Glanz begleiten den Besucher, Hitze, Staub und Verfall sind allgegenwärtig. Dennoch finden sich in der Altstadt bei genauem Hinsehen noch schöne Beispiele traditioneller Architektur. Über 80 größtenteils reich dekorierte Moscheen und Koranschulen gibt es in *Zabīd*.

Wirtschaft

„Reicharabien wird es in der Bibel genannt, das ‚glückliche Arabien' bei den Römern, die es vergeblich ihrem Weltreich einzuverleiben trachteten. Für die Alte Welt war es die Brücke nach Indien, der Stapelplatz aller Schätze des Fernen Orients, wo sich Gold, Edelgestein und kostbare Spezereien häuften, wo Kultur um Kultur aufblühte, Wunderwerke der Technik entstanden und von wo Jahrhundert um Jahrhundert die hochbeladenen Karawanen nach Norden zogen, um den prachtstrotzenden Höfen von Ägypten, Babylonien, Assyrien, Persien oder den vorderasiatischen Kleinfürsten neue Reichtümer zu bringen."

(Hans Helfritz: „Entdeckungsreisen in Süd-Arabien")

Wirtschaftsgrundlagen

Die im Einleitungszitat gelobten Zeiten der Antike, in der Jemens (vermeintliche) Reichtümer Neid auf sich zogen und Handel wirtschaftliche Blüte bescherte, sind lange vorbei.

Heute wird Jemen, am westlichem Standard gemessen, zur „Dritten Welt" gerechnet. In den letzten Jahrhunderten erschwerten kriegerische Auseinandersetzungen und Fremdbestimmung bzw. Isolation ein Wirtschaftswachstum. In den 60er Jahren des 20. Jh. war Jemen **eines der ärmsten und rückständigsten Gebiete der Erde.**

In den 70er Jahren setzte ein **Modernisierungsprozess** ein, dessen Motor die Migration Hunderttausender Jemeniten nach Saudi-Arabien war. Annähernd die Hälfte aller erwerbstätigen Männer war vor der Vereinigung als Gastarbeiter in Saudi-Arabien beschäftigt. Nahezu jede Familie erhielt monatlich Überweisungen von einem im Ausland arbeitenden Verwandten.

Nach der Vereinigung 1990 waren die Pläne der Regierung, die marode Wirtschaft von Grund auf zu modernisieren, groß. Allerdings stürzten die direkten und indirekten Folgen des Krieges um Kuwait nach dem iraki-

031je Foto: kk

schen Einmarsch den Jemen zunächst in eine schwere **Wirtschaftskrise.** Die neutrale Haltung der jemenitischen Regierung zur UNO-Sicherheitsratsresolution zur Okkupation Kuwaits wurde als Irak-freundlich gedeutet und führte Ende 1990 dazu, dass Saudi-Arabien einen Großteil der jemenitischen Gastarbeiter (rund 1 Million) des Landes verwies und reiche Ölländer sowie die USA ihre vormals großzügigen Zuschüsse und Hilfsleistungen strichen. Im Jemen kam es zu massiven sozialen und wirtschaftlichen Problemen. Zusätzlich lähmten staatliche Sparmaßnahmen und Investitionsstopps die Modernisierung, Subventionen für Nahrungsmittel wurden drastisch gekürzt. Ein Tiefpunkt wurde 1993 erreicht und ging über in die innenpolitischen Wirren des Bürgerkrieges 1994.

Ab 1995 initiierte die Regierung auf Geheiß von Weltbank und Internationalem Währungsfond ein **Strukturanpassungsprogramm.** Eines der Hauptziele hieß Senkung der Inflationsrate, sie lag 1995 bei über 70 % und ist zum Jahrtausendwechsel tatsächlich unter 10 % gesunken. Zum Reformprogramm gehört eine konsequente Sparpolitik, ein einschneidender Subventionsabbau, höhere Besteuerung sowie Umstrukturierungen im Bankenwesen. Auch sollen zunehmend staatliche Unternehmen privatisiert werden.

Diese Maßnahmen haben auf der einen Seite dazu geführt, dass potenzielle Investoren neues Vertrauen schöpfen und dass **ausländische Finanzhilfen** neu gewährt sowie Schulden gestundet oder erlassen wurden. Doch andererseits bedeuten sie für die breite Bevölkerung eine Vergrößerung der Armut. Grundnahrungsmittel, Wasser, Strom sowie Brenn- und Treibstoffe sind bisher stark subventioniert gewesen, so dass Endverbraucher relativ wenig zahlen mussten. Ein **Abbau von Subventionen** trifft vor allem Einkommensschwache, was in der Vergangenheit schon mehrfach zu Unruhen geführt hat. Was ebenfalls nicht ohne Probleme umzusetzen ist, ist die angestrebte **Eindämmung der Korruption,** da man diese „Schattenwirtschaft" im Stammessystem Jemens als eine Art „historische Tradition" bezeichnen kann, die überaus stark verwurzelt ist.

Auf lange Sicht soll die **Wirtschaft diversiviziert** und die einseitige Abhängigkeit von der **Erdölindustrie,** die Jemens einnahmestärkster Sektor ist, deutlich verringert werden. Das Haupthandelsgut Jemens ist Mineralöl. In den letzten Jahren erwirtschaftete diese Branche ca. 85 % der Exporte und 25 % des Bruttoinlandsprodukts. 70–75 % der Staatseinnahmen werden aus der Erdölförderung bestritten. Allerdings sind Fördermengen und Erlöse stark abhängig von der anfälligen Lage auf dem Weltmarkt. Haushaltsdeckung und Tilgung der Auslandsschulden verschlingen einen Großteil der Petrodollar. Die ersten Ölquellen wurden Mitte der 1980er Jahre im Wüstengebiet zwischen *Ma'rib* und *Šabwa* (Schabwa) entdeckt, 1987 begann der Export und Mitte 2001 wurden pro Tag rund 460.000 Barrel Öl gefördert. Jemens eher bescheidene Fördermengen – und vermutlich auch die Reserven – sind deutlich geringer als die aller anderen Staaten auf der Arabischen Halbinsel. Und obwohl die Exploration weiter

Junge Obstverkäufer: Auch Kinder leisten ihren Teil zum Familieneinkommen

gefördert wird, werden Träume vom Ölreichtum – so wie die Regierung sie verheißungsvoll kund gibt – wahrscheinlich eben solche bleiben. So positiv die Erträge der Erdölindustrie für die Wirtschaft auch sein mögen, in der Ölindustrie arbeiten nur wenige Jemeniten. Die Masse der Beschäftigten wird von den ausländischen Ölgesellschaften „mitgebracht" und eine Übertragung des Know-how in jemenitische Hände findet kaum statt.

Der Anteil des **verarbeitenden Gewerbes** am Bruttoinlandsprodukt lag in den letzten Jahren bei rund 10 %, rund die Hälfte der industriellen Erzeugnisse sind Erdölprodukte. Das angestrebte Wachstum wird behindert vom mangelnden infrastrukturellen Ausbau, von den hohen Energiekosten, von den begrenzten Aufnahmemöglichkeiten des Binnenmarktes, von der großen Importabhängigkeit und vom Defizit an qualifizierten Arbeitskräften. Ebenfalls ein Problem ist, dass im Jemen Schmuggel quasi blüht und die großen Mengen der zollfrei herangeschafften Waren den Aufbau einer eigenen Industrie hemmen.

Die offiziellen **Beschäftigungszahlen** liegen bei jeweils rund 10 % in den vier Bereichen Handel-Gastronomie, soziale Dienstleistungen, Baugewerbe und öffentliche Verwaltung sowie rund 5 % im Sektor Transport und Kommunikationswesen und rund 5 % in der Industrie. Rund die Hälfte aller Jemeniten ist in der Landwirtschaft tätig.

Jemens Hoffnungen für die Zukunft sind groß, ebenso die Anstrengungen etwas zu verbessern – allerdings hinken maßgebliche Erfolge gewohnheitsmäßig den propagierten Verheißungen hinterher. So sollen Jemens bislang nur für den Binnenmarkt genutzte **Erdgasvorkommen** für den Export erschlossen werden, jedoch sind dafür hohe Investitionen nötig.

Die **Freihandelszone in ᶜAdan** (Aden) samt Containerhafen soll scharenweise ausländische Firmen anlocken. Die strategische Lage von *ᶜAdan* an internationalen Schifffahrtswegen ist äußerst günstig und Jemens Investitionsgesetze sind sicherlich attraktiv. Doch solange die infrastrukturelle Ausstattung Wünsche offen lässt und das Investitionsklima in anderen Ländern der Region weitaus ansprechender ist, scheint *ᶜAdan* nicht unbedingt erste Wahl zu sein.

Zudem leidet Jemen an einem schlechten Image, das nicht nur ausländische Investoren, sondern auch Touristen abschreckt. Nach Regierungsplanung soll auch der **Fremdenverkehr** ein wichtiger Pfeiler für eine Verbesserung der Wirtschaftslage sein, allerdings schwankten die Touristenzahlen in den letzten Jahren sehr und auch hier gilt: Die erträumten schwarzen Zahlen in Schwindel erregender Höhe lassen sich schwerlich ohne Ausbau erzielen. Verlässliche Touristenstatistiken existieren nicht, da jeder nach Jemen einreisende Ausländer als „Tourist" registriert wird, so

z. B. auch ägyptische Lehrer, die im Land arbeiten. Nach Aussagen dieser Statistik kamen 1998 89.627 und 1999 nur 58.370 Touristen.

Doch weg von staatlichen Reformen und Zukunftsplänen hin zur Situation der Jemeniten: **Armut** ist das größte Problem des Landes. Über 30 % der Jemeniten leben unter der Armutsgrenze. Die **Arbeitslosigkeit** wird auf 30–40 % geschätzt, das statistische Jahres(!)einkommen liegt unter 450 Dollar. Als Hintergrund: Ein staatlicher Angestellter im mittleren Dienst verdient monatlich ca. 8000 Rial (ca. 43 Dollar), ein Lehrer ca. 10.000 Rial (ca. 55 Dollar).

Doch auf Grund der schlechten Wirtschaftslage hat sich ein relativ starker **informeller Sektor** entwickelt. In allen Statistiken fehlen die verhältnismäßig hohen Einnahmen aus dem *qāt*-Anbau, so dass es etlichen Menschen besser geht, als die obigen düsteren Zahlen darlegen. In vielen Haushalten fallen hochwertige Gebrauchsgüter wie z. B. Fernseher, Satellitenschüsseln und Geländewagen auf. Ein Missverhältnis zwischen offiziellen Statistiken und der tatsächlichen Lebenslage ergibt sich ebenfalls aus der häufigen **Mehrfachbeschäftigung** und der Verbreitung von **Schwarzarbeit.** Auch jenseits aller staatlichen Zahlen liegt der relativ hohe Anteil von schätzungsweise 3 bis 4 Millionen Jemeniten, die als **Gastarbeiter** im Ausland tätig sind (rund 700.000 wieder in Saudi-Arabien). Die Überweisungen an ihre Angehörigen beliefen sich 2001 auf insgesamt rund 25 % des jemenitischen Bruttosozialproduktes.

Jemens **Gesundheitssystem** ist unterentwickelt. Es gibt keine flächendeckende ärztliche Versorgung, Arztkosten müssen von den Patienten selbst getragen werden. Hinzu kommen Probleme mit der **Wasserver- und -entsorgung,** der Hygiene sowie Fehlernährung. Auch eklatant: Nur rund 30 % der Haushalte sind an das **Stromversorgungsnetz** angeschlossen, insbesondere auf dem Land greifen viele Menschen in Eigeninitiative auf Dieselgeneratoren zurück.

Über 50 % der Jemeniten sind Analphabeten, unter den Frauen liegt der Anteil bei über 75 %. Die Anstrengungen zum Ausbau des **Bildungswesens** in den letzten Jahren waren enorm und es wurden wichtige Fortschritte erreicht, wenn man bedenkt, dass Anfang der 1970er-Jahre die Analphabetenquote noch bei rund 90 % lag. Der Besuch der Primarstufe ist heute Pflicht und der Schulbesuch ist kostenfrei, dennoch können viele Jemeniten kein Geld für Lehrmaterial aufbringen. Leidtragende sind zuerst Mädchen, deren Einschulungsrate unter 40 % liegt. Doch nicht nur Geldmangel ist Ursache für diese niedrige Zahl, sondern es kommt noch hinzu, dass es auf dem Land oft keine Mädchenschulen oder Lehrerinnen gibt und dass viele Eltern es als unnötig ansehen, ihren Töchtern Bildung zukommen zu lassen.

Landwirtschaft

Agrarwesen war immer schon von **großer Bedeutung** im Jemen, bereits zu Zeiten der Alt-Südarabischen Reiche lebte der größte Teil der Bevölkerung von diesem für damalige Zeiten erstaunlich hoch entwickelten Wirtschaftszweig. Seit jeher waren im bevölkerungsreichen Süden und Westen des Landes bäuerliche Strukturen typisch.

Rund 70 % aller Jemeniten leben heute in ländlichen Gefilden. Etwa die Hälfte aller Erwerbstätigen sind in der Landwirtschaft beschäftigt, doch sie erwirtschaften nur rund 15 % des Bruttoinlandproduktes. Der Großteil der Bauern arbeitet in **Subsistenzbetrieben,** die im Durchschnitt kleiner als drei Hektar sind. Viele haben ihr Land gepachtet, der überwiegende Teil des landwirtschaftlich genutzten Bodens gehört **Großgrundbesitzern** (Religionsadel, Stammesnotabeln, Großkaufleute). Auch der Staat sowie religiöse Stiftungen verfügen über verpachtbaren Landbesitz.

Die folgende Beschreibung von *Daniel van der Meulen* aus „Hadhramaut das Wunderland" stammt zwar aus den 1930er Jahren, jedoch ist es bis heute so, dass Landwirtschaft im Jemen harte **Handarbeit** mit vergleichsweise geringem Technikeinsatz ist: *„Die Getreideernte war gerade in vollem Gange. Die Dorffrauen waren versammelt und hockten im Kreis am Boden, um das Getreide zu dreschen. Auf Kamelen und Eseln wurden die reifen Garben vom Feld hereingebracht. Die Frauen nahmen eine Handvoll Getreide und schlugen die Ähren so lange gegen den vor ihnen liegenden Stamm einer Dattelpalme, bis die Körner heraus rollten. Sie arbeiteten in der Sonne und trugen zum Schutz vor der großen Hitze handgeflochtene, breitrandige Hüte mit hohen, runden, zuckerhutähnlichen Köpfen."*

Das jemenitische **Bergland** gehört zu einer der wenigen Regionen der Arabischen Halbinsel, in der Landwirtschaft ohne intensive künstliche Bewässerung möglich ist, da Regen in ausreichender Menge fällt. Die klimatischen Verhältnisse sind gut, so dass mancherorts bis zu drei Ernten pro Jahr möglich sind. Im **Süden und Osten** des Landes ist dagegen Ackerbau fast nur bei künstlicher Bewässerung möglich, dies wird jedoch durch zunehmend knappere Wasserressourcen erschwert.

Infolge der vielfältigen geographischen und klimatischen Bedingungen wächst in Jemen nahezu alles, was in gemäßigten, tropischen und subtropischen Gegenden gedeiht. Die wichtigsten angebauten **Nahrungsmittel** sind Hirse, Gerste, Mais, Datteln und Gemüse. Aber auch viele Obstsorten und tropische Früchte werden kultiviert. Von großer Bedeutung für Jemens Binnenwirtschaft ist der Anbau des Genussmittels **qāt** (siehe: „Alltag"/„Typisch jemenitisch"/„*Qāt*"), der außerhalb jeglicher statistischer Erhebungen liegt – aber infolge der hohen Nachfrage ist *qāt* das gewinn-

Ein Geschenk Gottes – Dattelpalmen

Insbesondere für Wüstenbewohner war die Dattelpalme seit jeher von großer Bedeutung. Archäologische Ausgrabungen lassen den Schluss zu, dass ihre Früchte schon zu frühgeschichtlicher Zeit ein wichtiges Nahrungsmittel waren.

Dattelbäume gedeihen bestens im Wüstenklima, sie benötigen trockene Luft, viel Sonne und dauernd große Mengen Wasser. Ein altes arabisches Sprichwort besagt, sie gehören „mit den Füßen ins Wasser und mit dem Kopf ins Feuer".

Für eine ertragreiche Dattelernte bedarf es mühevoller Pflege: Neben regelmäßigem Wässern, Düngen und Beschneiden des Baumes fällt vor allem der Bestäubung eine wichtige Rolle zu. Von allen Palmen sind nur wenige männlich. Da sie keine Früchte tragen, werden sie auch nicht in den Dattelhainen angepflanzt. So muss der Natur auf die Sprünge geholfen werden und bei der Befruchtung der weiblichen Bäume selber Hand angelegt werden. Wenn die weiblichen Bäume zwischen Januar und März in voller Blüte stehen, werden in mühevoller Kleinarbeit immer mehrere Blütenrispen mit einer männlichen Pollenrispe zusammengebunden. Bis die Datteln zwischen Mai und Oktober ihre volle Größe erreichen, brauchen sie einen besonderen Schutz vor starkem Wind, der Sand auf die weichen klebrigen Früchte wehen könnte. Wenn alles gut geht, ist ein Ernteertrag von über hundert Kilo Datteln pro Baum und Saison möglich.

Doch eine Dattelpalme bringt nicht nur nahrhafte Früchte hervor. Ihr Holz ist ein wichtiges Material für den Hausbau und aus Palmwedeln und Strünken werden Dächer für Lehmhütten oder auch ganze Häuschen hergestellt und Gehöfte eingezäunt. Palmen liefern Brennmaterial und auch bei der Herstellung von Gebrauchsgegenständen, wie Seilen, Matten, Säcken, Körben, Taschen, Kleiderständern, Kamelsätteln oder Fischreusen, sind sie von Bedeutung. Selbst abgestorbene Blätter und Dattelkerne können an Ziegen, Esel und Kamele verfüttert werden.

Wegen ihrer immensen Bedeutung werden Dattelpalmen als Geschenk Gottes betrachtet und als „Baum des Lebens" bezeichnet. Vom Propheten *Muḥammad* stammt der Ausspruch: *„Wer eine Dattelpalme pflanzt, spendet Schatten in der Hölle und hilft einem hungernden Bruder zu überleben"*.

bringendste aller landwirtschaftlichen Erzeugnisse. Vom gesamten Landesgebiet Jemens können nur rund 2 % für den Ackerbau genutzt werden. Diese **landwirtschaftliche Nutzfläche** lässt sich auf Grund der geographischen und klimatischen Gegebenheiten nur unwesentlich erweitern. Da ein Großteil von *qāt* bestellt ist – und aller Wahrscheinlichkeit nach auch in Zukunft sein wird – und zudem die Bevölkerungszahl stetig wächst, bedeutet dies, dass Jemen zunehmend auf Lebensmittelimporte angewiesen sein wird.

Auch wenn das Hochland klimatisch begünstigt ist, so besteht dort das Problem, dass gute landwirtschaftliche Flächen wegen der steilen Höhenzüge nur begrenzt zur Verfügung stehen. Daher sind seit Jahrhunderten unzählige Berghänge mit **Terrassenanlagen** (arab. *mudarrağāt)* kultiviert. Bis in die entlegensten Winkel wird der Natur mühevoll Ackerland abgerungen. Heute ist es schwer vorstellbar, dass einst weite Gebiete des Berglandes bewaldet waren. Terrassenfelder müssen stets sorgsam gepflegt werden, denn einmal verfallene Fluren können nicht wieder in Stand gesetzt werden. *Hans Helfritz* erörtert bildreich in „Entdeckungsreisen in Süd-Arabien": *„Was aber das Merkwürdigste war: zwischen den kahlen Gipfeln und den üppig fruchtbaren Tälern hatte man, so wenigstens erschien es auf den ersten Blick, überall Amphitheater angelegt. Beim Näherkommen entdeckte man, daß es die terrassenförmigen und mit Randmauern umgebenen Felder waren, die man an den Hängen der Berge oft Hunderte von Metern hoch angelegt hat und auf denen vor allem der berühmte arabische Kaffee wächst. Man macht sich keinen Begriff von dem Aufwand an Arbeit, Mühe und zähem Fleiß, welche die Unterhaltung solcher Kulturen erforderte. Die Terrassen sind in den unteren Lagen etwa einen Meter hoch, nach dem Gipfel zu werden sie ständig höher, meist bis zwei und drei Meter. Dabei sind die Felder nur klein, oft nicht größer als das Zweifache ihrer Höhe, und dazu in steilem Anstieg eins über dem anderen gelegen. Die Mauern bestehen aus roh behauenen Steinen, mit Mörtel befestigt, und sind in bester Verfassung. Jede Bruchstelle hat man sorgfältig ausgebessert. Dazu kommt eine, man kann sagen, raffinierte Kunst der Bewässerung unter geschickter Ausnützung des natürlichen Gefälles, während die Erde für die Felder erst aus dem Tal hinaufgeschafft werden mußte."*

Bewässerungstechniken

Seit rund 3000 Jahren machen sich Jemeniten Bewässerungssysteme zu Nutze und bringen auch **aride Landstriche zum Ergrünen,** denn nicht in allen Gebieten reichen die natürlichen Niederschlagsmengen aus, um landwirtschaftliche Produkte anzubauen und so eine Lebensgrundlage zu schaffen. In *Ṣanʿā'* (Sana'a) fallen pro Jahr nur zwischen 100 und 500 Millimeter Regen.

Irrigierte Agrikultur wird im Jemen mittels Regenwassernutzung, Grundwasserwirtschaft und Überschwemmungsbewässerung betrieben. Rund 32 % der gesamten landwirtschaftlichen Nutzfläche werden durch Regenfeldbau bewirtschaftet, 26 % durch Brunnen, 8 % durch Flut und 2 % durch Quellen bewässert (die restlichen 32 % liegen brach).

Regenfeldbau in den Berg- und Hochlandregionen orientiert sich an saisonalen Niederschlägen, die durch Monsunwinde bedingt mit großer Wahrscheinlichkeit während der zwei Hauptregenzeiten im Frühling sowie im Sommer niedergehen. Während dieser Zeiten werden nicht nur die Felder direkt begossen, auch Zisternen, Bäche, Flüsse und letztendlich auch Grundwasservorräte füllen sich. Oft reicht Regenwasser allein nicht aus, so dass zusätzlich gesammeltes Oberflächenwasser oder Brunnenwasser auf die Felder geleitet werden muss. Jemen ist ein Land der Zisternen (arab. *birka)*. Es gibt sie in allen Formen und Größen, manche sind Dorfeigentum, andere gehören einer Großfamilie oder einer Moschee.

Die **Anlage von Terrassenfeldern** erfolgt nach ausgeklügelten Prinzipien, oberste Maxime sind optimale Wassernutzung und Erosionsschutz. Auf meist steilen, nur karg bewachsenen Oberhängen wird Regenwasser gesammelt und auf die unteren Stufen geleitet. Oft sind die Felder durch einen Kanal von den Sammelflächen auf dem Oberhang getrennt, denn so kann das kostbare Nass kontrolliert und reguliert werden. Die einzelnen Stufen sind eingefasst von Stützmauern, die überwiegend aus groben Natursteinen bestehen und individuell an das Bodenrelief angepasst sind. Diese Einfassungen überragen den Boden der Felder um ca. 20–30 Zentimeter, denn so wird verhindert, dass bei starken Regenfällen Überlaufwasser entsteht und Erde abträgt. Zu diesem Zweck sind viele Felder mit einer leichten Neigung zur Bergwand angelegt. Beide Maßnahmen bewirken außerdem, dass Wasser länger auf den Äckern verbleibt und langsam versickern kann. Auf den Parzellen leiten in die Erde gegrabene Rinnen das Wasser zu den Pflanzen.

Nach ergiebigen Niederschlägen können sich sonst trockene, weit verzweigte Talsysteme mit **Flutwasser** (arab. *sail)* füllen. Insbesondere für östlich des Hochlandes gelegene Siedlungsgebiete können diese Fluten quasi ein Lebenselexier sein. Es gibt etliche große Talsysteme, die sich nach Osten entwässern, und bevor die Wassermassen in der Trockenheit der Wüstenausläufer versiegen, werden sie mittels ausgeklügelter Sammel- und Verteilsysteme nutzbar gemacht. In den Flussbetten werden aus Steinen, Reisig oder Erde hintereinander gelegene Umlenkdämme errichtet, die das Wasser in künstliche Kanäle und schließlich auf entfernter gelegene Äcker leiten. Dort sammelt sich das Nass bestenfalls tage- oder wochenlang, so dass sich der Boden gründlich vollsaugen kann.

Riesige Staudämme, wie etwa der neue Damm von *Ma'rib*, sichern das ganzjährige Angebot von Wasser. In Tallagen sperren mächtige Querdämme den gesamten Flusslauf ab und lenken das Wasser um, perfekt und gigantisch realisiert beim antiken Damm von *Ma'rib*. Die Fluten bringen nicht nur Wasser, sondern auch Sedimente, die als wichtiger Dünger dienen. Auch wird dadurch eine Versalzung des Oberbodens weitgehend verhindert. Allerdings müssen die Dämme nach jeder Flut in Stand gesetzt werden. Zur Flutbewässerung eine Darstellung von *Daniel van der Meulen* aus „Hadhramaut das Wunderland": *„Am nächsten Morgen, dem 12. April 1939, saßen wir auf einem der Lehmdämme, die die Felder bei 'Ayâd einfassen und zu den Zeiten des Seil große Wassermengen aufspeichern, so daß der Lehmboden gesättigt wird und eine gute Ernte reifen kann. Das Wasser, das nicht gestaut werden kann, fließt wieder ab und verschwindet in den sandigen Einöden des ‚Leeren Gebietes'. Hierin bestand das ganze Geheimnis der Sabäer und Himyariten, auf deren Kulturdenkmäler wir Jagd machten: das Geheimnis, die kostbaren Sturzfluten mit Hilfe von Dämmen, Kanalsystemen und Staubecken zu regulieren und das kostbare Naß dazu zu benützen, Palmenhaine und ertragreiche Felder aus dem trockenen, aber fruchtbaren Lehm hervorzuzaubern."*

Unabhängig vom schwankenden Wasserangebot kann das ganze Jahr über **Grundwasser** aus natürlichen Quellen oder gegrabenen Brunnen entnommen werden. Zum größten Teil fließt das geförderte Grundwasser über Sammelbecken und Kanäle weiter. Eine moderne und effektive Methode verteilt Wasser durch löchrige Plastikschläuche auf den Feldern. Die Verdunstung wird minimal gehalten, jedoch ist dieses System mit hohen Investitionen verbunden.

Wasserknappheit wird zudem mittels ausgeklügelter **Sammelsysteme** (arab. *ġail, qanat)* besiegt. Quell- oder Grundwasser wird in unterirdischen Sickergalerien oder Stollen mit leichtem Gefälle mitunter kilometerweit talabwärts geleitet, um dann am Ende via eingefasster Kanäle in die Gärten zu fließen. Im Tunnelbereich befinden sich in gewissen Abständen Einstiegsschächte, durch die man zur regelmäßigen Wartung und Reinigung in das Kanalsystem hinabsteigen kann.

Eine **Kombination mehrerer Bewässerungsmethoden** beschreibt nochmals *Daniel van der Meulen: „Außerhalb der Stadt standen wir vor einem breiten Streifen bebauter Felder. Sie waren in Terrassen angelegt und Dämme wiesen auf das gegenwärtige System der Bewässerung aus den Seilbetten hin, die diese Ackerfläche durchziehen. Der Seiyid zeigte uns verborgenere Dinge: Er machte uns darauf aufmerksam, wie die alten unterirdischen, gemauerten Wasserleitungen von Birka (Zisterne) zu Birka führten. Diese Birka füllten sich während der Nacht, wenn in der Stadt kein Wasser gebraucht wurde, so daß das kostbare Naß tagsüber unter strenger Aufsicht auf die Felder verteilt werden konnte."*

Im Bergjemen bringen Wolken Regen und ermöglichen teilweise intensive Landwirtschaft auf Terrassenfeldern

Wasserknappheit

Wasser ist im Jemen von jeher ein knappes Gut gewesen, wie diese Beschreibung von *Daniel van der Meulen* in „Hadhramaut das Wunderland" veranschaulicht: *„Gegen Sonnenuntergang kam Al Jôf in Sicht. Es war ein großes, quadratisches Dorf mit einigen Steinhäusern und zahlreichen Hütten, die im Schatten der Wüstenfestungen, welche die Siedlung bewachen, Schutz suchten. Das Dorf schien reich an Vieh zu sein, denn in der Abenddämmerung wurden Schaf- und Ziegenherden und einige Kühe heimwärts getrieben. Rings um das Dorf lief ein Damm aus getrocknetem Dung. Jenseits dieses Dammes lag ein breiter Kranz von Feldern in lechzender Erwartung des Seil* (= saisonale Fluten, Anm. der Autorin), *von dessen Fluten ihre Fruchtbarkeit abhing. Die Stengel des Dhura* (Andropogon Sorghum = Hirse, Anm. der Autorin) *lagen noch auf den seit langer Zeit ausgetrockneten Feldern. Selbst die Brunnen in Al Jôf waren ohne Wasser. Der tägliche Wasserbedarf mußte über eine Entfernung von 11 Kilometern in Schläuchen auf Eseln herbeigeschafft werden. Wir konnten nur annähernd ermessen, welch drückende Bürde auf den Schultern der Frauen diese lebenswichtige Aufgabe der Befriedigung des täglichen Wasserbedarfs war. Die uns umdrängenden Kinder brauchten sich nur selten im Jahr zu waschen, nämlich nur dann, wenn sich der Segen des Seil von den hohen Bergen des Yemen herab ins Tal ergoß. Der erste, der das Herannahen des Seil verkündet, erhält ein Geschenk von der Gemeinde. Man nennt ihn den ‚Überbringer guter Nachricht', er wird der Herold eines Festes."*

Heute ist es in nahezu allen Landesteilen ein großes Problem, dass die **Wasserressourcen stark übernutzt** werden.

Insbesondere in dichter besiedelten Gebieten ist vielerorts eine bedrohliche **Absenkung des Grundwasserspiegels** zu verzeichnen. Wasserknappheit ist in manchen Regionen Alltag, qualitativ hochwertiges Trinkwasser ist dort teure Mangelware. Die mangelhafte Wasserqualität führt häufig zur Ausbreitung von Krankheiten. Vielerorts ist der Wassermangel schon so weit fortgeschritten, dass Menschen ihr Wasser für den Haushalt aus Tankwagen, die von weither anfahren, kaufen müssen. Wer sich dies nicht leisten kann, ist auf das Wohlwollen reicherer Wasserbesitzer angewiesen oder kann sich sein Wasser kostenfrei an Moscheen holen. Mancherorts musste sogar die Landwirtschaft völlig aufgegeben werden.

Dramatisch ist die Lage in *Ṣanʿāʾ* (Sana'a), wo der Grundwasserspiegel durchschnittlich um drei Meter pro Jahr sinkt, sowie in *Taʿizz* (Taizz), der drittgrößten Stadt des Landes. Im Becken von *Ṣanʿāʾ* beträgt der Wasserverbrauch der Landwirtschaft mehr als das Sechsfache der Menge der städtischen Nutzung. Die *qāt*-Kulturen im Umland sind durstig und die An-

Hilfe tut Not – deutsche Entwicklungsprojekte

Im Jemen sind etliche Entwicklungshilfegesellschaften aktiv. Im Folgenden wird die Arbeit dreier deutscher Institutionen skizziert.

Die unter Schirmherrschaft der Bundesregierung stehende Kreditanstalt für Wiederaufbau (Abk. KfW) begann 1969 mit ihrer Arbeit im Jemen. Seit 1979 erhält das als „least developed country" bezeichnete Land nur noch Zuschüsse, die nicht zurückgezahlt werden brauchen. Noch bestehende Schulden der Vorjahre wurden erlassen. In der Anfangsphase konzentrierte sich die KfW auf den Wirtschaftsausbau. Später widmete man sich verstärkt der sozialen Infrastruktur. Besonders bedacht wird die Trinkwasserversorgung, die Abwasserentsorgung und der Bereich der Grundbildung. Als dritten Schwerpunkt widmen sich die staatlichen Finanzhilfen Vorhaben im Bereich der Basisgesundheit und der Familienplanung. Ein herausragendes Charakteristikum der Arbeit der KfW ist die Kooperation mit anderen deutschen Entwicklungshilfe-Institutionen, so etwa der Gesellschaft für Technische Zusammenarbeit und dem Deutschen Entwicklungsdienst.

Bei den Projekten der Gesellschaft für Technische Zusammenarbeit (Abk. GTZ) sollen Menschen und Organisationen im Jemen durch die Vermittlung technischer, wirtschaftlicher und organisatorischer Kenntnisse und Fähigkeiten in die Lage versetzt werden, ihre Lebensbedingungen aus eigener Kraft zu verbessern. Vornehmlich geschieht dies durch die Bereitstellung von Beratern, Ausbildern und sonstigen Fachkräften, welche jemenitische Fach- und Führungskräfte aus- und fortbilden. Wichtig ist das Prinzip des geringsten Eingriffes sowie die Orientierung an Zielgruppen. Entscheidende Intention sind Hilfe zur Selbsthilfe und Übernahme von Eigenverantwortung. Bei den Unternehmungen handelt es sich um jemenitische Projekte, zu denen die deutsche Seite durch die GTZ eine Beihilfe leistet. Dementsprechend erfolgt die Auswahl der Vorhaben auf der Basis von Anträgen der jemenitischen Regierung. Bei Regierungsverhandlungen wird unter Berücksichtigung von Expertenmeinungen entschieden, ob die Projekte in das Kooperationsprogramm aufgenommen werden. Die GTZ hat folgende Schwerpunktbereiche: Wasserversorgung, Abwasserentsorgung, Abfallwirtschaft, Berufsbildung, Förderung von Kleinunternehmen, Landwirtschaft, Gesundheit, Familienplanung, Grundbildung, Stadtentwicklung, Bewahrung des kulturellen Erbes sowie die Entwicklung von Planungs- und Management-Fähigkeiten.

Der Deutsche Entwicklungsdienst (Abk. DED) arbeitet seit 1979 im Jemen. Die Gesellschaft arbeitet intensiv mit jemenitischen Organisationen zusammen, ihre Programme sind eng in deren Strukturen integriert. Fachliche Kooperation mit persönlichem Kontakt zwischen Entwicklungshelfern und Zielgruppe sind von großer Bedeutung, ebenso die Hilfe zur eigenbestimmten Entwicklung und Verbesserung der sozialen Situation. Der DED widmet sich vornehmlich den Sektoren Gesundheit, Gemeinwesenarbeit, Technik, Handwerk, Bau- und Siedlungswesen sowie Wasserwirtschaft. In manchen Bereichen besteht eine enge Zusammenarbeit mit der GTZ, um die Tätigkeit beider Organisationen zu koordinieren.

wohner der Stadt „hungrig" nach dem Kraut. Und dies im Hinblick auf den Fakt, dass weniger als die Hälfte der Bevölkerung von *Ṣanᶜā'* überhaupt an die städtische Wasserversorgung angeschlossen ist. Der Boden unter *Taᶜizz* und dem Umland ist trocken. Die Stadt bezieht ihr Wasser aus Pipelines. Doch dieses System funktioniert mehr schlecht als recht: Die Wasserqualität ist miserabel, Engpässe sind keine Seltenheit – es kommt sogar vor, dass das öffentliche Netz wochenlang trocken bleibt.

Wie nahezu weltweit ist auch im Jemen die Landwirtschaft der größte Wasserverbraucher. Daher kommt dem **Wasserresourcenmanagement im Agrarsektor** eine große Bedeutung zu. Die traditionellen Methoden der Verwendung von Oberflächenwasser sind ökologisch angepasst und es kann nicht zu einer Übernutzung kommen. Im Gegensatz dazu besteht bei **Pumpwasserbewässerung** schnell die Gefahr, dass dem Boden zu viel Wasser entnommen wird und der Grundwasserspiegel schneller sinkt, als er sich auf natürliche Weise wieder auffüllen kann. In Zeiten, bevor Dieselpumpen unermüdlich Wasser zu Tage förderten, musste dies mit viel Mühe per Muskelkraft oder mit Hilfe von Zugtieren geschehen. Die Gefahr der Übernutzung war geringer und der Ansporn zum sparsamen Umgang größer.

Der Effekt der übermäßigen Verwendung von Grundwasser wird dadurch begünstigt, dass den traditionellen Rechten nach **Wasser ein freies Gut** ist. Jeder kann mit dem unter seinem Boden liegenden Grundwasser machen, was er will. An Flussläufen haben Anwohner am Oberlauf die Priorität der Wassernutzung vor denen am Unterlauf. Gesammeltes Wasser gehört demjenigen, der das Wasser gefasst hat und die „Behälter" besitzt, so etwa in Zisternen, künstlichen Seen oder Kanälen. Wer Wasser besitzt, darf damit durchaus verschwenderisch umgehen. Diese Rechte sind im Zusammenhang mit den traditionellen Bewässerungstechniken entstanden und haben sich jahrhundertelang bewährt, doch sie passen nicht mehr zu der durch die modernen Technologien verschärften Wasserknappheit in der heutigen Zeit.

Eine **Beschränkung des Verbrauches** in der Landwirtschaft scheint das zentrale Lösungselement zur Verbesserung der Wassersituation zu sein. Die Regierung versucht eine **Verstaatlichung des Wassers** durchzusetzen, dann sollen neue Wasserrechte den Verbrauch regeln und eindämmen. Jedoch stoßen diese Vorschläge auf großes Misstrauen und im Angesicht der Stärke des Stammeswesens sind sie wohl nur schwer durchzusetzen.

Zu allen bisher aufgezeigten Problemen kommt noch erschwerend das hohe **Bevölkerungswachstum** hinzu, so dass die Aussichten für Jemens zukünftige Wasserversorgung insgesamt sehr düster sind.

Politik

„Diese Klein- und Kleinstfürsten tun, was ihnen beliebt, als absolute Gebieter über ihre Stämme."

(Hans Helfritz: „Entdeckungsreisen in Süd-Arabien")

Politische Konstellation

Der Staatsform nach ist Jemen eine **Republik** (arab. *ğumūrīya),* womit es eine der wenigen Demokratien in der arabischen Welt ist. In der 1991 mittels Volksabstimmung angenommenen – und mehrmals modifizierten – Verfassung wird Jemen als republikanischer, unabhängiger, arabischer und islamischer Staat bezeichnet. Doch mitunter sind die politischen Umstände im Jemen schwer zu durchschauen. Wohlwollende Beobachter bezeichnen das Land als demokratisch, wohingegen Kritiker von der Illusion demokratischer Zustände sprechen.

Es gilt zu bedenken, dass man den jemenitischen Demokratie-Begriff nicht mit westlichen Formen vergleichen kann. Es gibt pluralistisch-demokratische Grundzüge, Parteienpluralismus und parlamentarische Partizipation, jedoch liegen alle wichtigen Entscheidungsbefugnisse de facto beim **Präsidenten** *ʿAlī ʿAbdallāh Ṣāliḥ*. Seit seinem Amtsantritt hat er wichtige Führungspositionen systematisch an loyale Familienmitglieder, Stammesangehörige und Offiziere vergeben. Politische Partizipation kann nur innerhalb der dafür vorgesehenen staatlichen Institutionen und korporativen Organisationen stattfinden. Oppositionelles Potenzial wird durch die weit reichende Kontrolle des Regimes in Schach gehalten.

Im Jemen vermischen sich **neue Konstellationen** mit **alten Machtstrukturen.** Innenpolitik ist ein schwieriger Balanceakt, bei dem Rücksicht auf eigenwillige Stammestraditionen und die starke Stellung des Islam genommen werden muss. So dämmen trotz aller Machtfülle diverse Umstände die exklusive Hegemonie des Präsidenten ein. Dazu gehört, dass dem Staat das Gewaltmonopol fehlt (viele Jemeniten besitzen Schusswaffen, manche Großscheichs unterhalten paramilitärische Einheiten) und dass manche mächtigen Stammesführer besondere Formen der Autorität innehaben (siehe: „Staatsmacht und Stammeseinfluss").

Nicht nur zwischen Stämmen und Staat an sich herrscht ein gewisses **Spannungsverhältnis,** sondern auch zwischen der mit absoluter Mehrheit regierenden Partei des Allgemeinen Volkskongresses unter Vorsitz von *ʿAlī ʿAbdallāh Ṣāliḥ* und der zweitstärksten Kraft im Lande, der Islamis-

Kurzbiographie des Staatspräsidenten ᶜAlī ᶜAbdallāh Ṣāliḥ

- 1942: Geboren in *Bayt al-'Aḥmar*, Provinz *Ṣanᶜā'* (Sana'a), Stamm der *Sanḥān*
- 1958: Eintritt in die Armee, Besuch der Militärschule
- 1960: Beginn der Unteroffiziersausbildung
- 1962–1970: Beteiligung am Bürgerkrieg auf Seite der Republikaner
- 1963: Beförderung zum Leutnant, Besuch der Panzertruppenschule, später Befehlshaber von Panzereinheiten
- 1974: Beteiligung am Militärputsch
- 1975–1978: Kommandeur des Militärbezirkes *Taᶜizz* (Taizz)
- 1978: Ernennung zum Staatspräsidenten der Arabischen Republik Jemen und zum Oberbefehlshaber der Streitkräfte
- 1979: Beförderung zum Oberst
- 1982: Gründung der Partei des Allgemeinen Volkskongresses und Wahl zum Generalsekretär (ab 1995 Vorsitzender)
- 1988: Wiederwahl als Staatspräsident durch einen Konsultativrat für fünf Jahre
- 1990: Beförderung zum Generalleutnant, Wahl zum Vorsitzenden des Präsidialrates der (vereinigten) Republik Jemen
- 1994: Wahl zum Staatspräsidenten durch das Parlament, Ernennung zum Marschall
- 1997: Beförderung zum Feldmarschall
- 1999: Erste direkte Präsidentenwahlen, Amtsbestätigung für fünf Jahre
- 2001: Verfassungsreform, Verlängerung der Amtsperiode auf sieben Jahre

tischen Reformpartei unter dem Vorsitz von *ᶜAbdallāh al-'Aḥmar*, dem einflussreichsten Großscheich der Stammesföderation der *Ḥāšid.*

Die entscheidenden politischen Ereignisse der **letzten Jahre** waren das Vorantreiben des wirtschaftlichen Reformprogrammes, die erste direkte Präsidentenwahl (1999) sowie Kommunalwahlen (2001), eine grundlegende personelle Neuordnung des Kabinetts (2001) und eine (weitere) Verfassungsreform (2001).

Einer kleinen Sensation gleich kam 2001 die Neuschaffung eines Staatsministeriums für **Menschenrechte,** das von der einzigen Frau im Kabinett geleitet wird. Dennoch: Amnesty International klagt einige Fälle von Menschenrechtsverletzungen an und ob sich tatsächlich etwas verbessert, bleibt abzuwarten. Von Staatsseite legitim ist die Todesstrafe, so zum Beispiel für Terroristen, Separatisten oder Touristenentführer, der islamischen Rechtslehre nach beispielsweise auch für eheliche Untreue, Kindesmissbrauch oder Gewaltdelikte. Unruhen in der Bevölkerung, so etwa bei Protesten gegen Preiserhöhungen für subventionierte Grundnahrungsmittel, wurden mit Militäreinsatz beendet. Auch der Stand der Bürgerrechte scheint bisweilen unklar, so etwa in Fällen angeblicher Manipulation von Wahlergebnissen, Repressionen oder Inhaftierungen von Oppositionellen oder Journalisten und Folterungen in Gefängnissen.

Außenpolitisch bestehen große Chancen, die Beziehungen zu den Nachbarstaaten Saudi-Arabien und Eritrea neu zu ordnen, denn langjährige Grenzstreitigkeiten sind beigelegt worden. Zum ersten Mal in der Geschichte sind alle Land- und Seegrenzen des Jemen zu seinen Nachbarn vertraglich festgelegt.

Die Unterzeichnung eines Grenzabkommens mit **Saudi-Arabien** 2000 beendete einen Disput, der 1934 begonnen hatte. Schnell besserte sich nicht nur die politische Stabilität, sondern auch die wirtschaftliche Zusammenarbeit beider Länder; Saudi-Arabien stundete alte Schulden weit gehend und gewährte neue Darlehen für Infrastrukturprojekte.

Im Zuge der Verbesserung der Beziehungen zu Saudi-Arabien könnte sich auch Jemens Ansehen bei **anderen arabischen Staaten** wandeln. Im Bewusstsein vieler von ihnen liegt Jemen am Rand der arabischen Welt. Nicht nur im geographischen Sinne, sondern vielmehr auch in Bezug auf seinen Entwicklungsstand, der als mittelalterlich bewertet wird.

In Turbulenzen geriet Jemen nach den Terroranschlägen in den USA vom 11. September 2001, denn auf dem Land lastete das Vorurteil, eine „Brutstätte" des **islamischen Extremismus** und ein Zufluchtsort von *Al-Qaᶜida*-Terroristen zu sein. Tatsächlich stammen der verstorbene Vater sowie die vierte Ehefrau von *Al-Qaᶜida*-Anführer *'Usāma bin Lādn* aus dem Jemen. *Al-Qaᶜida* ist mit operativen Zellen im Jemen präsent, jedoch ist die Zahl der aktiven Mitglieder beschränkt. Zahlreiche Jemeniten befürworten die Ziele und Taten der *Al-Qaᶜida*. Ihrer Meinung nach verfolgt *'Usāma bin Lādn* das Ziel, für Gerechtigkeit und Rache zu sorgen. Gerechtigkeit soll das „geschundene und unterdrückte" palästinensische Volk erfahren und Rache das „ungläubige und imperialistische" amerikanische – samt all seiner Verbündeten. Wie viele andere Araber verehren auch viele Jemeniten *'Usāma bin Lādn*, sie erziehen ihre Söhne nach seinen Ideologien oder unterstützen *Al-Qaᶜida* mit Geldspenden. In Afghanistan verhaftete jemenitische *Al-Qaᶜida*-Anhänger gelten als Märtyrer. Der jemenitische Präsident *ᶜAlī ᶜAbdallāh Ṣāliḥ* sagte nach dem 11. September 2001 den USA seine Unterstützung bei der Terrorismus-Bekämpfung zu. Doch dabei stößt er bei vielen Jemeniten eher auf Ablehnung denn auf Unterstützung. Der Zwiespalt ist groß, Anschläge im eigenen Land – gegen staatliche, gegen amerikanische oder sonstige vermeintlich „feindliche" Einrichtungen – waren die Folge. Nicht nur im Jemen, sondern auch in zahlreichen anderen islamischen Staaten zeichnen sich ähnliche Entwicklungen ab.

Staatsmacht und Stammeseinfluss

Die Stämme bilden nicht nur soziale, sondern auch **politische Gefüge.** Viele Jemeniten sind davon überzeugt, dass nicht die Regierung, sondern die Stammesnotabeln ihre Interessen am besten vertreten können.

Durch **Stammeseinfluss** wird die staatliche Gewalt in manchen Bereichen zwar eingeengt, doch meist ist es so, dass sich Staat und Stämme respektieren, kooperieren und sich arrangieren, wobei sie bisweilen eigenwillige Wege gehen. Der Mehrzahl der Stammesführer ist am **Erhalt des politischen status quo** gelegen und sie agieren als wichtige Stützen des Regimes.

Manch andere Scheichs stehen zwar hinter der Regierung, dulden aber **keine staatliche Einmischung** in ihr Gebiet. Weigerungen, das in Städten herrschende Waffenverbot (siehe: „Alltag"/„Bekleidung und Schmuck"/ Exkurs „Revolverhelden unter sich – Waffenkult") einzuhalten oder Nummernschilder an die Autos zu montieren, sind nur die geringfügigsten Demonstrationen tribalen Freiraums. Einige nordjemenitische Scheichs besitzen nicht nur einträgliche Ländereien, sondern auch Panzer sowie gut ausgestattete Waffenarsenale und sie vermögen Tausende bewaffnete Stammesangehörige zu mobilisieren. So nehmen ein paar Scheichs eine Sonderrolle ein, da sie ihre militärische Stärke nutzen, um ihren Willen gegen staatliche Machtausübung und Einmischung zu manifestieren. Doch nicht alle Scheichs sehen Drohungen mit „Säbelrasseln" als Lösung.

Vor allem im nördlichen Hochland wählen angesehene Scheichs den Weg Familienmitglieder als Parlamentskandidaten aufstellen zu lassen und so eine aktive und verfassungsgemäße Möglichkeit zur Kontrolle und **Mitbestimmung** zu nutzen. Scheichs mit mittlerem oder niedrigem Einfluss übernehmen Aufgaben in der Lokalverwaltung oder engagieren sich in politischen Parteien.

Ein Mittel des Staates, sich **Loyalität zu sichern** besteht darin, an Stammesführer - bzw. deren Angehörige - Minister- oder Offiziersposten zu vergeben.

Darüber hinaus werden Scheichs von der Regierung oft mit **finanziellen Zuwendungen** bedacht. Doch wer auf der einen Seite Gunst erkauft, kann auch Missgunst bei anderen wecken. Außerdem führt das in eine Sackgasse, da die Ausgaben für diese Zuwendungen den Staatshaushalt belasten, der sowieso eher knapp bestückt ist. In puncto Modernisierung sind viele Stämme auf die Finanzmittel des Staates angewiesen. Gibt der Staat nicht genügend Geld für sie aus und hinkt die infrastrukturelle Entwicklung hinterher, sind Konflikte mit der Regierung vorprogrammiert. Manche Scheichs glauben ihren Ansprüchen mittels Gewaltaktionen oder Entführungen Nachdruck verleihen zu müssen (siehe: „Als Fremder im Jemen"/„Reisealltag"/„Entführungen").

Das verzwickte Verhältnis zwischen Staat und Stämmen wird **exemplarisch** durch den Fakt beschrieben, dass einer der mächtigsten Scheichs des Landes - *ʿAbdallāh al-'Aḥmar* - nicht nur die wichtigste Oppositionspartei im Lande leitet, sondern gleichzeitig auch Parlamentspräsident ist. Jedoch lässt sich in seinem Fall ein hohes Maß an Kooperation erkennen und die Herrschaftsansprüche scheinen seit Jahren gegenseitig anerkannt zu sein.

Das Staatswappen der Jemenitischen Republik

034je Foto: kk

ALLTAG

Dieses Kapitel widmet sich dem **Alltagsleben,** besonders unter dem Aspekt, welche Rolle das **kulturelle Erbe** und die **Traditionen** Jemens im Alltag spielen. Ausführlich werden verschiedene Aspekte des sowohl wirtschaftlich, aber auch kulturell bedeutsamen „Kaukrauts" *qāt* dargestellt. Zudem geht es um Märkte, Dichtung, Tanz, Bekleidung, Schmuck, Duftstoffe, Waffenkult, Essen und Trinken sowie um die arabische Sprache.

Jemen ist sehr bedacht auf sein **Brauchtum.** Seine kulturellen Attribute sind allgegenwärtig, anders als in vielen anderen Ländern sind es keinesfalls Randerscheinungen, die durch den Einzug der Moderne drohen, in Vergessenheit zu geraten.

Stoffverkäufer

Typisch jemenitisch

„Gegen fünf Uhr war meist alles versammelt, denn das war die Stunde des Kat, die dort ebenso heilig gehalten wird wie etwa in westlichen Ländern die Stunde des Nachmittagstees. Kat ist ebenso unentbehrlich für das Dasein des Südarabers wie der Koran. Es ist ein Rauschgift, aber der Jemenite nennt es sein Lebenselixier. Der Kat-Genuß ist im ganzen Volk verbreitet; Männer, Frauen und Kinder huldigen ihm fast ohne Ausnahme, vom König oder Sultan an bis herab zum ärmsten Bettler, sofern dieser genug Münzen beisammen hat, um sich den kostbaren Stoff zu kaufen. Man sagt, der Jemenite könnte wohl mehrere Tage hungern, aber nicht einen Tag ohne Kat existieren."

(*Hans Helfritz:* „Entdeckungsreisen in Süd-Arabien")

Qāt

Es ist allgegenwärtig: Die zarten Blätter der **qāt-Sträucher** (lat. *Catha edulis forskal*) werden im Jemen als Anregungs- und Genussmittel gekaut. Diese immergrünen Spindelbaumgewächse, die bis zu fünf Meter hoch und bis zu 120 Jahre alt werden können, gedeihen nur im Gebirge in Höhenlagen zwischen 1000 bis 2500 Meter und nicht in den Küstenebenen oder Wüstengebieten.

Nicht alle Jemeniten widmen sich ausnahmslos und jeden Tag dem *qāt*, doch die **Mehrheit** der Männer genießt es mehrmals pro Woche. Auch das Gros der jemenitischen Frauen kaut regelmäßig, allerdings nicht so viel wie die Männer und nur selten öffentlich. Ständige Enthaltsamkeit beim *qāt* gilt als dissoziales Verhalten.

Der Einfluss, den die Pflanze auf das Alltagsleben, aber auch auf Wirtschaft und Politik nimmt, ist unübersehbar. *Qāt* ist nicht aus Jemen wegzudenken und gehört zum **Kulturgut** – ähnlich dem Kaffeekränzchen oder dem Stammtisch in Deutschland. Kaum ein Nachmittag und erst recht keine Feier vergeht ohne das Gewächs.

Ab dem späten Vormittag deckt sich nahezu jeder Mann in den speziellen Bereichen der Märkte mit seiner Tagesration des so genannten *„Yemeni Whisky"* ein. Nach dem Mittagsgebet setzen sich Freunde, Verwandte und Arbeitskollegen zusammen und die *qāt*-Runde beginnt. Die **häuslichen qāt-Runden** dienen dazu, sich zu treffen, abzuschalten und zu entspannen. Beim *qāt* bieten sich ideale Gelegenheiten, Geschäfte zu regeln, Familienangelegenheiten zu besprechen, Stammesfeindschaften zu befrieden oder politische Entscheidungen zu fällen.

Wenn Jemeniten vom *qāt*-Kauen sprechen, benutzen sie das arab. Wort *taḫzīn*, was übersetzt „speichern" heißt. Das gemeinsame *qāt*-Kauen heißt *ğalsat at-taḫzīn* („Versammlung des Speicherns") oder *ğalsat al-qāt* („Versammlung des *qāt*"). Auch Frauen haben ihre eigenen Nachmittagstreffen, arab. *tafriṭā*.

Qāt-Sitzungen sind **keine geschlossenen Veranstaltungen.** Freunde können spontan teilnehmen und gerne ihre Freunde mitbringen. Auch Touristen werden bei Gelegenheit eingeladen. Unter sich bleiben allerdings Angehörige der unteren Sozialklassen. Zu einer alltäglichen *qāt*-Runde bringt jeder sein Kraut selbst mit. Bei großen Festivitäten wird es vom Gastgeber spendiert, jedoch bringen viele „ihre" Sorte dennoch mit.

Beim Betreten des Versammlungsraumes werden die Schuhe ausgezogen. Es besteht eine **Sitzordnung** nach Rang und Reputation. Dem Gastgeber gebührt ein Ehrenplatz, für gewöhnlich ist es ein Ecksitz mit der besten Aussicht und am weitesten von der Eingangstür entfernt. Am Eingangsbereich sitzen diejenigen, die nicht an der Unterhaltung teilhaben, sowie Laufburschen, die immer wieder nach Tee, kaltem Wasser, Zigaretten, glühender Holzkohle oder zum Spucknapf-Säubern geschickt werden. Beim *qāt*-Kauen wird eifrig geplaudert, von Gästen wird erwartet, dass sie etwas von sich erzählen.

Zu Beginn der Sitzung ist es Brauch, etwas von seinem *qāt* abzugeben und im Gegenzug auch von anderen eine **Kostprobe** zu erhalten. Den Anfang macht stets der Gastgeber, meist werden Fremde oder Freunde von außerhalb zuerst bedacht. Ausgewählte Zweige werden mitunter quer durch den Raum geworfen. Die Höflichkeit gebietet es, diese nicht lange liegen zu lassen, sondern sie möglichst rasch an sich zu nehmen.

Zur geselligen *ğalsat at-taḫzīn* dazu gehört **Wasserpfeiferauchen** und zu feierlichen Stunden werden auch Ständchen auf Trommeln, Flöten oder Lauten improvisiert. Auch gesungen wird mitunter gerne oder Kassettenrekorder sorgen für das **musikalische Programm.**

Auch außerhalb der häuslichen Sitzungen wird nahezu **überall eifrig qāt gekaut,** in Geschäften, Schneiderstuben, Büros oder Sammeltaxen. Hier steht eine Anregung und Steigerung der Leistungsfähigkeit im Vordergrund – doch oft hält dies nicht lange an, Trägheit tritt ein und so mancher schlummert sanft zur Siesta dahin.

Zur **Technik des „Speicherns":** Man pflückt ein paar gute, kleine und weiche Blätter oder Zweigspitzen von den Ästen ab, säubert sie mit den Fingern und steckt sie in den Mund. Jemeniten schnippen zuvor oft gegen die Blätter, dies dient dazu, die Feuchtigkeit zu prüfen. Minderwertige Blätter und Zweige werden einfach auf den Boden geworfen (sie dienen später als Ziegenfutter). Das restliche *qāt* bleibt stets in Plastiktüten oder

035je Foto: kk

Stoffbahnen eingepackt, damit es seine Frische behält. Die abgezupften Blätter werden gründlich zerkaut, aber nicht heruntergeschluckt, sondern in der Wange gesammelt. Da nur der Speichelsaft geschluckt wird, entsteht im Laufe des Nachmittages eine prall gefüllte, walnussgroße Backe. Viel trinken ist wichtig. Ältere, zahnlose Menschen bedienen sich einer Petersilienmühle, das fein gemahlene Kraut braucht dann nicht mehr gekaut, sondern nur noch eingespeichelt und ausgepresst zu werden. Erst gegen Abend wird der kleingekaute und ausgelutschte Brei ausgespuckt.

Ein paar **Daten rund ums qāt** (alle Angaben aus der Zeitung „Yemen-Times"): 20–40 % des Bruttoinlandsproduktes stammen aus dem *qāt*-Sektor, 25 % aller Erwerbstätigen sind mit der Produktion oder Vermarktung beschäftigt. 30–50 % des genutzten Grundwassers wird für *qāt*-Bewässerung verbraucht. Umfragen zufolge gibt jeder Haushalt rund 8 % seines Geldes für *qāt* aus. Jemeniten sagen, *qāt* ist zwar teuer, doch dafür funktioniert unser Zusammenleben.

Neben der sozialen Funktion hat der *qāt*-Konsum auch **wirtschaftliche Vorteile:** Die Pflanze ist die wichtigste Einnahmequelle vieler Landwirte, sie ist anspruchslos und mit wenig Arbeitsaufwand zu kultivieren. Mit *qāt* verdient man ein Vielfaches mehr als mit dem Anbau anderer Produkte, wie etwa Hirse, Baumwolle, Kaffee oder Trauben. Zudem beschert der immergrüne Strauch regelmäßige, von Erntezeiten unabhängige Erträge. Schätzungsweise 10 % der landwirtschaftlichen Nutzflächen werden mit *qāt* bebaut. Durch *qāt* entsteht ein Geldfluss von der Stadt auf das Land und die ansonsten für Dritte-Welt-Länder typische und tückische Landflucht wird abgewendet. Zahlreiche neue Straßen in abgelegene Gebiete wurden gebaut, zum Teil auf Initiative der *qāt*-Bauern, um die Ernte schneller zu den Märkten bringen zu können (morgens geerntetes *qāt* sollte am gleichen Nachmittag verbraucht werden). Auf dem Rückweg können Kleintransporter Waren aller Art mitnehmen, wodurch sich die Versorgung entlegener Dörfer deutlich gebessert hat. Außerdem wird durch den Anbau von *qāt* in vielen Fällen verhindert, dass Terrassenfelder veröden und dann im Laufe der Zeit völlig verfallen. An dem Gewächs verdienen nicht nur Bauern, sondern auch zahllose Groß-, Zwischen- und Einzelhändler sowie Transporteure. Ebenfalls ein wirtschaftlicher Pluspunkt ist, dass der Staat reichlich Steuern kassiert.

Nachteilig am Anbau von *qāt* ist jedoch, dass große Mengen Wasser verbraucht werden – Güte und Ertrag hängen maßgeblich von der Bewässerung ab. Außerdem fehlen die zum Kauf von *qāt* aufgewendeten Gelder für produktive Investitionen im privaten Bereich oder für die Verbesserung einer oftmals einseitigen Ernährung.

Sowohl in der Vergangenheit als auch heute gab und gibt es von Seiten der Obrigkeit Versuche **qāt zu verbannen.** Im vormaligen Nordjemen wurde in den 1970er Jahren der *qāt*-Strauch von stattlichen Anbauflächen verbannt und Kampagnen propagierten die Lasterhaftigkeit des Krauts, das nicht in die moderne Zeit passe. Im ehemaligen Südjemen verhängten die Briten ein Verbot von *qāt*. Die Wirkung war nicht gerade durchschlagend, denn die spätere sozialistische Regierung untersagte erneut Handel und Konsum. Nach andauernden Protesten musste diese Prohibition jedoch gelockert werden, die Freuden des *qāt* wurden am Wochenende und an Feiertagen erlaubt. Jemens Präsident hat in den letzten Jahren diverse Kampagnen zur Eindämmung des Konsums von *qāt* gestartet. Angestellten des öffentlichen Dienstes, des Militär- und Polizeiapparates sowie Lehrern in Schulen ist es seit 1999 verboten, während der Dienstzeit das Kraut zu kauen. Doch dass die Mehrheit der Jemeniten auf *qāt* verzichten wird, scheint utopisch. Auch eine persönliche Erklärung des Präsidenten, er habe den Genuss eingestellt, verhallte nahezu ungehört.

Die frischen Blätter enthalten **Wirkstoffe mit euphorisierendem und erregendem Einfluss,** so die drei Cathidine Cathinon, Cathin und Norephidrin. Durch Speichel werden die milden amphetaminähnlichen Substanzen und die ephedrinhaltigen Stimulanzien freigesetzt. Cathidine sind wasserlöslich, je mehr man trinkt, desto mehr werden diese Wirkstoffe ex-

Alte Männer mahlen ihr *qāt* oft mit einer Petersilienmühle

trahiert und aufgenommen. Die pharmakologische Wirkung ähnelt der von stärkerem Adrenalin.

In geringen Mengen ist *qāt* nicht gesundheitsschädlich und zeigt kaum Nachwirkungen, doch genau wie bei anderen **Genussmitteln** schädigt übermäßiger Konsum die Gesundheit. Besser als mit Drogen oder Betäubungsmitteln lässt sich *qāt* mit Kaffee, Tee, Tabak oder Betel (wird in weiten Teilen Afrikas und Asiens, aber auch im Südjemen gekaut) vergleichen. Hier wie dort bestehen zweisfelsohne gesundheitliche Risiken und es ist ratsam, den Konsum einzuschränken. Wenn *qāt* wie eine Droge wirken sollte, müssten regelmäßig riesige Mengen konsumiert werden, doch dazu ist das Fassungsvermögen der menschlichen Backe zu begrenzt. Und anders als ein Drogenabhängiger sucht der *qāt*-Konsument nicht allein den pharmakologischen Effekt, sondern ein gemeinschaftlich-anregendes und kommunikatives Erlebnis. Dennoch: *Qāt* ist in Deutschland verboten, weshalb man davon Abstand nehmen sollte, am Ende der Reise etwas als Souvenir mitzunehmen.

Jemeniten unterscheiden **drei Phasen der Wirkungsweise** des *qāt*: Zunächst hat es einen anregenden Einfluss, es macht gesprächig, steigert die Wahrnehmung, beflügelt die Gedanken. Man fühlt sich erfrischt, Stärke und Leistungsfähigkeit nehmen zu – entsprechend heißt dieses Stadium arab. *tanabbuh*, „Aufmerksamkeit". Dieser angenehm angeregte Zustand geht – je nach Menge und Sorte des konsumierten *qāt* – nach etwa 1,5 bis 2 Stunden über in eine beruhigende bis leicht einschläfernde Wirkung. Die Redseligkeit nimmt ab, Ruhe und Gelassenheit kehren ein. Man hängt mehr seinen Träumen nach und schwelgt in gesteigertem Selbstbewusstsein. Genannt wird diese zweite Phase arab. *kayf*, „Wohlbefinden". Doch dieser schöne Zustand schlägt später um in ein Stimmungstief mit Niedergeschlagenheit und Geistesabwesenheit. Dieser temporär depressive Zustand wird arab. *qalaq nafsānī*, „seelische Unruhe", genannt und damit es nicht schlimmer wird, sollte man mit dem *qāt*-Kauen aufhören. Jemeniten versuchen, diese Stimmung durch reichlich gewürzten Kaffee, schwarzen Tee oder Milch einzudämmen. Manche schwören auf Whiskey. Nach reichlich *qāt*-Genuss – und je nach Sorte – bestimmen Appetitlosigkeit, Unruhe und Grübelzwang den Abend. Bei manchen überwiegt geistige Ermüdung, Mattigkeit und Apathie. Jemeniten sagen oft pauschal, sie haben Kopfschmerzen. Nachts leiden viele an Schlaflosigkeit.

Wie stark diese Symptome tatsächlich zu Tage treten, ist bei jedem anders. Körperliche Konstitution und Ernährungszustand sind wichtig (vor jedem *qāt*-Kauen sollte man reichlich essen). Zudem empfindet jeder die Wirkung unterschiedlich intensiv. Hinsichtlich des Einflusses auf den Körper ist auch die **Sorte** ausschlaggebend. Es gibt im Jemen über 2000 Arten von *qāt*, in erster Linie bestimmen die Anbaugebiete über die verschiedenen Sorten mit signifikantem Aussehen und Qualitätsmerkmalen. Jeder Jemenite gibt sich als Experte und jeder hat seine eigene Philosophie über Geschmack und Einfluss der einzelnen Sorten.

Doch hinsichtlich der Wirkungsweise unterscheiden sich **zwei übergeordnete Qualitätskategorien:** Die schwächeren Spezies werden als *riǧālī*, („männlich") und die stärkeren als *našwānī* („berauschend") kategorisiert. *Qāt riǧālī* wirkt nur leicht berauschend und anregend. Es ist gut verträglich und hat einen ausgeglichenen Wirkungsverlauf. Jemeniten beschreiben es so: „Es verursacht Glück, ohne zu betäuben." *Qāt našwānī* dagegen ist stark berauschend und zeigt negativere Folgeerscheinungen. Nach der anregenden Phase ist die zweite nur von kurzer Dauer und Bewusstseinstrübungen sind nicht ausgeschlossen. Es heißt: „Man geht zu Fuß nach *Taʿizz* und merkt es nicht". Noch ein Unterschied: Libido und Potenz werden vom *qāt riǧālī* meist nicht sonderlich gemindert, im Gegensatz dazu ist Geschlechtsverkehr nach ausgiebigem Genuss von *qāt našwānī* oft erst wieder nach einer Weile (am Morgen danach) möglich.

Da es verschiedene Sorten gibt, die unterschiedlich starke Wirkungen haben können, urteilen sowohl Verbraucher als auch Wissenschaftler differierend über *qāt*. Auf Grund chemischer Analysen über die **gesundheitlichen Wirkungen** warnen viele Ärzte vor langjährigem Konsum, da erhöhter Puls, Bluthochdruck und letztendlich Herz- und Kreislauferkrankungen die Folge sein können. Auch Magen- und Darmprobleme, Konzentrationsstörungen, Zeugungsunfähigkeit, Übersensibilität und Depressionen träten vermehrt auf. Jedoch ist umstritten, ob *qāt* solche Beschwerden verursacht oder ob bis dahin nicht bemerkte Probleme durch *qāt* (eventuell schneller) in Erscheinung treten. Einigkeit besteht darin, dass regelmäßiger *qāt*-Konsum zu Appetit- und Schlaflosigkeit führt und anfälliger gegen Krankheiten macht, insbesondere bei schlechter körperlicher Konstitution und Unterernährung. Übermäßig gekaut können insbesondere *qāt*-Sorten der Kategorie *našwānī* körperliche Beschwerden hervorrufen. Ein Teufelskreis entsteht dadurch, dass diese Sorten billiger sind, also häufig von ärmeren, auch mangelernährten und nicht immer in gesundheitlicher Bestform befindlichen Jemeniten gekaut werden, wodurch die Beschwerden und die Gefahren für die Gesundheit noch vestärkt werden.

Macht *qāt* **abhängig?** Bedingt ja, bei wiederholtem Kauen der Blätter kann man sich an den damit verbundenen angenehmen Gefühlszustand der ersten Phasen gewöhnen. So oft wie möglich möchte man diese Stimmung erleben, daraus kann sich eine psychische Begehrlichkeit entwickeln. Eine schwerwiegendere Form der physischen Abhängigkeit tritt selten auf.

Über die Frage, ob *qāt* ähnlich wie alle berauschenden Mittel (auch Alkohol) dem **Islam nach verboten** (arab. *ḥarām).* ist, haben sich Otto-Normal-Jemeniten sowie Gelehrte ausgiebig Gedanken gemacht. Allgemein gültiger Konsens in vorbildlich-jemenitischer Denkweise: *Qāt* ist kein Rauschmittel, also auch nicht verboten. Doch es ist auch nicht ausdrücklich erlaubt (arab. *ḥalāl),* also gehört es zu den zweifelhaften Fällen (arab. *šubahāt)* und ist als Mittelweg eigentlich verpönt (arab. *makru).* Aber wen stört das?

Abschließend zur **Historie** des *qāt*: Als Heimat der Pflanze wird Äthiopien vermutet. Von dort gelangte sie im 13. Jh. nach Jemen. Anfangs war es üblich, aus den Blättern einen Aufguss zu bereiten und zu trinken. Zunächst benutzten es nur fromme Gelehrte, denn die erweiterte Wahrnehmungsfähigkeit intensivierte und beschleunigte mystische Erlebnisse und brachte sie näher zu Gott. *Qāt* zu konsumieren war ein gottgefälliger Akt. Von den Studierten breitete sich der Gebrauch schnell in der religiösen Aristrokratie aus. Jahrhundertelang durften nur sie nach strengen Richtlinien *qāt* verwenden, die breiten Bevölkerungsschichten waren ausgeschlossen. Das Gewächs wurde nur in bestimmten Gebieten angebaut, es wurde sparsam vermarktet und war somit teuer.

Vom Anfang des 16. Jh. an breitete sich der Kaffeeanbau im Jemen aus und sicherte reiche Ernteerträge. Im 17. Jh. setzte es sich auch unter wohlhabenden Kaffee-Händlern durch, *qāt* zu kauen. Nach dem Niedergang des Kaffeehandels im Jemen Mitte des 18. Jh. wurde verstärkt *qāt* angebaut, denn Großgrundbesitzer konnten so ihre Verluste ausgleichen. Beide Pflanzen wachsen unter ähnlichen klimatischen Bedingungen, jedoch erfordert der *qāt*-Strauch weniger Pflege. *Qāt* verbilligte sich und wurde allen Bevölkerungsschichten zugänglich. Das Kraut war als ehemaliges „Luxusgut" begehrt und es hatte den Ruf, durch mystische Erfahrungen zu mehr Spiritualität zu verhelfen. Auch den damaligen Herrschern kam die Pflanze gelegen, da sie darauf Steuern erheben konnten. Mitte des 19. Jh. war das *qāt*-Kauen ähnlich wie heute allgemeine Sitte.

Mafraǧ

Im schönsten, komfortabelsten und **repräsentativsten Raum des Wohnhauses** treffen Jemeniten sich zum geselligen Beisammensein, sprich zur **qāt-Runde.** Häufig heißt dieser Raum arab. *mafraǧ*, je nach Landesteil oder Raumart gibt es auch andere Bezeichnungen. Aus der Übersetzung des Wortes *mafraǧ* kann man auf die soziale Bedeutung dieses Raumes schließen, denn *mafraǧ* heißt „etwas öffnen" und „Kummer zerstreuen, erheitern" und nimmt damit direkt Bezug auf die *qāt*-Sitzung.

In hohen Altstadtbauten liegt der *mafraǧ* im obersten Stockwerk und beschert durch seine vielen **Fenster** einen fantastischen Ausblick. Im Jemen sind Fenster stets etwa in Kniehöhe angebracht, da man gewöhnlich auf dem Boden sitzt und dann hinaussehen möchte. Fensterlose Wände liegen gewöhnlich an der Nordseite, da sich dort der Rauchabzug der Küche befindet. Hölzerne Gitter und Fensterläden sperren die heißen Sonnenstrahlen aus. Vielerorts besteht der obere Teil aus typischen Rundbogenfenstern (arab. *qamarīya).* Ihre Besonderheit: Zwischen einem Gipsgerüst aus floralen oder geometrischen Mustern sind bunte Glasscheiben eingesetzt. Auch in tiefer gelegenen Etagen finden sich diese bunten Oberfenster. Alte Häuser haben kleine bullaugenähnliche Fenster mit einer dünn geschliffenen, milchig schimmernden Alabasterscheibe. Zudem gibt es kleine Windluken (arab. *šaqūs),* durch die – wenn sie geöffnet sind – ein sanfter Lufthauch zieht.

036je Foto: kk

Die **Wände** des *mafraǧ* sind – wie überall im Haus – weiß gekalkt und entsprechend des Reichtums des Hausherren mehr oder weniger üppig mit Stuckaturen ausgeschmückt. Zur Ablage dienen Simse, zum Teil mit Zierborden. Regale sind nicht an die Wand gestellt oder montiert, sondern die Regalfunktion erfüllen in die Wand gelassene Nischen.

Der Boden des *mafraǧ* ist mit bunten Teppichen oder Matten und nebeneinander liegenden Matratzen ausgelegt. Kissen, Decken und Armlehnen sorgen für **Bequemlichkeit.** In der Mitte des Raumes stehen niedrige Tische und so unverzichtbare **Utensilien** wie Wasserpfeifen, Aschenbecher, Spucknäpfe (sanduhrförmig), Kaffeekannen und Plastikbehälter für kaltes Wasser. Möbel gibt es im traditionell eingerichteten *mafraǧ* nicht – häufig ebenso wenig in den Wohn- und Schlafräumen.

Allen *qāt*-Räumen gemeinsam ist, dass sie **Männern vorbehalten** sind – wobei gegenüber ausländischen Frauen auch Ausnahmen gemacht wer-

Buntes *qamarīya*-Glasfenster

den (siehe: „Als Fremder im Jemen"/„Religion respektieren"/„Männerwelten – Frauenwelten"). Jemenitinnen ziehen sich zum Treffen oder *qāt*-Kauen im Allgemeinen in den *dīwān* in der ersten Etage zurück.

In Häusern, die nicht mehrgeschossig gebaut sind, gibt es oft einen separaten *qāt*-Raum, mitunter mit Gartenblick, eigenem Eingang und eigenem Waschraum, damit die Gäste nicht durch den Wohntrakt zu gehen brauchen.

In der *Tihāma* gibt es neben privaten auch **öffentliche qāt-Räume,** typisch dort ist die Einrichtung mit hochbeinigen Liegen (arab. *qaʿāda).*

Sūq

Die traditionellen Geschäftsviertel und Märkte (arab. *sūq)* sind in nahezu allen arabischen Ländern nicht nur das **Zentrum des lokalen Handels,** sondern auch ein **Mittelpunkt des sozialen Lebens.**

Die **städtischen Markt- und Handwerkerviertel** Jemens sind in nach außen abgegrenzten Vierteln untergebracht, die einst oftmals durch mächtige Tore verschlossen wurden. In diesen Bezirken sind die Geschäfte und Werkstätten dicht an dicht in einzelnen, eingeschossigen Häusern untergebracht und nach Warengruppen getrennt. In einem Bereich oder in einer Gasse werden Bekleidungsartikel und Stoffe, in anderen Schmiedearbeiten, Silberwaren, Krummdolche, Dolchgürtel, Seile, Matten, Töpferartikel, Trockenfisch, Wasserpfeifen, Gewürze, Nüsse und Trockenobst, Naturheilmittel oder Kosmetika feilgeboten bzw. hergestellt und repariert. Daneben gibt es Abteilungen für Frischwaren wie *qāt*, Obst und Gemüse, Fleisch und Fisch.

In der Vergangenheit gehörten die Läden nicht selten ganz oder zum Teil der lokalen Freitagsmoschee, an welche eine Pacht zu zahlen war.

Auch **Rast- und Lagerhäuser** (arab. *samsara)* für reisende Kaufleute und deren Waren (früher auch für die Tragtiere der Kaufleute) gehören zu historischen Marktvierteln.

Analog zu den traditionellen Marktvierteln der Altstädte gibt es **ländliche Wochenmärkte,** die in aller Regel auf einem zentralen Platz unter freiem Himmel stattfinden und ebenso *sūq* heißen. Jeder Ort hat einen bestimmten Tag der Woche als Markttag.

Schon seit **frühislamischer Zeit** haben Märkte einen hohen Stellenwert in arabischen Gesellschaften, nicht zuletzt weil der Prophet *Muḥammad* Sohn eines Kaufmannes war. Im Jemen war dies allerdings anders, denn

Kuhhandel auf einem Viehmarkt

037je Foto: kk

dort herrschte ein Gesellschaftssystem, in dem religiöser Adel und die zum Stammesverband gehörenden Krieger und Bauern eine angesehenere Stellung innehatten als Händler und Handwerker.

Märkte haben nicht nur eine wirtschaftliche Funktion. In vielen Gebieten fungieren sie auch als **Foren lokaler Politik,** z. B. als Gerichtsorte oder Orte, wo Stammesversammlungen und Wahlen stattfinden. Auf Märkten herrscht stets Friedenspflicht, so dass auch verfeindete Stämme dort ihren Geschäften nachgehen oder sich zu Gesprächen treffen können.

Ausrichter eines Marktes ist meist eine Stammesgruppierung, es kann aber auch eine Kommune oder ein Großgrundbesitzer sein. **Vorsteher** eines Marktes ist der arab. *šaiḫ as-sūq*, oftmals identisch mit dem Stammesscheich. Dieses Amt kann aber auch einem Mitglied der Kaufmannschaft oder einem Würdenträger übertragen werden. Der Marktinitiator ist auch Garant des Marktfriedens. Für Fälle von auftretenden Rechtsstreitigkeiten stehen dem *šaiḫ as-sūq* mitunter Amtspersonen, wie arab. *ḥākim* („Richter") oder *ʿaqil* („Sachverständiger"), zur Seite.

Zum Marktgeschehen gehören oftmals **Vermittler** mit unterschiedlichen Funktionen und Titeln. Ein arab. *wakīl* übernimmt Produkte von Bauern und verkauft sie an Einzelhändler, ein *dallāl* ist ein Kommissionär für Wertgegenstände, ein *muṣliḥ* übernimmt den Kontakt im Viehhandel, ein *kiyāl* vermittelt Waren, die mittels Scheffeln bemessen werden. Dies ist nötig, um die sich aus der traditionellen Sozialstruktur ergebenden Barrieren zu überwinden, denn Stammesangehörige – sowohl Bauern als auch

Nomaden - sehen es als unter ihrer Würde an, sich aktiv als Anbieter am Markthandel zu beteiligen (heute sind diese sozialen Normen allerdings nicht mehr so wirksam wie in der Vergangenheit). Doch dieses System hat auch bedeutsame ökonomische Vorteile: Die Vermittler garantieren einen freien und fairen Handel, sie verfügen über die notwendigen Geschäftsbeziehungen und kennen die aktuelle Marktlage samt der Preise auf den Ankauf- und Absatzmärkten.

Lyrik

Arabisch ist eine überaus blumige und bildreiche Sprache, daher haben Poesie und Dichtkunst eine **bedeutsame Tradition.** In vergangenen Zeiten unterhielten sich Würdenträger, Stammesführer oder Dorfverwalter in dichterischer Form über so wichtige Angelegenheiten wie Stammesgrenzen, Karawanenwege, Friedensvereinbarungen oder Verwandtschaftsverhältnisse.

Vermutlich ging die jemenitische Lyrik daraus hervor, dass **Beduinen** im wiegenden Rhythmus des Kamelschrittes Lieder dichteten, um Müdigkeit vorzubeugen. Die in der Grandiosität der Wüste entstandenen Verse zeichnen sich durch enge Naturbezogenheit und viel Gefühl aus. Beduinendichter und Sänger zogen einst von Stamm zu Stamm um alte Weisen, Gedichte, Epen, Heldenlieder, Balladen und Loblieder vorzutragen. Leidenschaftliche Liebespoesie wird sowohl von Männern als auch von Frauen gepflegt. Auch Aberglauben, Mystik, Legenden und phantastische Geschichten über die Einflüsse böser Blicke, mysteriöser Geister, arglistiger Dämonen (siehe: „Bekleidung und Schmuck"/Exkurs „Böse Blicke und feurige Dämonen - Aberglaube"), guter Engel oder weiser Heiliger fassen Beduinen seit Generationen in ausdrucksstarke Poeme.

In **islamischer Zeit** bildeten sich verstärkt religiöse Weisheiten, höfische Huldigungen, Kriegsgesänge, umgangssprachliche Zweckgedichte und Spottverse aus. Schöne Worte haben in der jemenitischen Gesellschaft ein hohes Ansehen, was auch daran liegt, dass der Koran ein poetisches Meisterwerk ist. Sein hoher literarischer Rang gilt als Beweis für seine göttliche Herkunft.

Heute verbinden sich traditionelle Elemente der Dichtkunst mit solchen der **Populärkultur** und nehmen Stellung zu Themen wie Stammesidentität, gesellschaftlichem Wertewandel und dem multimedialen Computerzeitalter. Doch auch althergebrachte Inhalte werden gern rezitiert.

Zwei festlich gekleidete *barʿa*-Tänzer in Aktion

Hans Helfritz rühmt in „Entdeckungsreisen in Süd-Arabien": *„Dichten können gehört zur Bildung des Arabers in demselben Sinne, wie bei uns von dem Gebildeten eine gewisse Beherrschung der Prosa verlangt wird. Dabei wird gerade auf die Form der größte Wert gelegt, und dichterische Stümperei findet höhnische Ablehnung. Dieser allgemein im Volk verbreiteten und seit uralten Zeiten bis heute gepflegten Kunst kommt die formen- und klangreiche Sprache entgegen, die – wie ein Arabist treffend sagte – uferlos ist wie das Meer. Die Araber sind vielleicht die größten Sprachkünstler, die es gibt."*

Barʿa

Auf Grund der ethnischen Vielfalt gibt es im Jemen eine Vielzahl von Tänzen. Die **im Hochland dominierende tänzerische Ausdrucksform** ist der arab. *barʿa* – doch genau genommen ist dies kein Tanz. Die Bedeutung des Begriffes *barʿa* lässt sich übersetzen mit „geschickt sein, sich auszeichnen" und beinhaltet auch „spenden, beitragen, stiften". Der eigentlich arab. Ausdruck für Tanz lautet *raqṣ*.

Die Wahrscheinlichkeit, im Jemen einen *barʿa* zu sehen, ist recht groß. Im Zuge von Stammesversammlungen und Familienfesten sowie an religiösen oder staatlichen Festtagen wird er auch draußen in aller **Öffentlichkeit** zelebriert.

038je Foto: kk

Ein bekannter Ort bei *Ṣanʿāʾ* (Sana'a), an dem sich nahezu jeden Freitagmorgen Tanzgruppen einfinden, ist das Felsenplateau über dem **Wādi Ẓahr** (Wadi Darr), keine 15 Kilometer nördlich der Stadt. Hier treffen sich Hochzeitsgesellschaften, um dieses bedeutsamste aller Familienfeste zu feiern. Es herrscht Volksfeststimmung, Festgäste, Eisverkäufer, Fotografen, Süßwarenhändler, Wochenendausflügler, Kinder, Bettler und Touristen schlendern umher, am Rande des Plateaus wird Wettschießen auf die gegenüberliegende Felswand veranstaltet.

Mittendrin bilden sich **tanzende Gruppen.** Zwei Trommler spielen auf, das rein männliche Publikum (in diesem Fall samt festlich herausgeputztem Bräutigam) formiert sich zum dichten Ring und mittendrin tänzeln Männer im leichten Wiegeschritt und schwingen ihre Krummdolche: Das ist *barʿa.*

Jeder Stamm hat seinen eigenen, charakteristischen *barʿa,* der sich in Details von anderen unterscheidet. Nur zwei Trommeln geben den **Rhythmus** an, es gibt keine anderen Instrumente oder Gesang. *Barʿa* ist ein Gruppentanz, man braucht mindestens zwei Männer, je nach Stamm variiert die genaue Anzahl.

Wichtigstes Utensil beim *barʿa* ist der **Krummdolch** (arab. *ǧanbīya,* siehe: „Bekleidung und Schmuck"/„*Ǧanbīya*"), der locker in der rechten Hand gehalten und umhergeschwungen wird. Die Bewegungen sind ruhig und harmonisch, es gibt keine Drohgebärden oder gar angedeuteten Kampfszenen. Daher wirkt der *barʿa* trotz des Dolchschwingens grazil und besonnen und nicht aufhetzend oder kriegerisch.

Ein *barʿa* besteht in seiner vollständigen Form aus vier Teilen, die alle einem eigenen Rhythmus unterliegen. Die **ersten drei Teile** werden von einer Gruppe von Männern getanzt und folgen bestimmten choreographischen Grundregeln. Jedes männliche, wehrfähige Stammesmitglied darf teilnehmen. Der Sinn besteht im Mitmachen, weniger im Zusehen. Es geht nicht um eine ästhetisch perfekte Aufführung oder Präsentation, sondern darum, in einer Gemeinschaftsaktion das „Wir"-Gefühl zu stärken. Kein noch so schlechter Tänzer wird aus dem Kreis verwiesen. Kinder tanzen mit, aber nur am Rand unter sich, nicht gemeinsam mit den Männern.

Der **Schlussakt** wird nicht immer aufgeführt. Er ist keine Gemeinschaftsaktion mehr, er ist eher an das Publikum oder einen eventuell zu beeindruckenden Gegner gerichtet. Als Finale geben die zwei geschicktesten Männer in nicht festgelegten Abläufen ihr Bestes. Die Tanzbewegungen werden spiegelbildlich ausgeführt, es wird eine geschickt kontrollierte Spannung aufgebaut, das Tempo steigert sich von nahezu zeitlupenhaft bis rasend. Dieser Pas de deux kann ganz abrupt und ohne Abschlussschritt enden, sobald die Tänzer keine Puste oder Lust mehr haben.

Bekleidung und Schmuck

„Diese Seen sind Tränken für das Kleinvieh, und nicht weit entfernt von ihnen sieht man meistens Hirtenmädchen, die ihre über ein weites Gebiet verstreut grasenden Ziegen hüten. Mit Hilfe von Frau v. Wißmann gelang es uns bisweilen, diese Kinder der Wildnis zum Näherkommen zu bewegen; gelegentlich konnten wir sie sogar photographieren. Die kleinen Mädchen trugen die gleichen Röcke wir ihre Mütter und Großmütter, nur sorgfältiger und geschmackvoller in Rot und Grün bestickt. Um den Hals und die Mitte trugen sie zahlreiche Silberketten, und ein ganzes Bündel großer dünner Silberringe hing in einem Loch, das nicht durch das Ohrläppchen, sondern durch den oberen Knorpel des Ohres gebohrt war. Ihre kleinen Gesichter waren mit gelber Farbe beschmiert, während auf ihren Stirnen, Lippen und Wangen und vor allem auf ihrem Kinn mit Indigo alle möglichen Muster aufgemalt waren. Über der Stirn war das Haar am Haaransatz so kurz geschoren, daß eine gut geölte Franse überhing. Das Ganze ergab ein Bild, das nicht ohne Reiz war, obgleich es die Tatsache unterstrich, daß bei diesen Menschen mehr Neigung besteht, etwas auf die Haut zu schmieren, als durch Waschen etwas davon zu entfernen. Die Bräuche eines Landes müssen jedoch in Ehren gehalten werden."

(Daniel van der Meulen: „Hadhramaut das Wunderland")

Frauenkleidung

Vielfältig und traditionsbewusst ist die Garderobe jemenitischer Frauen. Sie unterliegt **modischen Trends, sozialen Reglements und ethnischen Differenzierungen.** Gewohnheitsmäßig folgen ältere Frauen eher den Traditionen, wohingegen jugendliche Jahrgänge gern modische Trends in Farbe, Muster und Stoffart aufgreifen.

Landesweite goldene Grundregel beim Auftreten in der Öffentlichkeit: Der weibliche Körper muss entsexualisiert werden, damit kein fremder Mann einen begehrlichen Blick darauf werfen kann. **Hautbedeckend und verhüllend** ist Trumpf, unter Kleider und Röcke gehören lange Hosen und westliche Modetrends sind unter einem Übermantel besser aufgehoben.

Nahezu alle Jemenitinnen tragen ein **Kopftuch** (arab. *ḥiǧāb),* auch viele Kinder. Die Kopftücher der Schulmädchen sind einheitlich weiß, doch ansonsten finden sich je nach Region alle möglichen Farben und Formen.

Der **Schleier** (arab. *liṯma)* dient als symbolischer Schutzschild, der Fremden gegenüber Unnahbarkeit und Sittsamkeit demonstriert. Jemenitinnen kennen eine Vielzahl von Arten Schleier und Kopftücher zu drapieren. Im

Bergjemen zeigen Frauen sich sowohl mit als auch ohne Schleier in der Öffentlichkeit, bei der Feldarbeit sind sie oft nicht verschleiert. Manche Schleier sind zweilagig, in diesen Fällen kann der feine oberste Stoff bei Bedarf über den Kopf geschlagen werden, die Trägerin kann durch eine untere Lage oder durch Sehschlitze hindurchsehen.

Außer Haus hüllt sich die Mehrzahl der Jemenitinnen in den *šaršaf*, eine **schwarze Kombination** aus Rock, Gesichtsschleier, Kopftuch und Umhang. In *Ṣanʿāʾ* (Sana'a) zeigen sich scharenweise junge Damen in klassischem Schwarz – von Kopf bis Fuß. Manche tragen zur Komplettierung schwarze Handschuhe und Strümpfe. Vor allem junge Frauen bevorzugen diesen Schwarz-in-Schwarz-Look.

Auch üblich ist es, sich mit einem langen schwarzen – oder dunkelfarbigen – **Übermantel** (arab. *ʿabāya)* zu kleiden. Dieser verhüllt nicht nur, sondern schützt auch wertvollere, darunter getragene Kleider, die durchaus auch körperbetont sein und dem neuesten Schick entsprechen können, auch modisch zerfranste Jeans sieht man oft unter einer *ʿabāya.*

Im Bergjemen tragen alte Frauen oft ein blau-rot gemustertes **Tuch als Überwurf** (arab. *sitāra),* das den gesamten Körper samt dem Kopf bedeckt und je nach Region anders gemustert ist. Unter dem Übermantel oder dem Übertuch wird üblicherweise ein langes Kleid samt einer an den Fußgelenken mit Stickereien und Pailletten dekorierten **Pluderhose** (arab. *sirwāl)* getragen. Kleine Mädchen kann man oft mit einer bunten **Spitzkappe** (arab. *qarqūš)* sehen.

Beduinenfrauen bevorzugen dunkelfarbige Kleidung und Kopftücher, oft mit Silberstickereien oder Pailletten dekoriert. Einige tragen eine Gesichtsmaske (arab. *burqaʿ),* die aber weniger der Verschleierung dienen, sondern viel mehr die Haut vor starker Sonneneinstrahlung und Sandstürmen schützen soll.

Frauen in der Tihāma bedecken ihr Gesicht seltener als in anderen Regionen. Sie kleiden sich teils mit kurzen Blusen und weiten Röcken oder grellbunten Musselingewändern (arab. *qamīš),* ebenso mit bunten turbanartig geschlungenen Kopftüchern oder riesigen Strohhüten. Auf einen Übermantel verzichtet die Majorität.

Auffällige spitze Hüte aus Stroh (arab. *qubba,* „Kuppel") tragen die **Bäuerinnen im Wādī Ḥaḍramaut** während der Feldarbeit.

Naqš

Obwohl Nagellack, Lippenstift und Make-up zunehmend beliebter werden, benutzen Jemenitinnen gern traditionelle Schönheitsmittel zur **Körperbemalung.** Gewohntermaßen schmücken Frauen und Kinder ihre Hände und Füße zu bedeutenden religiösen oder privaten Festen mit Ornamenten und Rankenmustern. Das arab. Wort *naqš* heißt „Muster, Malerei" und bezeichnet Körperbemalungen mit verschiedenen Substanzen.

Am bekanntesten ist der Pflanzenfarbstoff *ḥinnāʾ,* der rötlich-braun färbt. In manchen Regionen ist auch ein Öl aus *ḥinnāʾ* – das *qatr al-ḥinnāʾ* genannt wird – gebräuchlich. Sehr beliebt ist ein schwarzes Hautdekor mit

Markthändlerin aus der Region um *Taʿizz* (Taizz)

040je Foto: kk

einem Extrakt namens **ḥiḍāb.** Dies ist ein Farbstoff aus Galltinte, der aus mit Kupferoxid verkochtem Saft von Eichen- oder Tamariskengallen (Gallen sind Wucherungen an den Pflanzen) hergestellt wird.

Der Brauch, **ḥinnā'** zu verwenden, soll von *Muḥammads* Tochter *Fāṭima* etabliert worden sein. Sie war arm und besaß keinen Schmuck, so bemalte sie ihre Haut mit eleganten Arabesken. Daher wird der Pflanzenfarbstoff nahezu im gesamten arabischen Kulturraum schon seit den frühen Tagen des Islam genutzt.

Einer von Prophet *Muḥammads* Ratschlägen besagt, dass sich Männer ihre grauen Haare mit nichts anderem als *ḥinnā'* färben sollten. Viele Jemeniten überdecken so **ergraute Kopfhaare** oder verleihen **Bärten** eine besondere Farbnote. Auch Frauen nutzen das Kraut zum **Färben der Haare,** das neben Couleur auch Gesundheit und Glanz schenkt.

Dem Volksglauben nach ist *ḥinnā'* eine **Gabe Gottes,** es überträgt Segen (arab. *bāraka)* und hält den „bösen Blick" fern (siehe: Exkurs „Böse Blicke und feurige Dämonen – Aberglaube"). Mitunter sollen auch Tiere dieser Gunst erhalten, daher leuchten mancherorts Eselsmähnen oder Ziegenfelle in Segen bringendem Rot-braun.

Neben der Färbeeigenschaft hat *ḥinnā'* auch eine **naturheilkundliche Wirkung.** Es pflegt und heilt raue, beanspruchte Haut wirksam und langanhaltend. Viele, die mit ihren Händen harte Arbeit verrichten, färben ihre Handteller großflächig ein – nebenbei dient dies auch der Zierde.

Mit *ḥiḍāb* verzierte Frauenhände

Zum Gebrauch werden die getrockneten und pulverisierten Blätter des Strauches mit dem botanischen Namen *Lawsonia inermis,* der im Jemen z. B. in der Gebirgs-*Tihāma* wächst, mit Wasser, Öl und Limonensaft zu einer **weichen Paste** angerührt. Man kann auch Saft von gekochten Tamarinden- oder Teeblättern zugeben. Diese Stoffe bewirken, dass der rötliche Farbstoff seine Wirkung optimal entfaltet. Noch besser ist es, die schlammartige Mixtur vor dem Gebrauch ein paar Stunden in der Sonne gären zu lassen. Während die Paste am besten mehrere Stunden auf Haut oder Haare einwirkt, wird das Farbpigment aufgenommen. Das Ganze ist wasserfest, nach rund drei Wochen ist alles vollständig abgebaut.

Sowohl mit *ḥinnā'* als auch mit *ḥiḍāb* lassen sich filigrane **Motive** auf die Haut auftragen. Feine Muster werden mit eingetunkten Holzstäbchen aufgemalt. Der nasse Brei des *ḥinnā'* wird auch aus einer Art „Spritztüte" mit abgeschnittener Spitze aufgetragen.

Am häufigsten verzieren Frauen oder Mädchen ihre Handinnenflächen, die Fingerkuppen und die Fingernägel, zu feierlichen Anlässen auch Füße und Knöchel. Bei **Hochzeiten** werden jemenitische Bräute mit besonders schönem, aufwändigem und großflächigem Dekor herausgeputzt.

Schmuck

Seit Jahrhunderten gilt Schmuck Frauen als **Absicherung** im Falle einer Scheidung sowie als Rücklage für die Familie, falls ein Familienmitglied von einer schweren Krankheit heimgesucht wird oder der Mann unerwartet stirbt. Die Preziosen gehören einzig und allein den Damen, bezahlt werden sie von einem Teil des Brautgeldes.

Berühmt und vielfältig ist die jemenitische **Silberschmiedekunst.** Die Wurzeln dieser Handwerkszunft sind ungewiss, reichen aber bis in das frühe Mittelalter zurück. Marktbeherrschend war die Kunstfertigkeit jüdischer Schmiede, die allerdings seit 1948 fast alle nach Israel ausgewandert sind. Die Palette umfasst Halsketten, Armreife, Fußspangen, Gürtel, Broschen, Haaranhänger, Stirnbänder, Ohr-, Finger-, Nasen- und Zehenringe sowie Kopfschmuck und Amulettbehälter. Design und handwerkliche Ausarbeitung unterliegen regionalen Eigenheiten.

In der städtischen Gesellschaft wurde Silberschmuck von Generation zu Generation **weitervererbt,** deswegen können manche Stücke ein betagtes Alter aufweisen. Dagegen pflegten Nomaden ihre Bijouterie nach dem

Tod der Trägerin **einzuschmelzen** um neue Schmuckstücke fertigen zu lassen, die meist für die nächste Frau angelegt wurden.

Ein ausgefallenes und heute nur noch selten zu findendes Schmuckstück der Beduinen ist ein **Handgeschmeide,** das aus fünf Fingerringen besteht, die mit feinen Ketten an einer zentralen Schmuckplatte am Handrücken befestigt sind.

In vielen Landesteilen typisch sind filigranbesetzte **Hohlkugeln,** die einzeln als Kettenanhänger oder als aneinander gereihtes Ensemble getragen werden. Auch Münzen, Amulettbehälter, Korallen oder Amberperlen werden gerne eingearbeitet.

Arm- und Fußreife als Frauenschmuck sind oft sehr dick – und da sie massiv sind – auch entsprechend schwer. Aus diesem Grund werden sie gewöhnlich nur zu besonderen Anlässen getragen. Beide gibt es immer paarweise, manche können aufgeklappt und mit einem Pin verschlossen werden. In hohlen Varianten sorgen kleine Steinchen bei jeder Bewegung für rasselnde Geräusche, Kinder tragen oft Fußreife mit Glöckchen.

Traditionell bestehen **Fingerringe** der Damen aus einem Set von je fünf Ringen, an jeden Finger gehört ein bestimmter Ringtyp.

Behältnisse für Augenschminke, zumeist schwarzes rußhaltiges Pulver für Kajalstriche (arab. *kuḥl),* sind ebenfalls aus Silber. An den kleinen Fläschchen hängt ein Metallstift, mit dem das Pulver aus dem Döschen geholt und aufgetragen werden kann. Sowohl Frauen als auch Männer zeigen sich gerne mit schwarz umrandeten Augen, Kinder werden ebenso geschminkt.

Doch wie kamen die Unmengen Silber überhaupt nach Jemen? **Silbermünzen** gelangten erstmals durch den antiken Weihrauch- und Gewürzhandel nach Südarabien. Etwa ab dem 3. Jh. v. Chr wurden auf jemenitischem Boden eigene Münzen geprägt. Durch den internationalen Kaffeehandel kam ab Mitte des 16. Jh. eine weitere lukrative Silberquelle in Form von türkischen und europäischen Münzen hinzu. Die berühmteste war (und ist) der **Maria-Theresia-Taler.** Er hat seinen Namen von der gleichnamigen österreichischen Kaiserin. Die zunächst nur in ihrem Heimatland geprägten Münzen tauchten ab 1780 im Jemen auf. Ein Taler besteht zu rund 84 % aus purem Silber und wiegt 28 Gramm. Wegen des standardisierten Materialwertes (und vielleicht auch wegen des freizügigen Abbildes der Monarchin) entwickelte sich dieser Münztyp in der ersten Hälfte des 19. Jh. in der gesamten Region zwischen China, Indien, dem Mittleren Osten und Westafrika schnell zu einem universellen Zahlungsmittel. Bis nach dem 2. Weltkrieg wurde er geprägt und bis in die 1960er Jahre war er im Jemen inoffizielles Zahlungsmittel. Die jemenitischen Schmiede arbeiteten die Maria-Theresia-Taler als Anhänger in Ketten ein und durch ihr

Böse Blicke und feurige Dämonen – Aberglaube

Dem Volksglauben nach bringt Mutter Erde nicht nur Nützliches, sondern auch Dämonen, Geister, böse Blicke und finstere Mächte hervor. Der Glaube an solche dunklen Wesen hat sich seit vorislamischer Zeit erhalten und fand auch im Koran Aufnahme.

Unsichtbare Wesen, die jedoch nicht nur Schaden anrichten, sondern auch nützlich sein können, werden als arab. *ǧinnī* bezeichnet. Dem Koran nach (6:100, 34:12-14, 55:15) sind *ǧinnī* von Gott in Form von luftigen oder feurigen Körpern mit rauchloser Flamme erschaffen und können genau wie Menschen in die Hölle oder ins Paradies eingehen.

Wenn auf der einen Seite unsichtbare und Unheil bringende Übermächte drohen, so haben sich auf der anderen Seite verschiedene Abwehrpraktiken entwickelt. Amulette, heilige Männer, Körperschmuck, Salz, Schlangensymbole oder Säckchen mit Erde aus Heiligtümern bieten Schutz und helfen beim Erflehen um göttlichen Beistand. Kräuter schützen in Form von Gesichtspasten oder Haarschmuck sowie verbrannt als Räucherwerk. Weihrauch soll auf Geister so abschreckend wirken wie Weihwasser auf den Belzebub.

Auch der Koran hilft gegen finstere Mächte, besondere Abwehrkräfte „strahlt" der so genannte „Thronvers" 2:255 aus, der als Schutzformel gesprochen oder auf Amulette geschrieben wird. Manchmal werden Koransprüche auf die Stirn eines Säuglings geschrieben. Sicherheit bringt auch das Zerschlagen roher Eier, deren Schale mit frommen Versen beschrieben wurde.

Steinbockgeweihe (alternativ auch Bullenhörner) beschützen Häuser und deren Bewohner, denn das Tier ist von alters her heilig und in antiker Zeit symbolisierte es den Mondgott. Im *Ḥaḍramaut* gab es bis in die jüngste Zeit mystische Ritualjagden nach Steinböcken, die heute nahezu ausgestorben sind.

Weit verbreitet ist der Glaube an einen „bösen Blick", der von Personen übertragen wird, die irgendwie „suspekt" wirken. Ein starrer Augenausdruck, Sonnenbrillen und das „große Auge" von Kameras können bei manchen Jemeniten schnell Misstrauen hervorrufen. Besonders anfällig für den „bösen Blick" sind Kinder und schöne Personen. Schützend wirken türkisblaue Schmucksteine sowie Amulette in Form einer Hand, die die Hand der Prophetentochter *Fāṭima* symbolisieren. Daher ist es verständlich, dass auch in unzähligen Autos blaue Keramikhände am Rückspiegel baumeln. Ist nichts von alledem zur Stelle, so hilft dem Volksglauben nach auch das Ausstrecken der eigenen fünf Finger.

041je Foto: kk

Steinbockgehörne sollen Häuser vor Unheil schützen

Einschmelzen konnten sie weitere Silbererzeugnisse herstellen. Noch heute kann man Taler mit der Büste der Monarchin in Schmuckläden kaufen.

Heutzutage ist Silber im Jemen „out", die Mehrzahl der Jemeniten bevorzugt **Goldschmuck,** so dass dieser sich als Wertanlage und Aussteuer durchgesetzt hat. Entsprechend quellen manche Läden förmlich über von der „Auslaufware" Silber, viele haben sich Touristenwünschen angepasst, da **Silberschmuck ein beliebtes Souvenir** ist. Das größte Angebot findet sich im *sūq* von *Ṣanʿāʾ* (Sana'a), aber auch in *Taʿizz* (Taizz) gibt es etliche Silberhändler.

Seit Jahrhunderten üblich ist es, **Talismane und Amulette** zu tragen. Neben dem materiellen Wert kam Silber auch immer eine mystische Bedeutung zu. Nach einem alten Volksglauben symbolisiert es die magischen Kräfte des Mondes und soll den Träger vor dem so genannten „bösen Blick" schützen. Oftmals enthalten kleine Silberdöschen Segen bringende Sprüche aus dem Koran. Männer und Frauen des Bürgerstandes tragen solche mit frommen Formeln bestückten Glücksbringer an einer Halskette um den Hals. Angehörige der religiösen Adelsklasse befestigen silberne Amulettdöschen an ihrem Gürtel.

In Schmuckstücke eingearbeitete **„magische" Materialien** wie Zähne, Quarz, Karneole, Achate oder Korallen sollen Glück und Gesundheit bescheren, Feinde fern halten, vor Unfällen bewahren, Schlangenbisse und Skorpionstiche abwehren oder die Fruchtbarkeit steigern. Auch sollen sie den „bösen Blick" abhalten. Als Ersatz können auch bunte Glas- oder Plastikstücke herhalten. Schon Neugeborenen und Kleinkindern werden Amulette umgehängt, gewohntermaßen Halbedelsteine oder Korallen. Edelsteinen werden vielfältige Fähigkeiten und Kräfte nachgesagt, sie werden häufig von Männern als Fingerringe getragen.

Männerkleidung

Die Variationsbreite bei der Männerkleidung ist längst nicht so groß wie bei der Frauenkleidung.

Im Bergjemen tragen die meisten Herren ein helles, **wadenlanges Hemd** (arab. *qamīṣ)* mit einem darüber getragenen **Jackett.** Bei kühleren Temperaturen sind **Mäntel** mit einem Innenfutter aus Schafwolle schnell übergezogen.

In der *Tihāma* sowie im Süden und Osten des Landes schlingen sich viele einen bedruckten **Wickelrock** (arab. *fūṭa)* um die Hüften. Als Oberbekleidung dient ein Hemd oder T-Shirt, für ein Jackett ist es gemeinhin zu heiß. In der *Tihāma* gibt es Weberzentren, die bunt-gestreifte Wickelröcke herstellen, jedoch bevorzugen die meisten Jemeniten Importstoffe.

Als Kopfbedeckung tragen nahezu alle Männer einen **Turban** (arab. *ʿamāma).* Oftmals sind es Baumwolltücher, z. B. so genannte karierte Palästinensertücher. Wenn es edel sein soll, werden die Häupter mit bestickten Kaschmirschals umhüllt. Turbane können lose oder der besseren Stabilität wegen um eine Kappe gewickelt werden. Manche Männer bevorzugen **Kappen** ohne Turban darum (arab. *kufīya).* In der *Tihāma* tragen viele einen **Strohhut.** Beduinen verzichten oft auf Kopfbedeckungen, sie binden ihre langen Haare mit einem ledernen **Stirnband** zusammen.

Ehrwürdige alte Herren und Bräutigame schmücken sich mit einem sauber gefalteten, farbigen **Tuch über ihrer linken Schulter** (arab. *laffha).*

Dem in weiten Landesteilen wichtigsten männlichen „Kleidungsstück", dem **Krummdolch** (arab. *ǧanbīya*), sowie sonstigen Waffen sind im Folgenden eigene Abschnitte gewidmet.

In früheren Zeiten trugen viele Männer - sowie Frauen - mit **Indigoblau** gefärbte Stoffe. Dazu eine Anekdote von *Hans Helfritz* aus der Region südlich von *Ma'rib: „Mit dem Farbstoff werden die Baumwolltücher gefärbt, die dann zu Kleidungsstücken verarbeitet werden. Nun hat aber der Indigo die Eigenschaft, abzufärben, so daß allmählich die Haut eine bläuliche Tönung annimmt. Das wird aber nicht als Nachteil empfunden, im Gegenteil, man hilft noch nach, indem man den Körper direkt mit der Farbe einreibt. Auf diese Weise kommt es dann vor, daß viele Bewohner jener Gegend die prächtige schwarzblaue Hautfarbe haben, so daß man fast von «blauen Arabern« sprechen kann."*

Ǧanbīya

Ein vor dem Bauch getragener **Krummdolch** ist das Statussymbol nahezu jedes jemenitischen Mannes - insbesondere in den Regionen des Berglandes und des zentralen Hochlandes. Der auf arab. *ǧanbīya* genannte Dolch wird nicht etwa nur an besonderen Festtagen angelegt, sondern ist das wichtigste „Kleidungsstück" überhaupt und fest im Brauchtum verwurzelt. Diente der Dolch früher als Waffe, so ist er heute **viel sagender Alltagsschmuck,** der quasi wie ein „Aushängeschild" auf den ersten Blick Allerlei zu erkennen gibt.

Der *ǧanbīya* ist sichtbares Zeichen der **Stammeszugehörigkeit,** denn ein altes Gewohnheitsrecht besagt, dass nur Angehörige eines festen Stammesverbandes Waffen tragen dürfen. Neben Stammesangehörigkeit und **Wehrfähigkeit** dokumentiert er die **Rechtsfähigkeit** und **Männlichkeit** seines Trägers. Wer einem anderen Geld leiht, bekommt oftmals den *ǧanbīya* als Pfand. Während Streitigkeiten, bei denen ein Mittelsmann zu schlichten bemüht ist, muss der Dolch abgegeben werden. Wer ein Zivil-

042je Foto: kk

prozessverfahren verloren hat, muss ebenfalls eine Weile auf seinen „treuen Begleiter" verzichten.

Auch kleine **Jungen** besitzen einen eigenen, oftmals vererbten *ǧanbīya*. Allerdings tragen sie vor der Pubertät keinen echten Dolch, sondern eine kindersichere Version, bei der Griff und Scheide zusammengenäht sind oder die Klinge völlig fehlt.

Kein *ǧanbīya* gleicht dem anderen, an Reichhaltigkeit des Dekors und Art des Materials können Rückschlüsse auf das **Ansehen seines Besitzers** gezogen werden. Der materielle Wert hängt ab von Alter, Qualität und Verarbeitung der Einzelelemente Griff, Scheide, Klinge und Gürtel. Meist ist der **Griff** das Wertvollste – je nach Geldbeutel trägt „Mann" Plastik, Holz, Narwalzahn, Rinder- oder Rhinozeroshorn. Die fast rechtwinklig gebogene **Scheide** besteht am häufigsten aus einer Lederhülle. Teilweise sind Griff und Scheide auch mit Silberschmiedebesatz verziert. Wertvolle Scheiden bestehen ganz aus Silber, so wie die Dolchhüllen der religiösen Adelsklasse, die allerdings nicht als *ǧanbīya* bezeichnet werden, sondern arab. *ṯuma* heißen. Die **Klingen** der *ǧanbīya* sind heute größtenteils Billigimporte aus Südostasien, die aus zwei dünnen, zusammengesetzten Metallblättern bestehen, wohingegen gute jemenitische Klingen aus einem Guss sind.

Heute hat der **Gürtel** oft eine praktische Funktion als Schlüssel- oder Handyhalter. Auch Schulbücher lassen sich prima zwischen Bauch und

Revolverhelden unter sich – Waffenkult

Die Tatsache, dass ein Großteil der jemenitischen Männer einen Krummdolch trägt, heißt nicht etwa, dass sie diesen bräuchten um sich zu schützen oder um ihn als Angriffswaffe einzusetzen. Dennoch: Kaum ein Jemenite verlässt das Haus ohne sein „bestes Stück".

In manchen Landesteilen stellen Jemeniten auch völlig selbstverständlich Kalaschnikows oder Pistolen zur Schau – wer viel auf sich hält, komplettiert seinen Look mit einem Patronengurt. Im ganzen Land gibt es schätzungsweise dreimal so viele Schusswaffen wie Einwohner.

Auf Grund der Tatsachen, dass die Majorität der Bevölkerung bewaffnet ist und dass manchem Großscheich paramilitärische Einheiten unterstehen, fehlt dem Staat das Gewaltmonopol. Eine Polarität zwischen bewaffnetem Militär und unbewaffneten Bürgern findet sich im Jemen nicht. Vor allem außerhalb der Städte könnten kaum Soldaten gegen Aufrührer eingesetzt werden, ohne auf bewaffnete Gegner zu treffen. Und ob mitunter aus Stammesgebieten stammende Offiziere oder Soldaten gegen Stammesmilizen kämpfen würden, bleibt fraglich. Dennoch ist das Militär eine wichtige Stütze des Staatspräsidenten *ʿAlī ʿAbdallāh Ṣāliḥ* und verfügt über spezifisches Potenzial. Oberster Befehlshaber ist zudem der Präsident, der auch alle wichtigen Positionen persönlich besetzt.

In den Städten herrscht offiziell Schusswaffenverbot, jedoch gibt es Ausnahmen per Sondergenehmigungen. Zum Waffenkauf braucht man keine Genehmigung, in ländlichen Gegenden kann jederman(n) Schießeisen tragen. Innerhalb der Städte ist auch der Handel mit Schusswaffen verboten, jedoch gibt es unweit der Stadtgrenzen ein oftmals großes Angebot. Angesichts der jemenitschen Realität kann man nur sehr schwer ein allgemeines Schusswaffenverbot durchsetzen. So wird das Waffentragen samt dem Waffenhandel lediglich reglementiert.

Die Ursachen für diesen Kult ums Kampfgerät sind vielschichtig. Die seit Jahrhunderten bestehende Notwendigkei,t Freiheit zu erkämpfen und das Land zu verteidigen, hat das Waffentragen zur Gewohnheit und Tradition werden lassen.

Ein weiterer Grund liegt in der Zurschaustellung von männlichem Stolz. Der Krummdolch – plus evtl. eine Feuerwaffe – sieht männlich aus und gehört zum guten Ruf. Manche Jemeniten vertreten die Ansicht, man sollte sich selbst zum Plausch nur bewaffnet treffen, immerhin hat jeder Mann das Recht als wehrfähig angesehen zu werden. Tritt man jemandem ohne Waffe gegenüber, so könnte der Partner beleidigt sein, da er sich nicht ernst genommen fühlt. Etwa ab der Pubertät gelten Jemeniten als waffentauglich, denn wer die Fähigkeit hat Leben zu schenken, hat auch die (theoretische) Ermächtigung Leben zu nehmen.

In vielen Landesteilen alltägliche Manneszierde: der *ǧanbīya*-Krummdolch

Dolch klemmen und an den Griff kann man Plastiktüten hängen, beispielsweise zum Transport von *qāt.*

Abbildungen aus vorislamischer Zeit belegen die lange Tradition des Krummdolches im Jemen.

Für Touristen sind Krummdolche ein beliebtes **Souvenir,** das man auf allen größeren Märkten erwerben kann. Die Preisspanne reicht von 5 bis zu mehreren 1000 US-Dollar. Bitte an die Richtlinien des Artenschutzes denken und keine Dolche mit Griffen aus Leder von geschützten Tierarten kaufen. Die jemenitische Antikbehörde wacht darüber, dass keine kulturhistorisch wertvollen Stücke ausgeführt werden. Beim Heimflug darf man die Dolche nicht ins Handgepäck nehmen.

Düfte

Düften kommt in der Kultur des Jemen eine große Bedeutung zu. Die Herstellung von aromatischen Duft- und Räucherstoffen sowie von Parfum zählt zu den ältesten traditionellen Metiers. Wohlgerüche prägen viele Bereiche des **Alltagslebens** und des sozialen Zusammenseins. Bei **besonderen Ereignissen** wie Hochzeiten, Geburten, Festen oder Todesfällen kommt Duftzeremonien eine wichtige Bedeutung zu. Für jede Gelegenheit gibt es ein zugehöriges Aroma.

Nicht nur Frauen, auch Männer lieben es, sich in Wohlgeruch zu hüllen – anders als in unserer abendländischen Gesellschaft nicht unbedingt dezent, denn schwere Düfte oder auffällige Duftwolken gelten nicht als aufdringlich oder penetrant: Sie sind ein Odeur, das die Sinne beflügelt.

Blumige Duftöle und auf Ölbasis hergestellte Parfumarten (arab. *aʿṭār)* werden nicht nur auf die **Haut,** sondern auch auf **Kleidung und Kopfbedeckung** geträufelt. Jasmin-, Zitronen- und Limonenöle sind bevorzugte Aromen, Amber und Moschus sind als Aphrodisiaka sehr beliebt. Mit wässerigen Duftauszügen oder speziellen Duftcremes werden auch **Haare** parfümiert.

In manchen Landesteilen tragen Frauen duftende Farb- und Kräuterpasten als hautpflegendes **Make-up.**

Weihrauch (arab. *lubān)* ist der verbreitetste Duftstoff, der entweder pur verbrannt wird oder Bestandteil anderer Duftmischungen ist.

Es gibt eine Vielzahl von **Räuchermischungen** (arab. *buḫūr)* aus Ingredienzen wie Weihrauch, Sandelholz, Myrrhe, Moschus, Safran, Rosenblätter, Blütenöle, Rosenwasser oder diverse Dufthölzer. Jede Familie hat ihre

Duftöle in verschiedenen Nuancen

eigenen, traditionellen Rezepte, die von der Mutter an die Töchter weitergegeben werden.

043je Foto: kk

Auch *ʿud* – ein wertvolles **Duftholz,** das von 200–300 Jahre alten Bäumen, die vornehmlich in Indien, Malaysia und Kambodscha wachsen, gewonnen wird – ist ein Bestandteil der Räuchermischungen. Es ist ein beliebter Männerduft, das ebenso in reiner Form verbrannt wird und auch in Form von Duftöl Verwendung findet. Aus *ʿud* hergestelltem Öl kommt bei rituellen Leichenwaschungen eine wichtige Bedeutung zu.

Mit Räucherstoffen oder Dufthölzern parfümieren Jemeniten gerne Wohnräume und Kleidungsstücke. Viele verleihen ihren Haaren oder Bärten einen rauchiges Odeur. Dazu wird der Duftstoff auf einen **Räuchertopf** (arab. *mabḫara)* mit glühender Kohle gelegt, wo er langsam verglimmt. Traditionell sind diese Brenngefäße aus Ton gefertigt, heute gibt es auch strombetriebene, sogar solche mit 12-Volt-Anschluss für den Betrieb im Auto.

Auch **Kleidung** wird oftmals einer speziellen Duftbehandlung unterzogen. Dazu werden die einzelnen Stücke über Nacht über einen etwa sechzig Zentimeter hohen, pyramidenförmigen Holzständer gehängt, unter dem das qualmende Brenngefäß steht. Das Gewebe wird vom Rauch durchzogen und nimmt einen angenehmen Geruch an, der mehrere Tage in der Kleidung bleibt. Auch zwischendurch frischt man gerne die Kleidung auf, indem man sie über die wohlriechenden Rauchschwaden hält.

Ein ehrvoller Willkommens- oder Abschiedsgruß ist das Besprengen des Kopfes und der Hände mit **Rosenwasser** (arab. *māʾ al-ward).* Alternativ reicht man dem Gast auch ein Gefäß mit glimmendem Räucherwerk zum Zufächern oder eine Flasche Parfum, um die Handgelenke zu beduften. Diese Aromen anzunehmen gehört zum guten Benehmen eines Gastes.

Aber nicht nur traditionelle oder lokale Substanzen kommen zur Verwendung, sondern auch moderne, **„westliche" Düfte** – französisches Parfum, Eau de Toilette, Eau de Cologne, Cremes oder Rasierwasser – finden begeisterte AbnehmerInnen. Zu so mancher selbst gemischter Duftölmischung gehören Estee Lauder, Chanel, Gucci oder Dior genauso dazu wie Rosenwasser, Moschus- oder Sandelöl.

Essen und Trinken

„Die Stammesleute, Neffen und Vettern, scharten sich um uns, um zu helfen und an der Mahlzeit teilzunehmen. Eines unserer armseligen Hähnchen wurde geopfert und im Reistopf begraben. Es lag uns daran, sie möglichst bald zu verspeisen, denn sie konnten jeden Augenblick sterben und sich gegen das Gesetz versündigen dadurch, daß ihnen die Kehlen nicht im Namen Allahs durchgeschnitten wurden; sie hatten bereits alles Interesse an den Vorgängen dieser Welt verloren und starrten nur noch mit glasigen Augen ins Leere."

(Freya Stark: „Die Südtore Arabiens")

Religiöse Vorschriften

Der Islam verbietet seinen Anhängern den Konsum des „Teufelswerks" **Alkohol** (Koran 2:219, 5:90 ff.): *„Ihr Gläubigen! Wein, das Losspiel, Opfersteine und Lospfeile sind (ein wahrer) Greuel und des Satans Werk. Meldet es! Vielleicht wird es euch (dann) wohl ergehen. Der Satan will (ja) durch Wein und das Losspiel nur Feindschaft und Haß zwischen euch aufkommen lassen und euch vom Gedenken Gottes und vom Gebet abhalten. Wollt ihr denn nicht (damit) aufhören?"* Genau genommen steht der Konsum von Alkohol für Jemeniten unter Strafe und kann mit Auspeitschung geahndet werden – doch eine solche strenge Auslegung ist selten. Der öffentliche Genuss von Alkoholika ist strafverschärfend und auch Nicht-Muslimen untersagt. In einigen Hotels der gehobenen Preisklasse bieten lizensierte Restaurants oder Bars hochprozentige Drinks an, die hohen Preise beeinträchtigen allerdings den Trinkgenuss. In manchen größeren Lokalen kann man alkoholfreies Bier (arab. *bīra)* bestellen. Illegal gibt es an für Insider wohl bekannten Stellen auch Alkohol zu kaufen, jedoch versteckt sich in so mancher Flasche hausgebrannter Fusel, oft importiert aus Ostafrika. Ausländer dürfen bei der Einreise eine Flasche Hochprozentiges mit ins Land bringen, jedoch nicht während des Fastenmonats Ramadan – dann dürfen auch Hotels nur Softdrinks servieren.

Ein weiteres Speisegesetz (Koran 5:3, 16:115, 2:173) verbietet Muslimen den Verzehr von **Schweinefleisch.** Ein Schweineschnitzel wird sich im Jemen also auf keiner Speisekarte finden.

Beide Verbote begründen sich damit, dass diese Nahrungsmittel eine rituelle Reinheit verwehren.

Nach islamischem Brauch sollte **Schlachtvieh geschächtet** werden (Koran 5:3, 16:115, 2:173). Dem nach Mekka gerichteten Tier wird nach Rezitieren religiöser Formeln mit einem scharfen Messer die Halschlagader durchgeschnitten, so dass das Tier schnell stirbt und gut ausblutet. Dazu steht im Koran (2:173): *„Verboten hat er euch nur Fleisch von verendeten Tieren (w. Verendetes), Blut, Schweinefleisch und Fleisch (w. etwas), worüber (beim Schlachten) ein anderes Wesen als Gott angerufen worden ist. Aber wenn einer sich in einer Zwangslage befindet, ohne (von sich aus etwas Verbotenes) zu begehren oder eine Übertretung zu begehen, trifft ihn keine Schuld. Gott ist barmherzig und bereit zu vergeben."*

Speisen und Getränke

Viele Jemeniten sind arm und daher bilden **sättigende und billige Nahrungsmittel** die Grundnahrungsmittel. Vieles wird im Jemen produziert, doch das Land ist auf Nahrungsmittelimporte angewiesen.

Die Hauptmahlzeit ist das **Mittagessen,** denn eine Stärkung zur Mitte des Tages und vor dem *qāt* ist wichtig. Das **Abendessen** ist oft eher bescheiden und wird nach dem Abendgebet eingenommen.

Brot, Reis und Hirse bilden die Grundlage der meisten Mahlzeiten. **Brot** (arab. *ḫubz)* ist meist Weißbrot, es wird zu allen Tageszeiten meist frisch gebacken und zu nahezu allen Gerichten gereicht. **Reis** wird gekocht oder in Öl gebraten, dann mit unterschiedlichen Gewürzen verfeinert sowie mit Gemüse und manchmal auch mit Nüssen oder Rosinen vermischt. **Hirse** wird in großen Mengen auf Terrassenfeldern im Bergland produziert, Hirsebrei ist ein typisches Arme-Leute-Essen.

Gemüse wird in vielen Varianten serviert, am bekanntesten ist ein Eintopf namens *salta*, der in vielen Varianten zubereitet, stets mit einer schaumigen Soße aus Bockshornklee (arab. *ḥilba)* vermischt, in einem heißen Tontopf serviert und nur zur Mittagsmahlzeit gegessen wird. Nahezu alles, was die Küche gerade zur Verfügung stellt, kann in einer *salta* mitgekocht werden.

Auch **Hülsenfrüchte** spielen eine wichtige Rolle. Wegen ihres hohen Nährwertes sind Bohnen, Erbsen und Linsen beliebt. Zudem halten sie in getrockneter Form lange.

Fleisch dient meist nicht als Hauptbestandteil, sondern als Beilage einer Mahlzeit und ist meist Lamm, Rind, Huhn oder Ziege – Schweinefleisch ist aus religiösen Gründen verpönt.

In den Küstenregionen wird vornehmlich **Fisch** gegessen. Eine besondere Art der Zubereitung ist es, ganze Fische von außen mit einer würzigen Soße zu bestreichen und dann ähnlich wie ein Fladenbrot an der Innenseite eines Ofens zu grillen.

Typisch jemenitische Speisen sind:

• *ḫubz*	Fladenbrot
• *rūtī*	Stangenweißbrot
• *sambūsa*	mit Käse oder Gehacktem gefüllte Teigtaschen
• *šafūṭ*	in Joghurt oder saurer Milch eingeweichtes, säuerliches Brot mit Kräutern und Knoblauch
• *salaṭa*	Salat
• *maraq*	Fleischbrühe
• *šurba*	Suppe
• *filfil*	gefüllte Paprikaschoten
• *maluḫiya*	spinatartige Soße
• *saḥāwiq*	Dipp aus pürrierten Tomaten, Zwiebeln, Knoblauch, Käse, Kräutern und Chili
• *makarūna*	Nudelgericht
• *ruzz*	Reis
• *kabsa*	Reisgericht mit gekochtem Kalbfleisch, Pinienkernen und Rosinen
• *burġul*	Gericht aus zerriebenem Getreide
• *ḫuḍār*	Gemüse
• *mušakkal*	gebratenes Gemüse
• *fūl*	gekochter Bohnenbrei mit Zwiebeln und Tomaten
• *fāṣūliyā*	weiße Bohnen

Eier werden als Omelett gern zum Frühstück zubereitet, zu anderen Mahlzeiten werden sie zusammen mit Gemüse, Bohnen und Gewürzen gebraten und zusammen mit Brot gegessen.

Bevorzugt werden würzige, aber nicht allzu scharfe Speisen. Koriander, Kardamom, schwarzer Pfeffer, Gelbwurz und Safran sind prägende **Gewürze.** Knoblauch ist nicht nur wegen seines Geschmacks, sondern auch wegen seiner antibakteriellen Wirkung beliebt.

Nüsse, Mandeln, Pinienkerne und Rosinen dienen dem Verfeinern und Garnieren, z. B. in Reisgerichten und Süßspeisen.

Zu Tischsitten und Essen in Garküchen siehe: „Als Fremder im Jemen".

Zum Essen trinken Jemeniten oft nichts – wenn doch, dann **Wasser** oder **Limonade.**

Nach dem Essen wird stets Tee gereicht. **Tee** (arab. *šāy)* gilt als Würze des Alltags, daher wird er reichlich und zu jeder Tageszeit getrunken.

• *baiḍ ʿayūn*	Spiegelei
• *baiḍ šakšuka*	Rührei
• *salta bi-l-ḥilba*	Eintopf in verschiedenen Variationen mit Soße aus Bockshornklee
• *kibda*	gebratene Hammelleberstücke
• *daǧāǧ*	Huhn
• *laḥm ṣaġīr*	Schnetzelfleisch
• *laḥm ġanam*	Schaffleisch
• *laḥm mafrūm*	Hackfleisch
• *laḥm baqarī*	Rindfleisch
• *šāwarma*	Grillfleisch vom Drehspieß (in einer Brottasche als Sandwich bzw. mit Gemüse oder Salat als Tellergericht)
• *šīš kabāb*	gegrillte Hammelfleischspieße
• *šīš ṭawūk*	gegrillte Hühnerfleischstücke
• *kufta*	gegrilltes Hack-Hammelfleisch
• *samak*	Fisch
• *samak mašwī*	gegrillter (meist ganzer) Fisch
• *ǧambarī*	Krabben
• *bint aṣ-ṣaḥn*	warmer, mit Honig übergossener Kuchen
• *fatah*	mit Bananen, Datteln und Honig vermischtes Fladenbrot
• *maḥallabīya*	Milchpudding

Überwiegend wird schwarzer Beuteltee mit oder ohne Milch (auf arab. entweder *šāy ʻaḥmar*, „Tee rot" = schwarzer Tee, oder *šāy ḥalīb*, „Tee Milch" = schwarzer Tee mit Milch) getrunken. Seltener werden grüner Tee oder Pfefferminztee oder Hibiskusblütentee aufgebrüht, letzterer auch gerne kalt mit viel Eis. Original-orientalisch schmeckt schwarzer Tee, der mit getrockneten Nelken, Ingwer, Zimt, Thymian oder Kardamomkapseln aufgekocht wird. Nach dem Essen und dem *qāt*-Kauen trinken Jemeniten schwarzen Tee zum Abschluss. Doch egal welche Sorte: Tee muss süß sein – sehr süß! Freunde des herben Geschmacks stellen immer wieder fest, wie schwierig es ist, Tee nur leicht gezuckert (arab. *šāy maʿa qalīl sukkar)* oder gar ungesüßt (arab. *šāy bi-dūn sukkar)* zu bekommen.

Kaffee wird in unterschiedlichen Varianten angeboten: Instantkaffee, Milchkaffee, türkischer Mokka, Bohnenkaffee – mit oder ohne Gewürze – sowie ein Aufguss aus Kaffeeschalen sind im Jemen landläufig.

Erdbeerwolke und Aprikosenqualm – Wasserpfeifen

Das Geheimnis beim Wasserpfeiferauchen besteht darin, dass man keinen „heißen" und beißenden Rauch einatmet, sondern dieser zuvor durch einen teilweise mit Wasser gefüllten Korpus (aus Glas, Keramik oder Metall) geleitet und somit „kühl" und mild inhaliert sowie zudem gefiltert wird. So können auch Nicht-Raucher ohne Hustenkrampf aromatischen Tabak genießen.

Die formschönsten Wasserpfeifen des Jemen nennen sich arab. *madāca*. Ihr Wasserbehälter sowie der typische dreifüßige Ständer sind aus Metall gefertigt und kunstvoll mit ornamentverzierten Messingelementen – in manch wertvollen Fällen auch mit Silber oder Gold – beschlagen. Zum Ansaugen des Tabakrauches dient ein bis zu vier Meter langer, stoffumhüllter Lederschlauch. Bei wertvollen Pfeifen besteht das Mundstück aus Bernstein und das im Inneren befindliche Pfeifenrohr aus Aprikosen- oder Nussholz.

Wasserpfeifentabak kann viele Aromen haben: Pfefferminze, Apfel, Aprikose, Erdbeere und natürlich purer Tabakgeschmack. Am häufigsten werden fertige Mischungen aus Ägypten offeriert, aber auch eigene Kompositionen werden hergestellt. Wichtig ist, dass der Tabak feucht ist, daher ist das Untermischen von Honig gängig. Unüblich und verboten sind aber Rauschmittel. Zum Gebrauch wird der Tabak in einen zylindrischen Tonkopf gestopft und mit glühenden Kohlen bestückt.

Ein Tipp zum ungetrübten Anrauchen einer gerade frisch aufgelegten Tabakportion: Mit langen, tiefen, ruhigen Atemzügen klappt es am besten. In Cafés gehört das Anrauchen zum Service und im privaten Rahmen ist dies Aufgabe des Gastgebers.

Wasserpfeifenladen

Besonders interessant schmeckt traditionell nach Beduinenart zubereiteter Kaffee, arab. **qahwa** genannt (im Jemen heißt löslicher Kaffee ebenfalls *qahwa*). Für *qahwa* ist typisch, dass er etwas bitter ist und im Gegensatz zu Tee stets ohne Zucker und ohne Milch getrunken wird. Besonders lecker schmeckt es, wenn Ingwer, Kardamom, einige Blüten Safran und ein Schuss Rosenwasser hinzugegeben werden. *Hans Helfritz* beschreibt in seinem Buch „Entdeckungsreisen in Süd-Arabien" die Zubereitung: *„Zunächst wird mit der Kaffeezeremonie begonnen. Wenige Bohnen und viele Schalen der Kaffeebohnen werden auf einem Tiegel über dem Feuer geröstet und dann auf einen geflochtenen Strohteller geschüttet. Der Teller geht im Kreise herum, jeder nimmt eine Bohne und zerkhackt sie zwischen den Zähnen. Dann werden Bohnen und Schalen in einem hölzernen Mörser gestoßen, mit Ingwer vermischt, in einen bauchigen Metallkrug mit langem dünnem Hals geschüttet, der schwarz ist vor Alter und Kaffeesatz, und*

044je Foto: kk

nachdem man Wasser hineingegossen hat, wird das Ganze auf dem Feuer gekocht."

Ein ebenfalls mit Gewürzen zubereitetes Kaffeegetränk ist **qišr.** Im Gegensatz zum *qahwa* oder zum herkömmlichen Bohnenkaffee (arab. *bunn)* wird *qišr* jedoch aus den getrockneten Schalen der Kaffeebohnen gekocht. Wichtigste Gewürze sind wiederum Ingwer und Kardamom. Auch dazu eine Schilderung von *Hans Helfritz*: *„In Südarabien, wo der beste Kaffee der Welt wächst – der Name des einstigen Hauptausfuhrhafens Mokka beweist das – herrscht die Gewohnheit, zur Kaffeebereitung niemals die Bohnen selbst, sondern nur ihre äußeren Schalen zu verwenden. Ob das darauf zurückzuführen ist, daß die Kaffeebohne ein viel Geld einbringender Ausfuhrartikel ist und man deshalb lieber die in anderen Ländern wertlosen Schalen zum Getränk verwendet, oder ob diese Sitte auf einer alten Überlieferung beruht, steht nicht fest."*

Sprache

„Schöne Schrift von deiner Hand, prachtgebunden, goldgerändet, bis auf Punkt und Strich vollendet, zierlich lockend mancher Band."

(Goethe: „West-östlicher Divan")

Hocharabisch und Dialekte

Die **Muttersprache** der allermeisten Jemeniten ist Arabisch. Die wenigsten verfügen über **Fremdsprachenkenntnisse.** Nur diejenigen, die direkt oder indirekt in der Tourismusbranche arbeiten, besitzen oftmals einen Grundwortschatz in Englisch oder Deutsch. In Straßenrestaurants, in Sammeltaxen, an Fahrkartenschaltern müssen Reisende also zwangsläufig auf Arabisch zurückgreifen – zumindest auf die wichtigsten Wörter und Wendungen.

Arabisch ist eine dem **Semitischen** zugerechnete Sprache. Von der Arabischen Halbinsel über den Nahen Osten und Irak bis nach Nordafrika spricht der überwiegende Teil der Menschen Arabisch. Doch Arabisch ist nicht gleich Arabisch, denn man unterscheidet drei Arten:

Das **klassische Arabisch** ist die Sprache, in welcher der Koran niedergeschrieben ist. Es ist eine geheiligte Schriftsprache, die sich seit der Lebzeit des Propheten *Muḫammad* im 7. Jh. nicht verändert hat.

Darauf aufbauend ist das **moderne Hocharabisch,** allerdings gilt es nicht als auserwählt und hat eine vereinfachte Grammatik sowie zeitgemäße Vokabeln. Es ist zugleich die gemeinsame Schriftsprache aller Araber, die (auch im Jemen) in den Medien, im innerarabischen Handel und in der Politik gesprochen und in den Schulen gelehrt wird.

Zudem gibt es verschiedene **Regionaldialekte,** die nicht geschrieben, sondern nur gesprochen werden. Der Unterschied zwischen den Umgangssprachen und der Schriftsprache kann so groß sein wie der zwischen einer modernen romanischen Sprache und dem Lateinischen. Würden sich ein Jemenite und ein Marokkaner in ihrem Dialekt unterhalten wollen, gäbe es etliche Verständigungsprobleme. Aber auch Bewohner z. B. des zentralen jemenitischen Berglandes und des *Wādī Ḥaḍramaut* haben ihre eigene Mundart.

Die aus der östlichsten Provinz des Jemen stammende Volksgruppe der *Al-Mahrī* sowie die Einheimischen der Insel *Suquṭrā* (Sokotra) gelten sprachlich als nicht-arabisierte Nachkommen vorarabischer Bewohner. Sie sprechen eine im sonstigen Jemen ungeläufige **neusüdarabische Muttersprache,** die schriftlich nicht fixiert ist. Ihre Sprache, wie auch ihre Kultur, weist zahlreiche Besonderheiten auf. Im Gegensatz dazu ist **Altsüdarabisch** lediglich aus antiken Inschriften (Anfang 1. Jahrtausend v. Chr. bis 6. Jahrhundert n. Chr.) bekannt.

Buchstaben und Zahlen

Das arabische Alphabet besteht aus **28 Buchstaben,** die je nach Stellung im Wortgefüge unterschiedliche Formen aufweisen. Es gibt nur drei Vokale: a, u und i, die betonend lang oder verschwindend kurz gesprochen werden. Tückischerweise werden in der arabischen Schrift nur die langen Vokale geschrieben.

Alle **Wörter** basieren auf Wurzeln, die vornehmlich aus drei Konsonanten bestehen, sinnverwandte Begriffe haben dieselbe Wurzel und weisen lautliche Ähnlichkeiten auf. Arabische Worte werden **von rechts nach links geschrieben.**

Seit dem 8. Jh. benutzen Araber aus Indien stammende **Zahlzeichen** und rechnen mit dem indischen Dezimalsystem. Doch anders als die arabische Schrift, die ja von rechts nach links läuft, werden Zahlen wie bei uns **von links nach rechts geschrieben.**

Buchtipp

Wer als Anfänger wichtige Worte und Redewendungen lernen möchte, kann das mit den folgenden **Sprechführern** aus der Reihe Kauderwelsch des Reise Know-How Verlages Bielefeld: „Jemenitisch-Arabisch – Wort für Wort“ und „Hocharabisch – Wort für Wort“ (siehe auch Anhang).

045je Foto: kk

ALS FREMDER IM JEMEN

In diesem Kapitel geht es um den **Reisealltag** und die Thematik, wie man sich als Fremder in der unbekannten jemenitischen Welt als **gern gesehener Gast** verhalten sollte.

Welche Freuden oder Tücken birgt der Reisealltag, was ist bei der Reiseorganisation ratsam, was gibt es zu den Themen Fortbewegung, Hotels und Hygiene zu sagen? Wie grüßt man am höflichsten? Was tun, wenn man zum Essen eingeladen wird und ist es angebracht Geschenke mitzubringen? Was passiert im Fastenmonat Ramadan? Muss jeder zur *qat*-Runde sein eigenes „Kraut" mitbringen? Was haben Jemeniten für ein Zeitverständnis? Warum erregt ein Mann in Shorts Aufsehen? Müssen Ausländerinnen ein Kopftuch tragen?

Eseltrekking im Hochland

Die Antworten darauf sind vor dem Hintergrund **typisch jemenitischer Handlungsweisen** und Erwartungen zu sehen – dass dieser Sachverhalt natürlich nicht ohne Verallgemeinerungen, von denen es im speziellen Fall auch Ausnahmen geben kann, zu beschreiben ist, sollte klar sein.

Gäste sind dem Glauben nach von Gott gesandt und **rücksichtsvolle Besucher,** die keinen Anstoß erregen, werden in summa wohlwollend empfangen. Doch keinesfalls sollte man auf sein Gastrecht pochen oder glauben, als „zahlender Gast" könne man sich alles erlauben. Wer Taktgefühl an den Tag legt und Gepflogenheiten beachtet, wird nicht nur den Herzen der Jemeniten einen großen Schritt näher kommen, sondern verhindert auch **Missverständnisse** und kann sich selber letztendlich wesentlich wohler fühlen.

Wie schwierig – aber wichtig – eine **gegenseitige Annäherung** ist, beschreibt *Wilfred Thesigers* in seinem Buch „Die Brunnen der Wüste": *„Ich war glücklich in der Gesellschaft dieser Menschen, die sich dafür entschieden hatten, mich zu begleiten. Ich war ihnen zugetan, und ihre Lebensweise gefiel mir. Doch bei aller Genugtuung über unsere Kameradschaft gab ich mich niemals der Illusion hin, wirklich zu ihnen zu gehören. Sie waren Bedu, und ich war es nicht, sie waren Mohammedaner, und ich war Christ. Dennoch war ich für sie ihr Gefährte, unlösbar mit ihnen verbunden durch ein Band, so heilig wie das zwischen Gastgeber und Gast und stärker als alle Stammes- und Familienbande. Als ihren Weggefährten würden sie mich sogar gegen ihre eigenen Brüder mit der Waffe verteidigen, und das gleiche erwarteten sie auch von mir.*

Aber ich wußte, daß meine schwerste Probe die sein würde, harmonisch mit ihnen zusammenzuleben, Herr meiner Ungeduld zu werden, mich nicht in mich zurückzuziehen. Maßstäbe und Lebensgewohnheiten, die sich von den meinen unterschieden, nicht zu kritisieren. Ich wußte aus Erfahrung, daß die Bedingungen, unter denen wir lebten, mich im Lauf der Zeit körperlich, wenn nicht seelisch, zermürben und daß meine Begleiter mich oft reizen und aus der Fassung bringen würden. Und ebenso genau wußte ich, daß es mein Fehler und nicht der ihre wäre, wenn dies geschähe."

Geldwechsler im *sūq*

046je Foto: kk

Reisealltag

„Die Reise nach dem Jemen hatte uns sehr gut gefallen. Reisenden, welche die Absicht haben, dieses Land zu besuchen, sei gesagt, daß die Expedition dorthin zwar beschwerlich, doch nicht gefährlicher ist als die Besteigung eines hohen Berges in Europa."

(Carsten Niebuhr: „Entdeckungen im Orient")

Reiseorganisation

Am einfachsten lässt sich Jemen in Form einer **organisierten Reise** erkunden. Insbesondere für Reiseunerfahrene und Arabien-Neulinge ist dies am empfehlenswertesten. Zahlreiche heimische Reiseveranstalter haben Pauschalreisen in ihrem Programm. Auch im Hinblick auf den Risikofaktor Entführungen (siehe: „Entführungen") ist es besser, mit ortskundiger Begleitung durch das Land zu reisen.

Im Jemen gibt es zahlreiche **lokale Tourveranstalter,** die nicht nur für ausländische Veranstalter Reisen organisieren und Kunden betreuen, sondern auch Indvidualtouristen ein breites Angebot an Serviceleistungen bieten. Es reicht von Stadtführungen und Tagesausflügen über mehrtägige

Bergtouren, Wüstenfahrten (mit oder ohne Übernachtung), Expeditionen oder Studienreisen bis hin zu Tauchurlauben, Kamel- oder Eseltrekking.

Natürlich kann man Jemen auch **auf eigene Faust** und ohne Veranstalterorganisation bereisen. Erfahrungen in selbstständigem Reisen – am besten in anderen islamisch-arabischen Ländern –, Hintergrundwissen über soziale Konstellationen, Werte und Normen sowie Verhaltensweisen in muslimischen Ländern allgemein bzw. speziell im Jemen sowie zumindest ein Grundwortschatz Arabisch sollten jedoch sozusagen als „Basisausstattung" mitgebracht werden.

Visum und Passierschein

Europäer, die Jemen bereisen möchten, brauchen ein **Visum.** Je nach politischer Lage kann es sein, dass zur Erteilung des Touristenvisums eine **Buchungsbestätigung** einer jemenitischen Reiseagentur bzw. eines deutschen Veranstalters vorzulegen ist und Individualreisen nicht möglich sind.

Je nach aktueller Sicherheitslage kann es sein, dass Ausländer, die im Jemen herumreisen, dafür einen Passierschein brauchen. Je nach Stand der Dinge braucht man diese Befugnis nur in bestimmten **unsicheren Landesteilen** oder aber für alle Fahrten. Das arab. *taṣriḥ* genannte Dokument wird vom Ministerium für Tourismus (arab. *wizārat as-siyāḥa*) in *Ṣanʿā'* (Sana'a) ausgestellt und enthält Angaben zur den reisenden Personen, den Reisedaten und der Route. Wer am frühen Morgen zu der Behörde kommt, hat *'in šā'a llāh* Glück und bekommt den Passierschein am selben Vormittag ausgestellt.

Wer mit einem **Reiseveranstalter** unterwegs ist, braucht sich um das *taṣriḥ* nicht zu kümmern. Individualreisende sollten sich nach der aktuellen Handhabe erkundigen, Auskunft geben sowohl das Tourismusministerium als auch im Jemen ansässige Tourveranstalter. Letztgenannte wickeln auf Anfrage und gegen eine geringe Gebühr meist auch den Papierkram ab. Bei sehr angespannter Sicherheitslage kann es sein, dass Reisen nur in Begleitung eines Veranstalters gestattet werden.

Leider kann es mitunter zu Problemen kommen: Wer ohne Passierschein reist, kommt – je nach aktueller Lage – vielleicht nicht weit. Überall im Land – insbesondere um jede größere Stadt und in jedem Fall um *Ṣanʿā'* – gibt es **Straßenkontrollen** des Militärs. Dort werden alle Wagen überprüft: Bei in die Stadt fahrenden Jemeniten wird nach Waffen gesucht (Waffenverbot in Städten) oder die beförderten Waren werden durchgesehen. Bei Ausländern werden Reisedokumente durchgesehen (Reisepass, arab. *ǧawāz*, wie auch das *taṣriḥ* immer mit sich führen), ihre Angaben werden in ein Kontrollbuch eingetragen. Üblich ist die Abgabe einer

Kopie des *taṣriḥ.* Ausländer ohne benötigten Passierschein werden zurückgeschickt.

Leider ist es mitunter so, dass **Unklarheit** über die aktuelle Verfahrensweise herrscht, also für welche Gebiete man einen Passierschein braucht und für welche nicht. Es kann sein, dass selbst wenn alle Informationen besagten, man brauche keine Genehmigung, einem von einem Straßenposten, der nicht auf dem Stand der Dinge ist, der Weg verwehrt wird. Andersherum kann es auch sein, dass angeblich so dringend benötigte Papiere völlig unbeachtet bleiben.

Tipp: Jeder, der im Land herumreist, sollte sich möglichst bald nach seiner Ankunft in *Ṣanʿā'* das *taṣriḥ* organisieren bzw. organisieren lassen. Nach Erhalt viele Fotokopien anfertigen, auch Passkopien können von Nutzen sein.

Entführungen

Eine Reise nach Jemen generell als riskant zu bezeichnen, ist unangemessen, jedoch besteht erfahrungsgemäß die **Unsicherheit,** entführt zu werden. Realistisch betrachtet bergen auch zahlreiche andere Urlaubsdestinationen wohl bekannte Gefahren: Raubüberfälle in Miami oder Rio, Bombenanschläge in der Türkei oder in Südspanien, Taschendiebstähle in Prag oder Rom und Vergewaltigungen weltweit – selbst deutsche Großstädte sind nicht „ohne". Ein Wehrmutstropfen: Im Jemen wären alle letztgenannten Verbrechen gegenüber Touristen eine absolute Ausnahme.

Entführungen im Jemen sind im „Regelfall" keine kriminellen Handlungen gegen Touristen. Die allermeisten Jemeniten lehnen solche Aktionen ab, bezeichnen sie als mittelalterlich und die Ausführenden als unzivilisiert. Vornehmlich stecken hinter Entführungen von Ausländern **Konflikte eines Stammes mit der Regierung.** Im Ausnahmefall greifen einige Stämme dann darauf zurück, mittels Geiselnahme ihren Forderungen an die Regierung Nachdruck zu verleihen. Die Forderungen drehen sich meist um die Zuwendung von Staatsgeldern, die Freipressung von inhaftierten Stammesgenossen, die Verhaftung bzw. Verurteilung von Stammesgegnern, die Beteiligung an Profiten der Erdölförderung oder auch Forderungen zum Bau von Schulen, Straßen oder Krankenstationen.

Doch nicht nur ausländische Touristen werden verschleppt, auch Diplomaten, Techniker, Archäologen, Entwicklungshelfer und Ölarbeiter, die im Jemen leben und arbeiten, haben schon als eine Art **Faustpfand** gedient. Es gibt ebenso Fälle, in denen Jemeniten als Geisel festgehalten werden. Am gängigsten ist es, Waffen oder Fahrzeuge als Pfand zu nehmen, seltener müssen Personen dazu herhalten.

047je Foto: kk

Statistik: Zwischen 1992 und 2000 gab es im Jemen 117 Entführungsfälle mit insgesamt 641 Entführten, davon 385 Ausländer und 256 Jemeniten. Weniger als ein halbes Dutzend Ausländer kamen ums Leben. Bis 1998 kamen alle ausländischen Gefangenen unversehrt frei, viele lobten sogar die Gastlichkeit während der Gefangennahme. Der Aufsehen erregendste Entführungsfall ereignete sich Ende 1998, als islamische Extremisten ein Kidnapping im Hinterland von *ʿAdan* (Aden) verübten und infolge von Schießereien mit dem Militär vier Ausländer getötet wurden. Da militante Islamisten die Hintermänner waren, kann man sozusagen von einer „artfremden" Entführung sprechen. Seit 1998 sieht das Gesetz für Entführer im schlimmsten Fall die Todesstrafe vor. Die Regierung hat einen harten Kurs gegen Ausländer-Entführungen eingeschlagen.

Nach einer Entführung von Touristen handeln Regierungsapparate und Auslandsvertretungen stets schnell und engagieren sich sehr für eine reibungslose und baldige Freilassung. Jedoch ist dabei Rücksicht auf vieles zu nehmen. Gefährlich waren bislang weniger die Geiselnahmen an sich als vielmehr eventuelle Schießereien zwischen Kidnappern und staatlichen Sicherheitskräften. Nach einer Entführung wäre ein radikales Vorgehen der staatlichen Ordnungskräfte zur Befreiung der Geiseln ein umstrittener Akt. Vielleicht könnten die Geiseln befreit werden – jedoch könnten sie ebenso angeschossen werden.

Geiselnahmen können theoretisch im ganzen Land stattfinden, auch in den Städten. Erfahrungsgemäß finden sie jedoch immer wieder in denselben Regionen und durch dieselben Stämme statt. In die abgelegenen Gebiete um **Ma'rib, Šabwa** (Schabwa), **Šahāhra** (Schahara), **Ṣaᶜda** (Saada) und das **Wādī al-Ǧawf** (Wadi Dschauf) sowie in die Region **Al-Mahra** an der Grenze zu Oman sollten Touristen wegen der dortigen tribalen Unsicherheiten nicht ohne einen Reiseveranstalter oder zumindest einen jemenitischen Fahrer oder einen lokalen Beduinenführer reisen. Dies gilt auch für eine Fahrt **von Ṣanᶜā' nach Ma'rib** und für eine Durchquerung der Wüste **von Ma'rib ins Wādī Ḥaḍramaut** abseits der Teerstraße. Reisewarnungen und Sicherheitshinweise des Auswärtigen Amtes in Berlin geben aktuelle Informationen.

Oben aufgelistete Landstriche sind seit eh und je bekanntermaßen „schwierig". Jeder Reiseveranstalter weiß um die Tücken einer Reise dorthin und um den effektivsten Schutz. **Staatliche Sicherheitskräfte** eskortieren je nach aktueller Sicherheitslage in manchen Gebieten Touristenwagen oder stellen mehrere Fahrzeuge zu einem Konvoi zusammen. Zumindest solange man sich auf Teerstraßen bewegt, greifen die staatlichen Sicherheitsmaßnahmen. Verweigern Soldaten die Zufahrt zu einem bestimmten Gebiet oder raten sie dazu, dass ein Soldat oder Militärfahrzeug Geleitschutz bietet, so sollte man diesen Anweisungen Folge leisten. Ob diese Maßnahmen tatsächlich Schutz bedeuten oder vielleicht gar nichts verhindern können oder schlimmsten Falles statt einer „reibungslosen" Geiselnahme auch noch einen Schusswechsel provozieren, wird wahrscheinlich unklar und umstritten bleiben.

In einigen Landesteilen sind Waffen allgegenwärtig, selbst beim Restaurantbesuch

In den oben beschriebenen unsicheren Landesteilen endet jenseits des Asphalts jeglicher staatliche Schutz und man sollte diese Areale entweder meiden oder man muss sich den Stammesgesetzen anpassen. Diese regeln auch Fragen des Reisens für Stammesfremde, sprich Touristen. Ein beduinisches Prinzip heißt arab. *rafiq.* Demnach haben Stammesfremde einen lokalen Stammesangehörigen anzuheuern, der **Geleitschutz** gibt und als Gewährsmann dient. Gleichzeitig bürgt dieser Begleiter seinem Stamm gegenüber für das Wohlverhalten des Gastes. Theoretisch kann jedes rechts- und wehrfähige Stammesmitglied als **lokaler Schutzführer** agieren, doch muss es in der Lage sein, die stammesrechtliche Verantwortung zu tragen. Solch eine Begleit- und Bürgefunktion wird gewöhnlich nicht ohne Bezahlung durchgeführt. Neben Sicherheit erkauft man sich gleichsam auch Zugang auf fremdes Territorium. Diese Praktik ist in oben erwähnten Landesteilen seit Ewigkeiten gang und gäbe. Heute hat sich daraus ein einträgliches Business entwickelt. Wer mit einem renommierten Reiseveranstalter reist, kann sich auf dessen Organisation und dessen Wahl eines Begleiters verlassen. Zum Thema Schutzführer eine Schilderung aus alten Zeiten von *Daniel van der Meulen* aus „Hadhramaut das Wunderland“: *„Einige Stämme in der Nähe des Passes lagen miteinander im Krieg und hatten darum, teils aus Furcht und teils aus Widerspenstigkeit, ihr Gebiet für alle unbekannten Reisenden gesperrt. Wenn es uns gelänge, Führer aus den in diesen Krieg verwickelten Stämmen anzuwerben, dann würden wir durchkommen, denn der alte Ehrenkodex des Landes verbot es, daß wir in diesem Falle angegriffen würden.“*

Unter dem Entführungsrisiko und dem daraus resultierenden **Negativ-Image,** das wie ein Damokles-Schwert über Jemen zu schweben scheint, leidet nicht nur die Tourismusbranche, auch ausländische Investoren geben anderen Gefilden den Vorzug. Insbesondere in den Jahren nach 1998 ist der Tourismus so gut wie zusammengebrochen. Für 2001 wurde der Einnahmeausfall auf 54 Millionen Dollar und die Zahl der Arbeitslosen in dieser Branche auf 20.000 beziffert. Diese Flaute in der Tourismusbranche setzte sich in der Zeit nach den Terroranschlägen vom 11. September 2001 in den USA fort.

Abschließend ebenso von *Daniel van der Meulen* ein scharfsinniger Bericht darüber, dass so manche **„Sicherheitsgebühr“** der schlichten Einkommensverbesserung dient: *„Auch der Sheikh des Gebietes, auf dem wir kampierten, stattete uns einen Besuch ab. Er trat allerdings nicht als Bettler, sondern als selbstbewußter Mann mit Gewehr, Patronengürtel und Dolch auf, von einigen ebenfalls bewaffneten Gefolgsleuten begleitet. Er war keineswegs herzlich, sondern kam mit Forderungen und versuchte, möglichst viel Geld aus uns herauszulocken. Er schlug darum einen entrüsteten Ton* *an und gebärdete sich wie einer, dem Unrecht geschehen ist: ohne seine Erlaubnis seien wir in sein Gebiet eingedrungen. Das war nicht wahr. Wir hatten die Genehmigung des Sultans von Shuqra eingeholt, dessen Autorität angeblich bis nach Bir Lamas reichte. Ein ausgedehntes Palaver folgte. Für uns war es der erste Unterricht, wie man in diesen Ländern reisen mußte, ohne allzusehr Wolle zu lassen und zu stark behindert zu werden. Der Sheikh versuchte, von uns ein Lösegeld für freien Durchzug zu erpressen. Wir gaben zur Antwort, daß die Hukûma (Regierung, d. h. die britischen Behörden), uns versichert habe, daß dieses Lösegeld weder verlangt noch bezahlt werden dürfe, und daß sie uns eingeschärft habe, bei der Abschaffung einer so unbilligen und demoralisierenden Gepflogenheit mitzuhelfen. Da sein erster Trick versagte, wandte der Sheikh eine andere Taktik an. Wenn wir durch sein Gebiet zögen, müßten wir Kamele von ihm mieten, er selbst würde uns begleiten und beschützen. Natürlich müßten wir ihn dafür fürstlich belohnen. Zu unserer großen Zufriedenheit bewies nun Muhsin, der Führer unserer Begleitmannschaft, seine guten Eigenschaften als Unterhändler. Er zeigte sich sehr höflich, reserviert und doch entgegenkommend und brachte die Geduld auf, die andere Partei reden zu lassen. Er pflegte zuzuhören, bis der rechte Augenblick gekommen war. Wenn dann beide Parteien ihren Standpunkt dargelegt und erklärt hatten, dabei beharren zu wollen, schlug Muhsin nach einigen beschwichtigenden einleitenden Worten einen Kompromiß vor, der zwischen der unerbittlichen Logik abendländischer Beweisführung und der ungezähmten Gier der Beduinen eine Brücke schlug. Von Anfang an war es offenkundig, daß wir würden bezahlen müssen."*

Orientierung

Ortsunkundigen mögen jemenitische Städte wie *Ṣanʿāʾ* (Sana'a), *Taʿizz* (Taizz), *ʿAdan* (Aden), *Al-Ḥudayda* (Hudäida) und *ʾIbb* auf den ersten Blick groß und unübersichtlich vorkommen. Allerdings nehmen unter touristischen Gesichtspunkten eher uninteressante **Neustadtareale** stets den größten Raum ein, so dass man sich nicht vom ersten Eindruck entmutigen lassen sollte.

Die Orientierung innerhalb der **Altstädte** (arab. *al-madīna al-qadīma)* wird dadurch erschwert, dass sie orientalischer Tradition entsprechend keinem rechteckigen Grundriss folgen. Dennoch werden diejenigen, die mit offenen Augen durch die Gassen bummeln, höchstens zeitweise orientierungslos sein – außerdem liegt in dem Gassengewirr ja auch einer der Reize eines Altstadtbummels.

048je Foto: kk

Viele Altstadtareale sind von einer Stadtmauer umgeben, die man, einer Richtung folgend, früher oder später erreicht. An den umlaufenden Straßen kann man ein Taxi anhalten und sich zum Ausgangspunkt oder Wunschziel bringen lassen. Sollte man sich einmal ernsthaft verirren, so ist es sehr hilfreich, wenn man einen markanten **Orientierungspunkt** beim (arabischen) Namen kennt, z. B. den eines zentralen Platzes, einer Moschee oder eines Stadttores, denn dann kann man jeden Jemeniten darum bitten, die Richtung zu zeigen. Oft ist es sogar so, dass man zu seinem Ziel begleitet wird - natürlich aus Hilfsbereitschaft, Geld anzubieten wäre äußerst unpassend.

Straßennamen (mit Ausnahme der Namen von großen Hauptstraßen) sind einem Großteil der Jemeniten (auch Taxifahrern!) unbekannt, bis auf die großen Durchgangsstraßen haben die meisten Straßen (arab. *šāriʿ)* ohnehin keine Namen. Auch Hausnummern gibt es nicht, viele Häuser tragen den Namen des darin lebenden Familienverbandes. Jemeniten orientieren sich vornehmlich anhand von Stadtteilnamen (arab. *ḥāra),* wichtigen Plätzen (arab. *mīdān)* oder bedeutsamen Gebäuden.

Tipp: Beim Stadtbummel eine Visitenkarte des Hotels, in dem man logiert, mitnehmen. Ist diese nicht in Arabisch, sondern nur in Englisch bedruckt, sollte man das Hotelpersonal bitten die Adresse des Hotels, am besten mitsamt einem wichtigen Orientierungspunkt, auf Arabisch dazuzuschreiben.

Umgang mit Bettlern

Jemen gehört zu einem der ärmsten Länder der Erde und es gibt eine relativ **große Schar an Bettlern,** die auf ihren Obolus warten oder diesen einfordern. Vermutlich schon auf der Fahrt vom Flughafen wird jedem auffallen, dass Straßenkreuzungen umlagert sind von Bettlern und Krimskramsverkäufern. „Wer sich ein Auto leisten kann, kann sicherlich auch etwas an Mittellose abgeben", ist ein Gedanke, der dahinter steht. Meistens handelt es sich um Angehörige minder geachteter Bevölkerungsgruppen sowie um Kinder, Alte oder Behinderte.

Dem **Islam** nach ist es Pflicht eines jeden fähigen Gläubigen, Almosen an Bedürftige zu geben. Betteln ist nichts Verwerfliches - immerhin wird dadurch nicht nur einem armen Menschen geholfen, sondern auch ermöglicht, dass der Gebende einen kleinen Beitrag zu seinem Seelenheil leisten kann.

Dabei muss unterschieden werden zwischen gesellschaftlich **anerkannten Notleidenden** und denjenigen, die sich gezielt nur an Touristen wenden. Es spricht nichts dagegen, Bettlern der erstgenannten Art mit einer angemessenen Gabe zu beschenken. Sie betteln am häufigsten vor Moscheen, sozusagen in allererster Reihe, wenn Gläubige, wie im Koran aufgerufen, ihre Almosen verteilen möchten. Gerecht und keines Falls „zu wenig" ist es, den Gegenwert einer großen Tagesration Brot zu spenden - 30–50 Rial sind großzügig.

Übermäßige Gaben sind sicherlich gut gemeint und im Einzelfall verständlich, aber wenn zu viele Urlauber sich so verhalten, besteht die Gefahr dass diejenigen, die ihren Lebensunterhalt eigentlich erarbeiten könnten, dies lassen oder sich immer mehr **„Touristenbettler"** etablieren, weil dies ein anscheinend einfaches und einträgliches Geschäft ist. Wer spendabel sein möchte, sollte lieber mehreren Menschen einen mittelgroßen Betrag zukommen lassen.

Auch **Kinder** springen gerne auf diesen Zug auf, einige wenige werden auch von ihren Eltern dazu angehalten. Häufig hört man Rufe nach „*bakšiš*" („Geldgeschenk"), „*qalam*" („Kuli") oder „Bonbon" - und dies in allzu vielen Fällen eher aus Spaß an der Souvenirjagd als aus Not. Es ist eine Kombination aus ausgefallenem Spiel, Zeitvertreib, Sammelleidenschaft und Mutprobe und wer etwas geschenkt bekommt, hat (neben dem Geschenk) seinen Freunden viel zu erzählen. Stolze Eltern fühlen sich

In Altstädten, wie der von *Ṣanʿāʾ* (Sana'a), fällt die Orientierung schwer

vielleicht beleidigt, schließlich können sie so banalen Firlefanz wie Kulis selber an jeder Ecke kaufen. Durch **leichtfertige Spenden,** oft nur gegeben um die Plagegeister loszuwerden oder die „Süßen" zu trösten, können gesellschaftliche Strukturen außerdem nachhaltig gestört werden. Denn wenn Kinder durch bloßes Handaufhalten in wenigen Stunden ein Vielfaches von dem verdienen, was Erwachsene an einem harten Arbeitstag erwerben, sind soziale Konflikte vorprogrammiert. Die Motivation des Vaters zu arbeiten lässt vielleicht nach und er schickt seine Sprösslinge nicht mehr in die Schule, sondern an touristisch vielbesuchte Plätze, um Fremde anzuschnorren. Diese Art von Betteln wird von vielen Jemeniten als arab. *ʿaib*, als „schandhaft" angesehen.

Ein harter, aber dennoch gut gemeinter Rat laut: **Bettelkindern und Souvenirjägern** bitte nichts geben. Und: Kein Geld ohne Grund austeilen, ohne dass eine (eventuell sogar unwichtige) Dienstleistung erbracht oder eine (wenn auch unnütze) Kleinigkeit verkauft wurde.

Tipp: Wer große Beträge verschenken möchte, kann sich auch an den Vorsteher einer großen Moschee, den Imam, wenden, denn dort gesammeltes Geld fließt direkt und hundertprozentig gemeinnützigen Zwecken zu. In kleineren Orten kann man auch den Dorfvorsteher (Scheich oder arab. *wālī)* aufsuchen. Über diesen Umweg bekommen auch bedürftige Kinder Hilfe.

Bakšiš kann auch als **Dankesgabe für kleine Dienste** verstanden werden. Schuhputzer, Kofferträger, Touristenführer, Türsteher, Wasserpfeifen-Kohlenanheizer, Zigaretten-Laufburschen sind typische und berechtigte Empfänger. Diese zusätzliche Einnahme ist für viele ein wichtiger Beitrag zum Gesamt-Familieneinkommen. Jeder tut, was er kann, und auch auf den ersten Blick vielleicht überflüssige Jobs haben so ihre Berechtigung. Um es noch mal klar zu stellen: Ohne Gegenleistung hat diese Form des *bakšiš* keine Berechtigung.

Knifflig wird die Angelegenheit, wenn es darum geht, durch Geld eine Art Wohlverhalten zu erreichen, wobei die Grenze zur **Bestechung** fließend ist. Missstände, wie nicht funktionierende Ventilatoren oder fehlende Handtücher, lassen sich beim Hotelpersonal sicherlich durch den geschickten Einsatz von *bakšiš* schneller und stressfreier beseitigen als durch wiederholte Reklamationen. Vor dem Schmieren offizieller Personen wie Angehörigen von Polizei, Militär oder Zoll ist abzuraten, denn ohne Kenntnis der bestehenden Strukturen kann sich die vermeintlich hilfreiche Vergabe von Geldscheinen schnell ins Gegenteil kehren und Ärger bescheren.

Junge beim Verkauf von Palmfaser-Schalen

049je Foto: kk

Zum Abschluss folgen zwei anschauliche Zitate aus den 1930er Jahren. Als erstes schildert *Freya Stark* in „Die Südtore Arabiens", wie Jemeniten sowohl das Betteln als auch das „großzügige" Verhalten europäischer Reisender ablehnen: *„Sie war eine Sklavin. Ihr Sohn, ein Bub von etwa zehn Jahren, saß am äußeren Rande der Versammlung. Er rief plötzlich allgemeine Empörung hervor, als er das Wort ‚Bakschisch' murmelte. Ich sagte nichts, sondern machte nur ein bekümmertes und entrüstetes Gesicht; alle andern waren sprachlos vor Entsetzen. ‚Wo hast du gelernt, so etwas zu einem Gast zu sagen?' rief die Tochter des Mansabs schließlich. ‚Du bist wohl verrückt!' Der Kleine war bereits ganz klein geworden unter der Wucht allgemeiner Mißbilligung. ‚Nasara'* (= Christen, Anm. der Autorin), *stammelte er ‚Sie geben alle Bakschisch. Die Nasara, die vorher da waren, haben jedem Bakschisch gegeben.' Diese Gewohnheit, mit Geld um sich zu werfen, ist meines Erachtens eine der ärgsten Unsitten europäischer Reisender; sie beleidigen dadurch die feinen Araber und verderben die übrigen. ‚Vielleicht haben sie unterwegs den Armen ein Bakschisch gegeben', warf ich ein. ‚Sie würden es nicht tun als Gäste in einem Haus.' ‚Laß mich nie wieder so ein Wort hören', sagte die Tochter des Mansabs, während das einmütige Schweigen von zehn oder mehr Frauen die Ungeheuerlichkeit des Vergehens bezeugte. Der Bub verschwand in der Dunkelheit."*

Das zweite Zitat von *Daniel van der Meulen* aus „Hadhramaut das Wunderland" zeigt, dass auch so mancher Ehrenmann der Versuchung des Bettelns nicht widerstehen kann: *„Das Ende vom Lied war, daß er mit der Bitte um tiefste Verschwiegenheit ein Bakhshîsh von mir forderte. Dieses alte Familienoberhaupt, unser Gastgeber, der Sheikh seines Dorfes, bettelte, ja bestand sogar auf einem ansehnlichen Geldgeschenk – außer den üblichen Gastgeschenken! Für einen Augenblick verstummte ich vor Verblüffung. Welche Entartung der traditionellen arabischen Gastfreundschaft! Und sogar von seiten eines Häuptlings, nicht einmal eines armen Beduinen!"*

Trinkgeld

Geschenke oder Trinkgelder sollten nur gegeben werden, wenn man sich für eine erbrachte **Leistung bedanken** möchte – nicht aus bloßem Wohlwollen oder zum Dank für die Gastfreundschaft. In letzteren Fällen können sie sogar als Beleidigung aufgefasst werden.

Üblich ist das Verteilen von Trinkgeldern **nur in der Tourismusbranche,** also in internationalen Hotels und deren Restaurants oder an die Fahrer, die einen auf der Reise begleitet haben.

Kinder

Von **„süß"** über „neugierig" bis hin zu „aufdringlich" und **„gemein"** reichen die Adjektive, mit denen die unzähligen jemenitischen Kinder, die jedem Ausländer begegnen, meist beschrieben werden.

Sicherlich sind die allermeisten Kinder nett, doch gerade dort, wo viele Fremde hinreisen, wird man immer wieder laute **Bettel-Rufe** nach einem *„qalam, qalam"* („Kugelschreiber") oder nach *„bakšiš, bakšiš"* bzw. *„flūs, flūs"* („Geld") hören. Diese Unsitte hat sich dank der Tatsache, dass immer wieder Touristen auf diese „armen" oder „süßen" Kinder „hereinfallen", überall dort ausgebreitet, wo Touristen hinreisen.

Besonders unangenehm sind **Steine werfende Kinder,** insbesondere weil alles, was man macht, nutzlos scheint, die Kids auch noch amüsiert und schlimmstenfalls einen regelrechten „Kugelhagel" provoziert. Richtig übel kann es sein, wenn Steinschleudern zum Einsatz kommen. Meist ist der Spitzbube in der Horde Kinder nicht auszumachen und schneller weglaufen kann er allemal. Wer dennoch den Übeltäter am Schlafittchen erwischt, kann oft die wundersame Wandlung des „Helden" zur Heulsuse erleben. Das muss keine Show sein, viele Kinder haben riesige Angst vor Ausländern und schreien, als hätte ihr letztes Stündlein geschlagen. Für jemenitische Kinder ist das Werfen von Steinen kein so verwerflicher Akt, wie wir im Allgemeinen darin sehen. Für sie ist Steineschmeißen etwas Alltägliches: Auf diese Art weisen Ziegenhirten ihre Tiere in die Schranken, werden Esel vorangetrieben, Hunde auf Abstand gehalten und jüngere Geschwister geärgert. Dennoch sollte man auf jeden Fall laut protestieren (egal in welcher Sprache) und umstehende Jemeniten informieren. Wer Zeit hat, sollte zum Dorfvorstand (arab. *šaiḫ*, auch *wālī)* gehen und höflich um Aufklärung des Vorfalls bitten. Je mehr „Getroffene" aufbegehren, desto größer ist die Wahrscheinlichkeit, dass die Steinewerfer (von den dafür „zuständigen" Jemeniten) bestraft werden und sich in Zukunft auf Sprücheklopfen verlegen.

In touristisch stärker frequentierten Orten versuchen viele Kinder ihrer Familie ein kleines **Zubrot** zu verdienen, z. B. durch den Verkauf von kleinen Schmuckstücken, schönen Steinen, „antiken" Relikten, bestickten Dolchgürteln oder dadurch, dass sie sich als Führer zur Verfügung stellen.

Guides

Unterwegs im Jemen bieten sich dort, wo viele Touristen hinreisen, immer wieder Führer an, sei es, um einen auf dem **Weg durch die Altstadt,** zu touristischen Attraktionen oder entlang landschaftlich reizvoller **Wanderwege** zu begleiten.

Neben diesen Führern, die man sozusagen freiwillig anheuern kann, gibt es im Jemen eine weitere Art von Führern, auf deren Hilfe man in einigen bestimmten Stammesgebieten **aus Sicherheitsgründen** nicht verzichten sollte. Lokale **Schutzführer** werden als Begleitung angeheuert und schützen oder bürgen bei eventuellen tribalen Unruhen oder Übergriffen.

Mietwagen mit Fahrer

Zahlreiche jemenitische Tourveranstalter bieten allradbetriebene Geländewagen mit ortskundigem, auf Anfrage auch englisch- oder sogar deutschsprachigem **Fahrer** an. Für die Unterkunft und Verpflegung des Fahrers sowie die Treibstoffkosten müssen die Reisenden nicht aufkommen, allerdings sind Einladungen zum Essen eine nette Geste.

Wagen für Selbstfahrer sind nur selten erhältlich. Außerdem ist Touristen dringend davon **abzuraten selber zu fahren,** zum Ersten aus Sicherheitsgründen (Entführungen, tribale Konflikte, Wagendiebstahl), zum Zweiten wegen den Eigenheiten des jemenitischen Fahrstiles (der zwar durchaus sicher ist, aber fernab europäischen Verkehrsverhaltens liegt) und zu guter

0S0je Foto: kk

Letzt auch wegen der defizitären Versicherungsbedingungen und den für Ausländer unüberschaubaren Folgen eines eventuellen Verkehrsunfalles (Inhaftierung, Blutgeld).

Öffentliche Verkehrsmittel

Denjenigen, die den Jemen nicht als Pauschalreisende besuchen oder sich nicht vor Ort einen Wagen samt Fahrer mieten, bietet sich für den Transport ein sehr **gut ausgebautes Netz** an preiswerten öffentlichen Verkehrsmitteln.

Innerstädtisch verkehren **private Taxen,** arab. *tāksī inǧīz* genannt, in großer Anzahl. Mitunter kann es sehr schwer sein, einem Taxifahrer klar zu machen, wohin man eigentlich möchte. Insbesondere wer kein Arabisch kann, braucht viel Geduld und möglichst Kenntnis von markanten Orientierungspunkten in der Nähe des Fahrzieles.

Sehr preiswerte Fahrdienste werden zudem von zahllosen **Mofa-Taxen** angeboten, die vornehmlich an zentralen Plätzen stehen. Allerdings sollten nur männliche Reisende aufsteigen, denn für Frauen schickt sich die unvermeidbare „Tuchfühlung" ganz und gar nicht.

„Grundregel" für Fahrer: nur nach vorne schauen und vor jedem Manöver hupen

000je Foto: kk

Innerorts kann man auch mittels **Sammeltaxen** (arab. *tāksī sirwīs*, vom engl. service) oder **Minibussen** (arab. *dabāb*, meist japanische Kleinbusse) vorankommen. Jedes Mal teilt man sich das Fahrzeug mit weiteren Personen, die daselbe Ziel oder dieselbe Richtung haben.

Auch im **Fernverkehr** kann man den Service von **Sammeltaxen** nutzen. Sie fahren von bestimmten Sammelplätzen ab, üblicherweise liegen diese abseits vom Zentrum, entlang der Ausfallstraße, die zum Zielort führt. Es ist oftmals sehr eng, denn in den alten Peugeaut 504 nehmen, wenn's geht, neun Personen Platz, Fahrer und Kinder noch nicht mitgerechnet. Die Atmosphäre ist erfüllt von typisch jemenitischer Herzlichkeit, auch ausländische Reisende werden eingeschlossen.

Zwischen den wichtigsten jemenitischen Städten verkehren zusätzlich **Fernbusse** der staatlichen National Land Transport Corporation sowie diverser Privatunternehmen. Die Busse sind komfortabel ausgestattet und preiswerter als Sammeltaxen. Auf den Fernstrecken begleiten *qāt* und laute Musik die Fahrt, Pausen und Stops zum Mittagessen sind obligatorisch.

Auf den **Inlandsflügen** mit *Yemenia* kann es vorkommen, dass Flüge ausfallen, Flughäfen nicht angeflogen werden oder dass Verspätungen ein immenses Ausmaß annehmen.

Sammeltaxen verbinden große Städte miteinander

052je Foto: kk

Hotels

Stets sollte man sich vor Augen halten, dass Jemen ein Land der dritten Welt ist. Es ist besser, **gehobene Ansprüche** herunterzuschrauben, denn bisweilen können der Service sowie die Zustände der Sanitäreinrichtungen oder des Bettzeugs diese Ansprüche nicht erfüllen.

Der Standard und der Service in jemenitischen **Luxushotels** ist natürlich der beste des Landes und dürfte kaum Wünsche offen lassen – allerdings reicht ihre Qualität mitunter nicht an internationale Maßstäbe heran.

Die größte Auswahl besteht an einfach eingerichteten, teils sauberen **Mittelklassehotels.** Groß ist auch das Angebot an **einfachen Hotels.**

Nur völlig anspruchslosen Europäern und denjenigen, die am Abend nicht mehr weiterreisen können, keine andere Unterkunft gefunden haben oder ein unvergessliches Erlebnis der besonderen Art wünschen, sei eine Nacht in einem jemenitischen **Massenlager** zu empfehlen. Es gibt sie sowohl in jeder großen Stadt als auch in kleinen Orten abseits der Teerstraßen. Hier stehen in einem großen Schlafraum viele wackelige und schmale Bettgestelle nebeneinander, Fernsehbeschallung wie auch Wasserpfeifenblubbern (sowie Schnarchen) sind obligatorisch, Flöhe keine Seltenheit. Waschgelegenheiten und Toiletten genügen günstigstenfalls jemenitischen Ansprüchen. Selbstredend ist dies kein Ort für Frauen.

Viele preiswerte oder mittelteure Hotels sind in renovierten **Altstadthäusern** untergebracht. Hier bieten sich zum einen Einblicke hinter die

Fassade traditionell jemenitischer Wohnhäuser und zum anderen bestechen diese Herbergen durch ihre einmalige Atmosphäre. Mitunter sind auch ehemalige Herrscherdomizile oder Paläste zu Hotels umfunktioniert. Insbesondere in *Ṣanʿāʾ* (Sana'a) sollte man unbedingt in einem solchen Altstadthotel wohnen – auch wenn man vielleicht mehr Luxus liebt. Die Zimmer sind meist wie jemenitische Schlafräume eingerichtet – urgemütlich, mit auf dem Boden liegenden Matratzen, Kissen und Decken.

In vielen kleinen Bergorten, die öfters von Touristen besucht werden, haben Familien eine oder mehrere Etagen ihres **Wohnhauses mit jemenitischer Einrichtung und Verköstigung** nach Hausfrauenart zu Touristenunterkünften eingerichtet – schlicht, aber gemütlich und landestypisch.

Camping

Camper stoßen zwar auf **Unverständnis,** aber in der freien Natur haben die wenigsten Jemeniten etwas gegen ein Nachtlager einzuwenden. Vorausgesetzt, dass es nicht zu nah an einem Dorf oder auf einer Ackerfläche liegt, dass man sich ordentlich und zurückhaltend benimmt, niemanden stört und keinen Müll (auch kein Toilettenpapier) hinterlässt. Für Individualreisende ist es am höflichsten und sichersten sich beim Dorfvorstand oder Scheich vorzustellen und einen **Campplatz zuweisen** zu lassen.

Unbedingt vermeiden sollte man es, unmittelbar in einem **Trockenflusslauf** seine Zelte aufzuschlagen, da diese nach Regenfällen Flutwellen führen können. Aus Sicherheitsgründen sollte man nicht ohne jemenitische Begleitung in den **unsicheren Landesteilen** des *Wādī al-Ǧawf* (Wadi Dschauf), um *Ma'rib*, in den Ölfördergebieten um *Ma'rib* und *Šabwa* (Schabwa), in den Wüstengebieten zwischen *Ma'rib* und dem *Wādī Ḥaḍramaut*, um *Šahāra* (Schahaara) oder *Ṣaʿda* (Saada) sowie in der Region *Al-Mahra* campen.

Garküchen und Teestuben

Einfache Lokale und **Garküchen** mit jemenitischen Speisen gibt es in sehr großer Anzahl, **Restaurants** der besseren Preisklasse oder mit europäischem Essen dagegen schon weniger, vornehmlich sind sie in internationalen Hotels zu finden. Allgegenwärtig sind auch kleine **Teestuben,** in denen neben Tee auch Limonaden, frische Fruchtsäfte und Snacks in Form von Sandwiches serviert werden.

Ein ehemaliger Sommerpalast der Al-Kathiri-Sultane in *Tarīm* ist heute als Hotel umfunktioniert

An einfachen Garküchen und jemenitischem Essen wird kaum ein Reisender vorbei kommen. Die **hygienischen Verhältnisse** sind oft besser, als so mancher erste Eindruck erwarten lässt. **Speisekarten** gibt es nur selten und noch seltener in lateinischen Lettern, daher sind Arabischkenntnisse sehr hilfreich. Man kann aber durchaus auch in die Küche gehen und sich Einsicht in die Kochtöpfe geben lassen. Ein Tipp: Viele Tourveranstalter versehen „ihr" Restaurant mit deutlich sichtbaren Werbeaufklebern. Diese können als eine Art „Aushängeschild" für gute, saubere Küche sowie an Eigenheiten der Ausländer gewöhnte Köche und Kellner sehen.

Das **Angebot an Speisen** ist zwar meist ähnlich und eher schlicht, doch dafür sind sie überaus wohlschmeckend. Scharf sind die wenigsten Gerichte, wenn dann hauptsächlich durch die Verwendung von grünen Peperonistücken – wer nicht gerne scharf isst, kann diese gut heraussortieren oder der Bestellung *„bi-dūn bisbās"* („ohne Peperoni") hinzufügen. Typisch ist es, die vorbereiteten Speisen **frisch** und möglichst **heiß** zuzubereiten – manchmal sogar so heiß, dass das verwendete Speiseöl über der Flamme des Gaskochers einen Moment Feuer fängt (was auch etwaigen Krankheitserregern den Garaus macht). **Fleisch** wird im Jemen gemeinhin schlachtfrisch verwendet, für gewöhnlich wurde es morgens geschlachtet und selbst ohne Kühlmöglichkeit ist es zumindest bis zum frühen Nachmittag in Ordnung. Daher kann unter der Beachtung einiger grundlegender Verhaltenstipps auch in eher schmuddelig wirkenden Lokalen beruhigt gespeist werden. Goldene Regel: **Koch es, schäl es oder vergiss es.** Vorsicht heißt es, wenn vorgekochte Gerichte viele Stunden in Töpfen oder auf Warmhalteplatten vor sich hin „gären". Speiseeis und Salat sollte man, wenn überhaupt, nur mit Vorsicht genießen.

Als **Getränk** steht oftmals gekühltes Gratis-Wasser in Plastikkaraffen bereit. Allerdings stammt es aus dem Wasserhahn und sollte besser nicht getrunken werden. Mineralwasser ohne Kohlensäure (arab. *ma' maʿdanī),* Tee (arab. *šāy)* und Limonade (Cola, Sinalco, Canada) können überall bestellt werden.

Empfindliche Naturen sollten auch Abstand nehmen von den vielen frisch gemixten **Fruchtsäften** (arab. *ʿaṣīr),* denn sie werden mit Leitungswasser hergestellt. In Touristenrestaurants und teuren Hotels werden Säfte mitunter mit Mineralwasser hergestellt.

Waschbecken, an denen man sich vor und nach dem Essen die Hände und den Mund säubern kann, sind überall vorhanden, Toiletten in den einfachen Lokalen allerdings nur selten. Dazu eine Anekdote von *Daniel van*

Hier gibt es frische Fruchtdrinks und Sandwichs

053je Foto: kk

der Meulen aus „Hadhramaut das Wunderland“: „*Der Sultan schickte uns zwei Ziegen. Er war der Ansicht, daß Reisende zuerst stets etwas essen müßten. Wenn sie nach der Mahlzeit dann guter Laune wären, würden sie zum Sprechen aufgelegt sein. Zum ersten Male seit Aden wuschen wir uns vor dem Essen gründlich die Hände. Ich muß gestehen, daß meine schmutzigen Hände mich nicht sonderlich gestört hatten. Gebratenes, mit einem Taschenmesser geschnittenes Ziegenfleisch, das man mit fettigen Brotscheiben aß, hatte auch aus schmutzigen Händen recht gut geschmeckt. Im Gegenteil, saubere Hände waren wirklich nur lästig, denn jetzt ärgerten wir uns fast darüber, daß neugierige Besucher voller Herzlichkeit die saubere Hand ergriffen und ihren klebrigen Indigoabdruck darauf zurückließen.*“

In typisch-jemenitischen Lokalen zahlt man übrigens nicht beim Kellner, sondern an einem **Kassentisch** neben dem Ausgang. Alle Speisen haben feste Preise. Handeln ist ebenso unüblich wie Trinkgeld.

Müll

Was vielen Touristen schnell unangenehm auffällt, ist Jemens immenses **Müllproblem** – überall, wo Menschen wohnen oder entlangfahren, liegt Abfall jeglicher Couleur herum. Öffentlich aufgestellte Abfalleimer haben gemeinhin Seltenheitswert, sporadisch aufgestellte Müllcontainer quellen oft über und stinken regelrecht zum Himmel.

054je Foto: kk

Doch es gibt immer mehr Städte mit kommunaler **Abfallentsorgung** und zumindest ansatzweiser Abwasserreinigung, wenn auch die Effizienz sehr unterschiedlich ausfallen kann. Und selbst bis der von den Haushalten auf bestimmten Sammelplätzen zusammengetragene Müll abtransportiert wird, gärt er vielerorts tagelang offen in der Sonne und wird von Ziegen, Schafen, Hunden und Katzen zerwühlt. Dörfer bleiben nicht selten außen vor und werfen allen Dreck wie eh und je in die Gosse, ins Flussbett oder den Berg hinunter.

Das Dilemma besteht darin, dass Umweltprobleme unbekannt sind, die Entwicklung eines **Bewusstseins** für den Umgang mit den neuen Materialien konnte nicht Schritt halten mit dem Siegeszug von Wasser in Plastikflaschen, Bohnen in Konservendosen und Motoröl in Einwegkanistern. Eine Lösung des Müllproblemes setzt die Wahrnehmung der Phänomens als solches voraus. Zweifelhafter Lichtblick: Zahllose Ziegen und Schafe leisten einen aktiven Beitrag zur Müllreduzierung.

Junger Holzhändler

Toiletten

Öffentliche Toiletten gibt es vornehmlich in Hotels, Museen und großen Restaurants. In kleinen Teestuben oder Imbisslokalen nur im Ausnahmefall. Auf Überlandfahrten bleibt häufig nur der Weg in die freie Natur, was bei einer Fahrt mit öffentlichen Verkehrsmitteln gerade für Frauen gewisse Probleme mit sich bringen kann.

In besseren Hotels gibt es vielfach die uns bekannten Sitzkeramiken, ansonsten handelt es sich um ebenerdige **Hocktoiletten.** Die Haltung ist für Mitteleuropäer zwar etwas ungewohnt, aber da man im Niederhocken nicht in direkten Kontakt mit den Toiletten kommt, sind sie hygienisch durchaus vorteilhaft – denn Sauberkeit außerhalb der Hotels wäre ein überraschender Ausnahmefall.

In Dörfern finden sich meist **traditionelle Toiletten- und Waschräume,** ohne jegliche moderne Keramik und nicht selten ohne Anschluss an ein Kanalsystem. Der Boden und die Wände traditioneller Toilettenräume sind mit einem Wasser abweisenden Putz aus Kalk und Alabastergips überzogen. Zum Toilettengang oder zum Waschen hockt man sich auf zwei im Boden eingelassene Steine. In ganz alten Häusern werden Urin und Fäkalien strikt voneinander getrennt. Zwei verschiedene Öffnungen im Boden leiten Flüssigkeiten in Sickergruben und Feststoffe in Fallgruben im Erdgeschoss. Ist die Luftfeuchtigkeit niedrig und landen keine Flüssigkeiten (auch kein Wasser) in den Exkrementen, dann trocknen sie schnell und die Geruchsentwicklung ist gering. Die Fäkalienkammern werden regelmäßig von Müllmännern geleert. Einst wurde der Kot auf Hausdächern getrocknet und zum Heizen verwendet – was heute noch selten der Fall ist.

Toilettenpapier sollte man stets bei sich haben, denn da Jemeniten zur Reinigung ihre linke Hand und viel Wasser nehmen, ist es gewöhnlich nicht vorhanden. Das Papier gehört nicht wie bei uns in die Toilette (schnelle Verstopfung), sondern sollte in einen hoffentlich vorhandenen Mülleimer geworfen werden. Steht keine Mülltonne bereit, dann liegt das Papier in einer Ecke vielleicht immer noch besser, als eventuell das Kanalnetz zu verstopfen.

Nicht immer gibt es eine **Toilettenspülung.** Mitunter stehen Wassereimer oder -schüsseln bereit – dann muss man das Wasser mit einem kleinen Behälter aus einem größeren schöpfen. Dabei sollte man niemals das Wasser in dem großen Behälter verunreinigen und stets sparsam sein, denn alles Wasser muss mühevoll ins Haus getragen werden. Oft stehen auch kleine Schöpfbehälter unter einem Wasserhahn.

Übrigens: Bedachte Hausbauer achten darauf, dass Toiletten stets an einer nach Mekka abgewandten Seite angeordnet sind.

055je Foto: kk

Begrüßungen

„Als die Leute uns sahen, zogen sie sich nicht zurück, sondern liefen herbei, um uns die Hände zu küssen, eine Ehre, die sonst nur den Sâda, den Abkömmlingen des Propheten, erwiesen wird. Wir hörten, wie unsere Begleitmannschaft sie ruhig auf ihren Irrtum aufmerksam machte. ‚Aber', widersprachen die Dorfbewohner, ‚mit ihren Bärten und ausländischen Kleidern sehen sie wie Sâda aus'. Nur unsere Tropenhelme erschienen ihnen etwas verdächtig."

(Daniel van der Meulen: „Hadhramaut das Wunderland")

Grußgesten

Begrüßungen sind im Jemen sehr wichtig und haben fast schon **rituellen Charakter.** Also sollte man, selbst wenn man es eilig hat, Ruhe bewahren und wenn es sein muss, das ganze Zeremoniell durchstehen.

Wer wen wie begrüßt, hängt davon ab, **welche Beziehung** zueinander besteht: Werden Würdenträger, Vorgesetzte, Eltern, Geschwister, gute Freunde oder Fremde empfangen? Auch ausschlaggebend ist das Geschlecht des Gegenübers. In der Öffentlichkeit grüßen sich **Frauen und Männer,** die nicht miteinander verwandt sind, üblicherweise gar nicht – und wenn, dann sehr zurückhaltend und möglichst ohne Berührung.

Ausländische Männer sollten fremde Jemenitinnen am besten höflichst ignorieren. Das zeugt von Respekt und erspart der Frau Peinlichkeiten oder gar Entehrungen. Ein großer Fauxpas wäre es, einer unbekannten Jemenitin die Hand zu reichen oder gar ihr freundschaftlich auf die Schulter zu klopfen. Wenn überhaupt, dann sollte lediglich verbal und mit möglichst unaufdringlichem Blickkontakt gegrüßt werden. Anders ist es, wenn ein jemenitischer Ehemann seine Frau vorstellt, damit gibt er dem Fremden quasi die Erlaubnis sie zu grüßen. Sicherlich gibt es auch aufgeschlossene Jemenitinnen, die beispielsweise studiert haben oder mit beiden Beinen fest im Berufsleben stehen. Aber ihnen gegenüber ist es besser abzuwarten ob und wie sie von sich aus grüßen.

Europäische Frauen werden in puncto Begrüßung oft wie ein „Zwischengeschlecht" behandelt: Sie können einem bekannten Jemeniten ihre Hand zum Gruß bieten und gewöhnlich wird ihnen diese auch entgegengestreckt. Gegenüber Fremden ist jedoch Zurückhaltung ratsam. Wenn Frauen in der Öffentlichkeit vom anderen Geschlecht nicht gegrüßt werden, so steckt dahinter keine Ignoranz oder Missachtung, sondern eher respektvolle Distanzwahrung im Sinne der Geschlechtertrennung.

Unter Jemeniten ist ein **Händedruck** zum Gruß eher selten, gegenüber Ausländern jedoch obligat. Sich die Hand zu reichen ist beim Verabschieden gebräuchlich. Allerdings wird der kräftige, „deutsche" Handschlag von vielen als befremdlich empfunden.

Eine unter jemenitischen Geschlechtsgenossen ehrwürdige Grußform sind **Handküsse,** dabei wird einander abwechselnd mehrere Male der Handrücken gereicht, bis quasi als Schlussakt beide ihre eigene Hand küssen. Dabei wird stets die Rechte gereicht, denn die linke Hand gilt als unrein, da diese der Reinigung nach dem Toilettengang dient.

Typisch sind auch drei **Wangenküsschen,** allerdings werden sie nur unter vertrauten Geschlechtskameraden ausgetauscht. Ein Zeichen besonderer Hochachtung ist das **Küssen der Stirn** oder der Kopfbedeckung des Gegenübers.

Viele führen ihre **rechte Hand zum Herzen** (zum eigenen Herzen!) und unterstreichen damit – im wahrsten Sinne des Wortes – ihre Herzlichkeit. Diese ausdrucksstarke Geste können auch Ausländer jederzeit zeigen.

Betritt man als ausländischer Mann einen Raum, in dem sich schon etliche Jemeniten befinden, so sollte er **zuerst den Gastgeber** grüßen, dann die älteren, dann die jüngeren Männer. Entsprechendes gilt, wenn Frauen in eine Damenrunde eintreten. In gemischt-geschlechtlichen Gruppen sind obige Leitsätze bezüglich Geschlechtertrennung zu beachten.

Wer sichergehen will, dass er bei Begrüßungen in kein Fettnäpfchen tritt, sollte **zurückhaltend beobachten,** wie sich sein Gegenüber und die eventuell anderen Anwesenden verhalten und entsprechend reagieren. Im Zweifelsfall lieber zu schüchtern als vielleicht zu forsch auftreten.

Begrüßungsworte

Eine arabische Begrüßung ist eine streng festgelegte Zeremonie, in der man sich höflich **nach der gegenseitigen Gesundheit und dem Wohlbefinden der Angehörigen erkundigt.** Allerdings sollte die direkte Frage „Wie geht's deiner Frau?" ausgeklammert bleiben (es sei denn, eine Frau stellt diese Frage und kennt die Angetraute des Gegenübers persönlich). Lieber pauschal nach dem Wohlergehen der Familie fragen.

Friede sei mit euch – unentbehrliche Grüße auf Arabisch

Hier die einfachsten (daher auch geschlechtsneutral gehaltenen), aber dennoch gebräuchlichsten Grußformen:

- *as-salām ᶜalay-kum* – „Der Friede mit euch" (Willkommensgruß)
- *wa ᶜalay-kum as-salām* – Antwortgruß: „Und Friede mit euch"
- *'ahlan wa sahlan* – „Angehörige und leicht" (Willkommensgruß, mit gleicher Antwortform)
- *'ahlan bi-kum* – „Angehörige mit euch" (Willkommensgruß, mit gleicher Antwortform)
- *marḥaban* – „Hallo" (Willkommensgruß, mit gleicher Antwortform)
- *ṣabāḥ al-ḫayr* – „Morgen des Guten" (= Guten Morgen)
- *ṣabāḥ an-nūr* – Antwort: „Morgen des Lichtes" (= Guten Morgen)
- *masā al-ḫayr* – „Abend des Guten" (= Guten Abend)
- *masā an-nūr* – Antwort: „Abend des Lichtes" (= Guten Abend)
- *ṣabāḥ al-ward* – „Morgen der Rose" (= Guten Morgen)
- *masā al-ward* – „Abend der Rose" (= Guten Abend)
- *ṣabāḥ al-yāsmīn* – „Morgen des Jasmin" (= Guten Morgen)
- *masā al-yāsmīn* – „Abend des Jasmin" (= Guten Abend)
- *kayf al-ḥāl?* – „Wie die Lage?" (= Wie geht's?)
- *kayf al-ᶜā'ila?* – „Wie die Familie?" (= Wie geht's der Familie?)
- *šukran, 'anā bi-ḫayr* – „Danke, ich mit Gutes" (= Mir geht es gut)
- *tamām* – „Gut", „Ok"
- *kull šay ᶜalā mā yurām* – „Alle Dinge wie gewollt" (= Danke, alles ist bestens)
- *al-ḥamdu li-llāh* – „Der Lobpreis für Gott" (= Gottlob, kann man an die Aussage des Wohlbefindens anfügen, dient auch als Erwiderung)
- *ism-ī...* – „Mein Name ..."
- *'anā min 'almāniyā* – „Ich aus Deutschland" (= Ich bin aus Deutschland)
- *al-yaman ǧamīl ǧiddan* – „Der Jemen schön sehr" (= Der Jemen ist sehr schön)
- *maᶜa as-salāma* – „Mit der Wohlbehaltenheit" (= Auf Wiedersehen)
- *'ila l-liqā'* – „Bis demnächst"

056je Foto: kk

Das Ganze ist ein **wortreiches Frage- und Antwortspiel** mit unzähligen Grußformeln. Manche sind nur an bestimmte Situationen, Tageszeiten oder Personen gebunden und bedingen feste Antwortformeln.

Nur vage oder bestenfalls unter guten Freunden wird zugegeben, dass es einem vielleicht gar nicht so gut geht. Auf „Wie geht's?" wird (auch) im Jemen keine genaue Beschreibung der Befindlichkeit erwartet, es geht einfach „Gut – Gottlob". In der arabischen Sprache wird allen erfreulichen Nachrichten – und das sollten auch alle Antworten auf das Wohlergehen sein – **ein Lob auf Gott** angefügt, schließlich ist er der Stifter dieses Glücks.

Als Schlussakt des umfangreichen Begrüßungsreigens werden **gute Wünsche** ausgetauscht.

Hat man ein Anliegen, so fällt man gegenüber Jemeniten grundsätzlich **„nicht mit der Tür ins Haus"**, sondern äußert es erst nach einer gewissen Vorbereitung, wozu auch eine ausgiebige Begrüßung zählt. Die viel direktere Art des Umgangs in westlichen Gesellschaften wird von Jemeniten oftmals als unangenehm und unhöflich empfunden.

Da viele Jemeniten nur wenig oder gar kein Englisch sprechen, sollte man die wichtigsten **arabischen Begrüßungen lernen.** Auch wer mit der fremdartigen Aussprache auf Kriegsfuß steht, sollte gut zuhören, wie Jemeniten es sagen. Schon ein einfaches *„salām ʿalay-kum"* kann ein deutlicher Freundschaftsbeleg sein.

Begegnungen

„Und zeig den Leuten nicht die kalte Schulter(?) (w. verdrehe den Leuten gegenüber nicht deine Backe?) und schreite nicht ausgelassen (und überheblich) auf der Erde einher! Gott liebt keinen, der eingebildet und prahlerisch ist. Schreite gelassen einher (w. Sei mäßig in deinem Schreiten) und dämpfe deine Stimme! Die gräßlichste Stimme haben doch die Esel."

(Koran 31:18-19)

Ruhe zeigen und Gesicht wahren

Was Jemeniten oft schnell und unangenehm auffällt, ist die **Hektik** vieler Europäer. Im Orient herrscht eine andere Auffassung von Zeit, denn „als Gott die Zeit schuf, schuf er sie reichlich". Von Eile war keine Rede. *„Slow going"* ist anerkanntes - und unanfechtbares - Lebensprinzip. Die Worte *„šuwayah, šuwayah"*, „langsam, langsam", sind in aller Munde.

In allen Situationen, insbesondere wenn einem leicht „der Kragen platzen könnte", ist es sinnvoll **Ruhe zu bewahren.** Ungeduld oder gar Zorn führen zu nichts, höchstens zu Unverständnis und zum peinlichen „Gesichtsverlust". Bedachtes „Aussitzen" und „Schönreden" helfen bei Problemen meist mehr als wütende Argumentationsketten oder das Versprühen von „Gift und Galle".

Das Prinzip des **„Gesichtwahrens"**, was bedeutet, dass man weder andere noch sich selber bloßstellt, ist Jemeniten sehr wichtig. Ernsthafte Konflikte gilt es, so gut es geht, zu vermeiden oder zu überspielen. Dem anderen Probleme zu bereiten liegt Jemeniten fern. Klassisch-deutsche Direktheit und Offenheit wird mit Unreife und Naivität gleichgesetzt, bisweilen sogar mit Arroganz.

Als Beispiel dient die unterschiedliche **Bedeutung von „ehrlich".** Für Deutsche heißt dies, aufrichtig die Wahrheit zu sagen, auch wenn es für andere unangenehm sein kann. Wie alle Araber sind auch Jemeniten dagegen sehr beziehungsorientiert und nehmen große Rücksicht auf Harmonien und Freundschaften. So kann es immer wieder vorkommen, dass Jemeniten, wenn man sie nach dem Weg fragt, nett lächeln und spontan in eine Richtung weisen. „Klasse, der kennt sich aus, vielen Dank!", mag man denken. Aber wenig später kann man höchstwahrscheinlich die Fortsetzung erleben, häufig in der Form, dass unterschiedliche Personen auf die wiederholte Frage nach demselben Ziel in völlig entgegengesetzte Himmelsrichtungen weisen. Viele Jemeniten sind ganz einfach so hilfsbereit, dass sie den Hilfe Suchenden nicht enttäuschen wollen und lieber freundlich etwas Falsches sagen, als ihr Gegenüber vor den Kopf zu stoßen. Guten Willen zu beweisen ist sehr wichtig, selbst wenn die Anforderung nicht erfüllt werden kann. Abgesehen davon wäre es ein peinlicher Gesichtsverlust zuzugeben, dass man nicht weiß, wo es lang geht.

Tipp: Möglichst auf Suggestivfragen verzichten. Statt „Ist dies der Weg nach ...?" (arab. *„hāḏā aṭ-ṭarīq 'ilā ...?")* lieber fragen „Wo ist der Weg nach ...?" (arab. *„'ayna aṭ-ṭarīq 'ilā...?")* oder „Dieser Weg führt wohin?" (arab. *„hāḏā aṭ-ṭarīq 'ilā'ayna?").*

„Nein" und „Ja"

Jemeniten ist es sehr wichtig, das „Gesicht zu wahren" und ehrenvoll mit anderen Menschen zu kommunizieren. Klare und eindeutige Aussagen sind eine in Deutschland wohl bekannte Form des Gespräches, im Jemen jedoch gilt es stets zu beachten das Ehrempfinden des Gegenüber nicht zu vereltzen.

In diesem Sinne wäre es auch unhöflich, direkt „Nein" zu sagen. Klare **Absagen** werden lieber vermieden. Nach westlichen Maßstäben klingt es nicht sehr offen oder gar unehrlich, wenn man Sachlagen verschleiert, nicht aber nach jemenitischem Denken. So gilt es auch als höflich, Angebotenes - das sicherlich gerne angenommen würde - zunächst ritterlich abzulehnen oder sich zögernd zu zieren. Jemeniten können sehr dezent mittels Körpersprache ein „Nein" ausdrücken. Weit verbreitet und eindeutig sind das Heben der Augenbrauen oder auch das leise Schnalzen mit der Zunge („ts, ts").

In diesem Zusammenhang kann jemenitische **Zustimmung** vorschnell als Begeisterung aufgefasst werden. Ein mildes „Ja" ist oft nicht mehr als ein „Vielleicht" oder sogar ein höfliches „Nein".

Folgende **Verallgemeinerung** klingt vielleicht oberflächlich, beinhaltet aber viel Typisches: Wenn ein diplomatischer Jemenite „Ja" sagt, meint er „vielleicht"; wenn er „vielleicht" sagt, meint er „nein"; wenn er „nein" sagt, ist er sehr ungalant. Und um dem Ganzen die Krone aufzusetzen, kann das allgegenwärtige *„'in šā'a llāh"* alles oder nichts bedeuten.

Diese speziellen Formen der Höflichkeit können bei Europäern schnell zu **Missverständnissen und Unsicherheiten** führen: Was will der Jemenite mit dieser Erwiderung wirklich mitteilen? Habe ich die jemenitische Antwort richtig interpretiert? Deutsche empfinden die jemenitischen „Höflichlichkeitsaussagen" und das „kulturelle Zögern" häufig als „unehrlich", „unschlüssig", „doppeldeutig" oder „drumherum reden".

Man kann den jemenitischen Mitteilungen auf den Grund gehen, indem man zum einen versucht „zwischen den Zeilen zu lesen" und zum ande-

057je Foto: kk

ren **mehrmals nachfragt.** Wenn nach zwei- bis dreimaligem Nachhaken keine Änderung im Verhalten auftritt (wobei eine solche Änderung nach jemenitischem Denken durchaus legitim ist und nicht von Inkonsequenz oder Unehrlichkeit zeugt), dann war die Ausgangsaussage tatsächlich so gemeint. Entsprechend sollte man Jemeniten auch ruhig mehrmals etwas anbieten – das ist nicht aufdringlich, sondern entgegenkommend.

Und sinngemäß gastlich und rücksichtsvoll ist es, gegenüber ausgesprochenen, gerne angenommenen Einladungen zunächst **dezente Zurückhaltung** zu zeigen. Ist eine jemenitische Offerte ernst gemeint, wird sie durchaus nochmals geäußert. Wer eine Einladung wirklich nicht annehmen will, muss allerdings auch mehrmals standhaft ablehnen – am besten ohne direktes „Nein".

Körperkontakte

Vorsicht heißt es bei Körperkontakten **zum anderen Geschlecht.** Unbekannte Männer sollten einer Jemenitin niemals zu nahe treten, denn damit wird nicht nur die Frau entehrt, sondern auch deren Familie. Europäerinnen sollten gegenüber arabischen Männern höfliche Distanz wahren.

Paare sollten auf jeglichen Ausdruck von Zärtlichkeiten in der Öffentlichkeit verzichten und diese nur in trauter Zweisamkeit bei geschlosse-

Körperkontakte zwischen Männern –
alltägliche Belege für Vertrautheit unter guten Freuden

nen Vorhängen austauschen (nach jemenitischem Denken gilt allein derjenige als „Übeltäter", der die Gardinen offen lässt, nicht derjenige, der ungeniert hineinsieht – dieses Prinzip gilt im übertragenen Sinne für viele Sachverhalte).

Unter **jemenitischen Geschlechtsgenossen** sind Zärteleien durchaus verbreitet, Frauen schlendern Arm in Arm durch den Park, Polizisten sieht man auch mal Händchen haltend Streife gehen. Freundinnen und Freunde begrüßen sich jeweils untereinander mit Wangenküsschen wie auch Schwestern und Brüder. Das Ganze hat nichts mit Homosexualität zu tun. In allen muslimischen Ländern sind die freundschaftlichen und verwandtschaftlichen Bande zwischen Menschen desselben Geschlechts weitaus stärker ausgeprägt, als dies bei uns in Europa bekannt ist. Kumpanei zwischen Mann und Frau gibt es nur als Besonderheit.

Expressiv oder reserviert?

Unterhaltungen zwischen Jemeniten werden oft **lautstark und temperamentvoll** mit ausdrucksvoller Gestik und Mimik geführt (das trifft hauptsächlich auf Männer zu, Frauen verhalten sich vor allem in der Öffentlichkeit eher unauffällig). Für Deutsche sieht es schnell so aus, als ob sich zwei Kontrahenten streiten und gleich „an die Gurgel gehen". Das Vorurteil vom Jemeniten als harter und unbändiger „Krieger" scheint bestätigt. Doch oftmals täuscht diese Wahrnehmung. Der „normale" Tonfall ist durchaus rüder und schroffer, doch dahinter steckt so schnell kein Konflikt. Man sollte sich von ausdrucksstarkem und emotionalem Verhalten nicht so schnell abschrecken lassen oder gar angegriffen fühlen. Wer genau hinsieht, wird den „Schalk in den Augen" erkennen oder „dass nicht alles so heiß gegessen wie gekocht wird".

Bei echten **Streitigkeiten** gilt es, „Gesicht zu wahren". Ein Konflikt sollte in der Öffentlichkeit niemals bis zum Letzten ausgetragen werden, keiner sollte als alleiniger Sieger dastehen. Um den Streit beizulegen, sollten Anknüpfungspunkte für Verhandlungen gesucht werden. Wenn das gelungen ist, folgen meist ein Schulterklopfer und der gemeinsame Gang zur Teestube.

Das Schema zur Bewertung zwischenmenschlicher Kommunikation muss im Jemen anders ausfallen als in Deutschland. Der Grad der Ausdruckskraft ist in bestimmten Trends kulturtypisch. Araber neigen zur **Expressivität,** Deutsche eher zum **reservierten** Verhalten. Daher ist es besonders wichtig, nichts voreilig zu deuten und genau hinzusehen.

Nicht nur in Sprache und Gestik, auch im **Distanzverhalten** haben expressive und reservierte Menschen andere Maßstäbe. Der natürliche Abstand, den fremde Jemeniten (desselben Geschlechtes!) voneinander halten, ohne das „Wohlbefinden" des anderen zu verletzen, ist geringer als der von Deutschen untereinander. Deutsche glauben schnell, man wolle ihnen „auf die Pelle rücken". Auch ist es für so manchen Westeuropäer schnell unangenehm, wenn er bei einer jemenitischen Begrüßung mehrere Wangenküsschen aufgeschmatzt bekommt oder selbstredend umarmt wird.

Ähnlich verhält es sich mit **Blickkontakten:** Jemeniten möchten die Augen und den Gesichtsausdruck ihres Gegenübers gerne beobachten, lange direkte Blickkontakte während eines Gespräches sind nichts Ungewöhnliches, stoßen aber bei reservierten Menschen schnell auf Unbehagen. Andererseits werden Deutsche wegen ihrer typisch zurückhaltenden Art des Augenkontaktes von Jemeniten leicht als arrogant oder herablassend empfunden.

Typische Gesten

Folgende Gesten, die jeweils mit der rechten Hand ausgeführt werden, sind augenfällig:

Der Daumen wird zu den anderen Fingern geführt, der Arm wird nach oben ausgestreckt und die Hand leicht auf und abbewegt: *„šuwayah, šuwayah"*, **„langsam, langsam",** „immer mit der Ruhe", die Lieblingsgeste im Jemen.

Der Arm wird nach vorn ausgestreckt und mit nach unten zeigender Handinnenfläche wird gewinkt: **„Komm her".** Eine Person wie bei uns mit nach oben zeigender Handfläche heranzuwinken, gilt als sehr unhöflich.

Der Zeigefinger wird ans Kinn gelegt oder man fasst sich ans Kinn: „Beim Barte des Propheten, das ist verwerflich!", drückt deutliche **Ablehnung** aus.

Mit einem zum Himmel erhobenen Zeigefinger ruft ein frommer Jemenite die himmlische Instanz zur **Zeugenschaft über seine Worte** oder Taten auf.

Die Handfläche wird offen nach oben gerichtet und schnell gedreht: „Was?", **„Was ist los?",** kann verschärft und mit entsprechend ergänzter Mimik auch monierend im Sinne von „Was willst du?!", „Geh' weiter!" gebraucht werden.

Beide Zeigefinger werden ausgestreckt, alle anderen Finger nach unten zur Rest-Faust geschlossen, dann werden die Zeigefinger parallel nebeneinander gelegt und die Hände vor- und zurückbewegt: Symbol für **„Freundschaft"**, gegenüber einem Touristenpärchen auch als Synonym für „verheiratet" gebraucht.

Umgang mit Zeit

Generell gesehen ist das jemenitische Verständnis von „Zeit" **stärker gegenwarts- als zukunftsbezogen.** Das Vorstellungsvermögen für mögliche zukünftige Probleme ist eher bescheiden ausgeprägt und es wird nicht in dem Maße vorweggedacht, wie es beispielsweise in Deutschland typisch ist. Das bei uns verbreitete „Wenn-Dann-Denken" ist im Jemen ungeläufig. Probleme werden für gewöhnlich erst dann gelöst, wenn sie wirklich da sind – was durchaus auch etwas für sich haben kann (zumindest im gewissen Rahmen).

Jemenitisch gesehen liegt die **Zukunft allein in Gottes Hand** und Gott darf (und braucht) der Mensch nicht ins Handwerk pfuschen. Die Dinge werden schon ihren Gang gehen – *'in 'šā'a llāh.* Das Vertrauen in Gottes Wege ist groß – ebenso die jemenitische Gabe zur Improvisation.

In Bezug auf **Zeit- und Termintreue** vertreten Deutsche die Ideologie, dass Pünktlichkeit eine wichtige Tugend ist, doch im Jemen gelten andere – sprich zeitoffenere – Maßstäbe. Bei Verabredungen sollte man immer bedenken, dass beispielsweise „12 Uhr" ein dehnbarer Begriff ist – solange es noch nicht ein Uhr ist – und selbst danach ist es immerhin noch Mittag ... Wer sichergehen will, kann versuchen, ob er bei der Formulierung „12 Uhr deutsche Zeit" nicht so lange warten braucht. Oder man kommt eben von vornherein ein Weilchen später – allerdings nicht zu viel, denn von Ausländern weiß man ja, dass sie zeitig sind, weswegen sich so mancher Jemenite sehr um „europäische" Pünktlichkeit bemüht.

Bredouillen entstehen vor allem, wenn Zeittreue nach deutschen Maßstäben als eine wesentliche Form der Respekterweisung angesehen wird. Manche Deutsche setzen Unpünktlichkeit mit einem Mangel an Achtung, wenn nicht sogar mit Dreistigkeit oder Frechheit gleich – und übersehen dabei, dass sie sich im zeitoffenen Arabien aufhalten. Am besten ist es, sich den lokalen Gegebenheiten vollends anzupassen und beispielsweise „vor/nach dem Mittagsgebet" zu vereinbaren. Denn: Muss eine Zeitangabe immer präzise sein? Gott hat reichlich Zeit gegeben – also können die Menschen sich diese auch gönnen ...

Zu guter Letzt: Während – typisch deutsch gedacht – Unpünktlichkeit als taktlos gilt, so ist es auf der anderen Seite gleichermaßen unhöflich, Je-

Problemlösungen auf Jemenitisch

Eigentlich sind Miseren selten, zumindest kann man dies gemeinhin hören, wenn man direkt danach fragt. Auf *„fī muškila?"*, „Gibt es ein Problem?" folgt schnell *„muš muškila!"*, „Kein Problem!".

Aber wenn dem doch mal so ist, dann verbirgt sich ein allgegenwärtiges Prinzip zur Lösung des Dilemmas hinter dem arab. *maʿīlš*. Je nach Kontext bedeutet *maʿīlš*: „macht nichts", „nicht zu ändern" oder auch „war nicht so gemeint", „Schwamm drüber". Hinter dem Wort steckt der Gedanke, Geschehnisse, die bereits passiert und nicht zu ändern sind, einfach zu akzeptieren. Mit Ärgernissen des Alltages kann man so sicher besser fertig werden. Doch viele Europäer macht die *maʿīlš*-Gelassenheit nervös, sie sehen dahinter eine vorschnell gebrauchte Floskel um Nachlässigkeiten und Gleichgültigkeiten zu entschuldigen. Auch bei schweren Schiksalsschlägen wird *maʿīlš* als Lösungs- und Beschwichtigungsprinzip benutzt und Ergebenheit in den von Gott gegebenen Lauf der Dinge bekundet.

Ein weiteres Wort, das exemplarisch für die jemenitische Denkweise ist, lautet arab. *ʿādī*. Es heißt so viel wie „völlig normal", „das ist nun mal so", „egal" und bezeugt eine gelassene Reaktion auf viele Missstände des Alltags: wenn das Mofa wieder einmal kaputt ist, wenn es zu Hause kein Wasser mehr gibt oder der Strom ausfällt, wenn kurz zuvor ein Lastwagen von der Straße abkam und den Abhang hinunter raste, wenn bei nächtlichen Scharmützeln ein Mann erschossen wurde ... alles *ʿādī*. Das Wort soll wie eine Beruhigungspille wirken, denn was normal ist, kann schließlich kein allzu großes Problem sein.

All das soll natürlich nicht heißen, dass im Jemen Probleme nicht erkannt oder nicht ernst genommen werden. Jedoch sind die Maßstäbe für das, was mit Gewohnheit, Gleichmut und Fügsamkeit in Gottes Willen hingenommen wird, völlig anders als bei uns in Deutschland. Wie auch immer das zu bewerten ist, es ist sehr interessant die Augen auf zu halten. Und es kann nicht schaden, sich zumindest gegenüber manchen Geringfügigkeiten eine Scheibe jemenitischer Fassung abzuschneiden – denn wer durch Jemen reist, kann so mitunter seine Nerven sehr schonen: Kein warmes Wasser im gesamten Hotel? – *ʿādī!* Das Flusstal ist überflutet und die Reiseroute muss geändert werden? – *maʿīlš!* Kalaschnikow-Salven? – *ʿādī*, denn da muss nicht unbedingt eine Entführung im Gange sein, wahrscheinlich üben nur ein paar Jungs Zielschießen oder es sind Freudenböller, weil irgendwo ein Fest stattfindet.

meniten, die sich nicht an ein **Zeitdiktat** anpassen möchten, zu bevormunden.

In diesem Zusammenhang sticht allerdings ein entgegengesetztes Phänomen ins Auge: Obwohl Gott doch so viel Zeit gegeben hat, fällt es unzähligen Jemeniten in einigen Situationen unglaublich schwer, **Geduld** zu zeigen. Drängeln am Postschalter, hinter Behörden-Bearbeitungstischen oder beim Einsteigen in einen Minibus ist nichts Ungewöhnliches. „Platz da, jetzt komm' ich", scheint überall dort angesagt zu sein, wo eigentlich orientalischer Gleichmut im „Schlange Stehen" Trumpf wäre.

Religion respektieren

„Die Fremdenfeindlichkeit der Araber hat aber noch einen tieferen Grund; sie wurzelt in dem, was das Wesen jener Menschen bestimmt: in der Religion. Nun ist der Islam in hohem Grade exklusiv; er ist, man könnte sagen, von einem passiven Fanatismus beseelt. Dem Ungläubigen gegenüber - und das ist jeder, der nicht zur Gemeinschaft Allahs gehört - verschließt sich der Moslem; er sieht in ihm kein vollwertiges Geschöpf Gottes; er steht ihm mit Abneigung und Mißtrauen gegenüber; er will keine Gemeinschaft mit ihm und verwehrt ihm den Einblick in sein Denken und Fühlen."

(Hans Helfritz: „Entdeckungsreisen in Süd-Arabien")

Reisekleidung

Kleidung und Moral stehen im Jemen in engem Zusammenhang, Reisebekleidung sollte deshalb sowohl bei Frauen als auch bei Männern möglichst **viel Haut bedecken.** Verhüllend, weit und farblich dezent sind die wichtigsten Eigenschaften, die die Urlaubsgarderobe aufweisen sollte. Mittels eines angepassten Kleidungsstiles bekundet man Respekt, den man dem Land und seinen Anstandsregeln entgegenbringt, vermeidet es, Jemeniten in Verlegenheit zu bringen und zu guter Letzt auch sich selber als schamlos darzustellen. Letztendlich provozieren insbesondere Frauen mit offenherziger Kleidung nach jemenitischem Denken unsittliches Verhalten, „Schuld" hat einzig die Trägerin. Die Vorstellung, dass Männer eventuelle begehrliche Blicke oder lüsterne Gefühle im Zaum halten sollten, liegt den Jemeniten fern.

Auf europäischen **Frauen** lastet das Vorurteil, quasi zu jedermann sexuell sehr freizügig zu sein. Züchtige Garderobe kann dazu beitragen, dass Jemeniten dieses Urteil revidieren. Ein paar Tipps: Natürlich ist gepflegte und saubere Kleidung Trumpf. Modisch auf dem neuesten Stand, schick oder gar elegant gekleidet brauchen Touristinnen höchstens im 5-Sterne-Hotel zu sein. Oberteile (Blusen, Hemden) sollten bis unter die Ellebogen und unter den Po reichen, Hosen am besten knöchellang und weit sein. Auch wallende Kleider oder Röcke sind o. k., aber bitte mit langer Hose drunter (entsprechen dem jemenitischen Verständnis einer Unterhose). Lange, offen getragene, womöglich noch blonde Haare gelten genau wie nackte Haut als Sexsymbol und können das Blut eines Jemeniten ganz schön in Wallung bringen. Lange Haare sollten besser zusammengebunden werden. Es wäre schön, wenn möglichst viele Ausländerinnen ein

Kopftuch tragen würden, es wird zwar nicht erwartet, ist aber quasi das Tüpfelchen auf dem i.

Auf Bikinis sollte „frau" am besten verzichten (auf „weniger" natürlich erst recht) und an Hotelpools oder Privatstränden besser Badeanzüge tragen. Jemen ist schlicht und einfach kein Land für Strandurlaub. Wer an öffentlichen Stränden in die Fluten steigen möchte, sollte es den wenigen Jemenitinnen nachmachen und dies in einem langen blickdichten Baumwollkleid (und sei es ein Nachthemd) tun.

Männer sind gut beraten, kurze Hosen und Muskelshirts für einen Poolbesuch aufzusparen und eventuelle Ohrringe herauszunehmen. Wer in Shorts durch die Gassen geht, macht sich bestenfalls lächerlich, da diese im Jemen als Unterhose getragen werden. Beschimpfungen, Maßregelungen und fliegende Steine könnten weitere Reaktionen auf solche Rücksichtslosigkeit sein.

In heißen Gegenden empfehlen sich **leichte Stoffe,** wie die Naturstoffe Baumwolle, Leinen, Hanf und Seide, aber auch Kunststoffe wie Viskose oder moderne Mikrofasern.

Ramadan

Während des heiligen muslimischen Fastenmonats Ramadan sollten auch Ausländer es vermeiden, tagsüber **in der Öffentlichkeit zu essen** – auch keinen Kaugummi kauen oder Bonbon lutschen –, zu trinken oder zu rauchen. Was hinter den Türen und geschlossenenen Gardinen der Hotelzimmer vorgeht, interessiert nicht weiter. Kinder, Kranke und Schwangere brauchen sich nicht an diese Ramadan-Regeln zu halten.

Nahezu alle **Restaurants, Imbisse und Teestuben** haben tagsüber geschlossen. Eine Ausnahme bilden **Touristenhotels,** in denen man sein Essen wie gewohnt serviert bekommt – wenn auch in abgeschlossenen Räumen, hinter blickdichten Vorhängen oder in sichtgeschützten Innenhöfen. Tagsüber einzukaufen ist völlig in Ordnung, solange **Lebensmittel** brav in eine Einkaufstasche gepackt werden, um bei Fastenden keinen Appetit zu erwecken.

Die größte **Einschränkung** besteht für viele nicht unbedingt darin aufs Essen zu verzichten, sondern darin nichts zu **trinken,** auch wenn die Sonne eventuell noch so brennt und die Kehle ausgetrocknet ist. Raucher haben neben Durst noch mit Schmacht zu kämpfen.

Tagsüber verläuft das öffentliche Leben mit **Einschränkungen,** Banken und Behörden, Büros, Museen haben verkürzte Öffnungszeiten. Viele Jemeniten machen die Nacht über durch und sind tagsüber entsprechend müde oder gereizt – typische Entschuldigung: „Ich faste ...".

Trotz gewisser Entbehrungen hat der Ramadan auch **Vorteile:** Tagsüber ist es ruhiger, was von vielen Reisenden als angenehm empfunden wird. Nahezu alle haben ihre (Freizeit-)Aktivitäten auf den Abend verlegt – die Nacht wird quasi zum Tag.

Typischer-Ramadan-Tagesablauf: Gefrühstückt wird kurz nach Sonnenuntergang, der Ruf des Muezzin sowie Kanonen- oder Böllerschüsse legitimieren die Nahrungsaufnahme. Die Stunde zuvor herrscht große Hektik, denn alle wollen noch schnell was einkaufen (Lebensmittel oder *qāt)* oder schnell wohin fahren (vorzugsweise nach Hause oder in ein Restaurant) und dies alles überreizt und mit knurrendem Magen. Abendgebet und Frühstücken sind die wichtigsten Aktionen in den ersten Stunden nach Sonnenuntergang. Das Gros der Geschäfte hat geschlossen, alle sind irgendwo mit Essen beschäftigt – und sei es nur ein Snack vor dem Festmahl. Während der Abendstunden greift Betriebsamkeit um sich: im *sūq* einkaufen, zur auf die Abend- und Nachtstunden verlegten *qāt*-Runde eilen, Freunde zum Festschmaus treffen, mit der Familie im Park picknicken ... Geschäfte haben bis in die Nachtstunden geöffnet, Restaurants schließen oft erst in den frühen Morgenstunden. Um Mitternacht gibt's Mittagessen. Danach wird es draußen ruhiger, die sonst nachmittägliche Siesta hält Einzug. Ganz wichtig ist das Abendessen kurz vor Sonnenaufgang, anschließend heißt es für viele „Gute Nacht". Entsprechend ruhig ist es vormittags. Alle diejenigen, die dann arbeiten müssen, haben nachts ein paar Stunden Schlaf gesucht. In den Schulen findet verkürzter Unterricht statt, frühestens ab 10 Uhr.

Wer während des Ramadan wichtige Formalitäten oder Geschäfte zu erledigen hat, wird einen schweren Stand haben. In nahezu allen Bereichen sind Effektivität und **Produktivität** stark eingeschränkt. Insbesondere unliebsame Erledigungen werden gerne verschoben. Das gibt es auch außerhalb des Ramadan, doch heißt es nun nicht *„bukra"*, „morgen", sondern *„baʿd al-ʿīd"*, „nach dem Fest", also nach den Festtagen nach Ramadan – *ʾin šāʾa llāh ...*

Übrigens kosten die nächtlichen Nachholbedürfnisse **viel Geld,** im Ramadan lässt man es sich gerne gut gehen und es wird oftmals weitaus mehr für Lebensmittel ausgegeben als in anderen Monaten. Jemenitische Angestellte bekommen ein 13. Monatsgehalt, entsprechend unserem Weihnachtsgeld, denn nicht nur der Ramadan ist teuer, auch die Festtage danach sind es.

Das Schönste am Ramadan ist das Fastenbrechen am Ende des Monats. Das vier- bis fünftägige **Fest ʿīd al-fiṭr** gibt Anlass – ähnlich unserem Weihnachtsfest – zu ausgiebigem Schlemmen und Feiern. Auf zuvor abgehaltenen Märkten werden alle benötigten Speisen, Vieh, neue Garderobe und Geschenke feilgeboten. Kinder werden mit Süßigkeiten und Geschenken überhäuft, alle ziehen schöne, neue Kleidung an, Familienmitglieder und Freunde werden reihum besucht. Passende **Festtagswünsche** sind: „*ʿīd mubārak*" („gesegnetes Fest") oder „*kull ʿāmin wa ʾantum bi-ḫayr*" („jedes Jahr und ihr seid im Guten"); beide Glückwünsche sind übrigens zu allen Festen gebräuchlich.

Moscheebesuch

In den meisten jemenitischen Moscheen ist **nur Muslimen der Zutritt gestattet** – insbesondere in zaiditischen Landesteilen. In einzelnen **Moscheen in Touristenzentren,** z. B. Moschee *Al-Ǧanad* bei *Taʿizz* (Taizz), *Arwā*-Moschee in *Ǧibbla* (Dschibbla) und *ʾAšrafīya*-Moschee in *Taʿizz,* finden Andersgläubige Eintritt – zumindest in den Innenhof, nur in Ausnahmefällen jedoch in Bereiche, die einen mit arab. *ḥarīm* („geheiligter Ort") bezeichneten Status besitzen, wie etwa der Gebetsraum. Doch auch wenn dies der Fall ist, bleiben die Pforten zur Zeit der Pflichtgebete, insbesondere während des Freitagmittagsgebetes, der wichtigsten Andacht der Woche, geschlossen.

Doch ansonsten sollte man keinesfalls einfach so versuchen in eine Moschee einzutreten, das gebietet der Respekt gegenüber dem Islam. Wer unbedingt eine andere Moschee besuchen möchte, sollte einen bekannten Jemeniten um Begleitung bitten oder eine Genehmigung des vorstehenden Imam einholen.

Bei einem Moscheebesuch gelten folgende **Regeln:**

Vor dem Betreten der Moschee (manchmal auch erst vor Betreten des Gebetssaales) muss jeder seine **Schuhe ausziehen.** Mitunter stehen Regale bereit, in welche die Schuhe hineingestellt werden können, oft bleiben sie aber einfach vor dem Portal liegen. Wer (unbegründeterweise) Angst um seine wertvollen Treter hat, kann diese auch mit hinein nehmen, sie sollten aber mit aneinander gelegten Sohlen getragen und nirgendwo abgestellt werden. Der Grund ist ganz einfach: Schuhe sind meist dreckig und wer möchte schon den Ort, an dem er sich zum Gebet niederlässt, schmutzig wissen. Doch nicht nur die objektive Sauberkeit ist wichtig, auch die rituelle Reinheit gilt es zu wahren.

Sowohl Männer als auch Frauen sollten **körperbedeckt bekleidet** sein – doch das sollte im Jemen ohnehin stets der Fall sein.

Frauen müssen ihr Haupthaar mit einem **Kopftuch** bedecken.

Minarett in ʿ*Adan* (Aden)

058je Foto: kk

Bitte keines der bereitliegenden **Koran-Bücher** berühren. Der Koran ist heilig und strenge Muslime sehen es nicht gerne, wenn er mit vielleicht schmutzigen Händen oder unreinen Gedanken angefasst wird.

Nicht direkt vor einem Betenden hergehen, denn dadurch verliert das Gebet seine Gültigkeit und derjenige darf noch einmal von vorne anfangen, sich an Gott zu wenden.

Bitte **respektvoll fotografieren** oder filmen und keinen Betenden ablichten – auch nicht heimlich!

Leises und **unauffälliges Verhalten** sollte selbstverständlich sein.

Konversation mit Diplomatie

Bei **Gesprächen über Religion** ist Zurückhaltung geboten, insbesondere wenn man sein Gegenüber noch nicht gut kennt. Je besser man miteinander befreundet ist, desto offener kann ein Meinungsaustausch natürlich geführt werden.

Wenn sich das Thema bei aller Höflichkeit nicht ausklammern lässt oder man Interesse am Austausch hat: Bitte **keine Kritik** am Islam üben. Bei kontroversen Diskussionen lieber die Zuhörerrolle annehmen. Tipp: Positive Merkmale hervorheben (Familienzusammenhalt, Almosengaben, Glaube an einen einzigen Gott ...) und kulturelle oder historische Errungenschaften anerkennen. Bitte nicht der Versuchung erliegen, mit Wissen zu brillieren, das steht jeder positiven Gesprächsentwicklung im Wege. In heiklen Situationen kann man immer gut dazu übergehen, Verständnisfragen zu stellen.

Es ist geschickter, sich **als Christ auszugeben,** wenn man atheistisch eingestellt oder aus der Kirche ausgetreten ist. Keiner Religion anzugehören ist für Jemeniten unvorstellbar und unfassbar, es kommt einer Gotteslästerung gleich. Viele wissen erstaunlich genau über das Christentum Bescheid – nicht selten mehr als man selbst. **Parallelen ziehen** ist geschickter, als eventuelle Vorzüge der einen Religion gegenüber der anderen zu erörtern. Kritik am eigenen Glauben sollte höflich, aber bestimmt abgeblockt werden, egal ob die Kritik berechtigt oder unberechtigt ist. Wer sich auf Diskussionen darüber einlässt, riskiert, dass das Gespräch in Missstimmung endet.

Unbedingt vermeiden sollte man es, in **innermuslimische Gespräche** einzusteigen. Lieber Erkenntnisse aus dem Zuhören schöpfen.

Die von Jemeniten gerne gestellte Frage, warum man denn nicht **zum Islam übertreten** wolle, lässt sich geistreich mit dem Argument beantworten, dass man lieber die (natürlich christliche) Religion seiner Eltern beibehalten möchte.

Ähnlich diplomatisch sollte man sich auch äußern, wenn das Gespräch auf **Politik** kommt.

Ratsam ist es oft, auf im Vergleich zu Religion und Politik **unverfänglichere Gesprächsthemen** überzuleiten, wie etwa Familienstand, Anzahl und Kurzporträts der Kinder, eine Schilderung besuchter Orte und Sehenswürdigkeiten und ein Lob auf die Schönheiten des Jemen.

Zu diesem Thema ein interessanter Auszug aus *Freya Starks* „Die Südtore Arabiens". Vorweg die Erklärung, dass mit den in dem Zitat benutzten arabischen Begriffen „Nasrani" bzw. „Nasara" Christen („Nazarener") bezeichnet werden; mitunter sind diese Vokabeln abfällig gemeint: *„‚Aber du bist eine Nasrani', sagte einer von ihnen – ein hellhäutiger mit einem gelben Kaschmirturban auf dem Kopf, was einen besonderen Luxus bedeutet. ‚Du wirst in der Hölle schmoren.' Die Umsitzenden, das war ersichtlich, konnten zwar nicht umhin, dieser Feststellung zuzustimmen, mißbilligten jedoch die rücksichtslose Art, in der sie gemacht wurde. Ich war nicht gewillt, beizupflichten, und merkte an, die Nasara seien Leute des Buches. ‚Vor dem Tage des Gerichtes', sagte ich, ‚werden sie versammelt werden durch ihren Propheten, Jesus, und die Juden werden durch Moses versammelt werden, und der Gesandte Gottes, Gott segne und bewahre ihn, wird die Gläubigen versammeln, und alle werden ins Paradies eingehen. Eure Überlieferungen sagen zwar, daß unser Prophet etwas später eingehen wird als der Gesandte Gottes – aber die Ewigkeit ist sehr lang, und ich werde mich auch, wenn ich erst etwas später als ihr dazu komme, daran erfreuen.'"*

Männerwelten – Frauenwelten

Auch Reisende haben das nach islamischen Regeln geltende – und in weiten Teilen Jemens relativ streng eingehaltene – Prinzip der Geschlechtertrennung zu **respektieren.**

Ausländerinnen haben den Vorteil, sowohl in die Frauen- als oft auch in die Männerwelt Zugang zu finden. Sie werden oft als eine Art „Zwischengeschlecht" aufgenommen, d. h., sie finden in mehr Bereiche des muslimischen Männerlebens Zugang als einheimische Frauen – erst recht, wenn sie in Begleitung eines Partners sind. Es wird überwiegend akzeptiert, wenn Ausländerinnen in eine Teestube gehen, in der Öffentlichkeit Wasserpfeife rauchen, mit fremden Männern auf der Straße sprechen oder an *qāt*-Runden der Herren teilnehmen – auch wenn es als unschicklich gilt. Im Bewusstsein darüber, dass es sich eigentlich um eine „Grenzüberschreitung" handelt, können Ausländerinnen solche „unfraulichen" Sonderrechte taktvoll in Anspruch nehmen, sie sollten jedoch niemals darauf beharren.

059je Foto: kk

Männern - egal ob einheimischen oder ausländischen - bleiben Frauendomänen grundsätzlich verwehrt. Arabische Frauen, Frauengesellschaften und Frauenbereiche werden mit dem ausdrucksstarken arabischen Begriff *ḥarām* bezeichnet, was übersetzt werden kann als „verboten", „unantastbar". Nicht-jemenitische Herren sollten entsprechend umsichtig sein und niemals zu tief in diese fremde Welten vordringen. Schon das Ansprechen einer Jemenitin, um sie bloß nach dem Weg zu fragen, gilt als äußerst taktlos; wider allen Anstands wäre es, sich in einer rein aus Damen bestehenden Warteschlange anzustellen.

Fotografieren

Beim Fotografieren - und besonders beim Filmen - von Jemeniten sind **Höflichkeit und Einfühlungsvermögen** oberstes Gebot. Die Würde der Menschen sollte gewahrt bleiben, niemand sollte zum „Motiv" degradiert werden, das quasi „abgeschossen" wird.

Für Muslime, die den Islam streng interpretieren, ist die Abbildung von Menschen in jeglicher Form verpönt. Aus Respekt sollte man keine Nahaufnahmen machen, ohne **Zustimmung zu erfragen.** Absagen sollten akzeptiert werden und einem nicht die Laune verderben. Dies gilt insbesondere gegenüber Jemenitinnen. Eine Fotoerlaubnis ist manchmal sehr einfach zu erhalten, am leichtesten durch die kurze Frage *„Mumkin ṣūra?"*, „Möglich Foto?" oder durch auffällige Zeichensprache und Deuten auf den Fotoapparat.

Manche Jemeniten sind jedoch regelrecht stolz darauf, **als Motiv auserkoren zu werden,** rücken den Krummdolch gerade und bringen sich auffällig in Positur - auch wenn die Kamera gar nicht auf sie gerichtet ist. Kinder drängen sich oft mit lautstarkem *„ṣūra, ṣūra"* („Foto, Foto") regelrecht danach fotografiert zu werden - nicht selten folgen Forderungen nach Kugelschreibern (arab. *qalam)* oder Geld (arab. *bakšiš*, auch *flūs)*, die aber mit einer Portion Humor oder einem netten, aber bestimmten Lächeln abgelehnt werden sollten. Manche hoffen, nach dem Knipsen ein fertiges Foto geschenkt zu bekommen, da aber nur wenige Reisende eine Sofortbildkamera mit sich führen, sollte man Enttäuschungen rechtzeitig vorbeugen: *„mā fī ṣūra fawran"* („Es gibt kein Foto sofort."). Dazu eine Schilderung von *Daniel van der Meulen* aus „Hadhramaut das Wunderland": *„Eine Horde von schmutzigen Kindern lief uns Bakhshîsh schreiend entgegen, und hüllte uns in eine Wolke von Staub. Sie waren alle begierig, photographiert zu werden, und stießen sich gegenseitig von unseren Objektiven weg; es war unmöglich, etwas in Ruhe zu betrachten."*

Vermeiden sollte man es auch, Situationen zu knipsen, die für den Fotografierten **erniedrigend** wirken, z. B. weil sie ihn in Armut zeigen. Ohne ausdrückliche Erlaubnis sollte man selbstverständlich keine **religiösen Zeremonien** ablichten. Vorsicht gilt auch überall dort, wo die **Staatsflagge** weht, z. B. auf Flughäfen, vor Militäreinrichtungen oder Verwaltungsgebäuden, nahe Ölfördereinrichtungen, an Grenzanlagen oder bei Straßenkontrollen. Manche Staatsbedienstete glauben schnell, es handele sich um Spionage, die Folgen können je nach Einzelfall vom Filmverlust über die Konfiszierung der Kamera bis schlimmstenfalls hin zu Gefängnisaufenthalten reichen.

Junge Frauen zu Hause beim Verschönern der Hände mit *ḥinnā'*.
Männern sind die Frauenbereiche grundsätzlich verwehrt.

Image von Ausländern

„Die vielen Beduinen, Frauen und Kinder, die sich im Lager herumtrieben, wollten alle den komischen weißen Mann sehen, der sich auf einem hochbeinigen Gestell, das sich Feldbett nennt, schlafen legt. Ich stellte mich Schlafend, aber sie kamen vorsichtig näher, betasteten mich zaghaft, wie man ein Tier berührt, von dem man nicht weiß, ob es gut oder böse ist, immer ängstlich, daß es beißen könnte. Sowie ich mich aber bewegte und sie ansah, liefen sie mit lautem Geschrei davon. Stundenlang hatten sie ihren Spaß daran, und ich kam um meine Nachtruhe - bis auch meinem neuen Diener Ali die Lust verging und er die ganze Horde kurzer Hand davonjagte. Jedenfalls versuchte, sie davonzujagen, denn sie gehorchten ihm natürlich nicht."

(Hans Helfritz: „Entdeckungsreisen in Süd-Arabien")

Urteile und Akzeptanz

Fremden Menschen begegnen Jemeniten meist mit einer Mischung aus **Respekt, Wissbegier und Missachtung** – je nach Charakter des Jemeniten und Erscheinungsbild des Fremden kann auch das eine oder das andere überwiegen.

Jemeniten haben oftmals ein feines Gespür; sie beurteilen Fremde nach deren Auftreten, Gemütsart, Persönlichkeit, Kompetenz und auch danach, wie diese zum Jemen stehen. Danach wird über den **Grad der Akzeptanz** entschieden. Je besser man sich kennt, desto objektiver kann so ein Urteil ausfallen.

Meist werden Urlauber **neugierig** beäugt, schließlich benehmen sie sich ziemlich anders als Jemeniten: Sie reisen zum Spaß herum, können es sich leisten, eine Weile nicht zu arbeiten und ein Flugticket zu kaufen, sind komisch angezogen, verhalten sich untereinander anders, fotografieren alles und finden es schön, durch Berge zu wandern oder auf Kamelen zu reiten. In Gesprächen wird man interessiert gefragt: „Woher kommst du?", „Bist du verheiratet?", „Wie viele Kinder hast du?", „Was arbeitest du?", „Wie gefällt dir Jemen?" usw.

Vorherrschend sind **Pauschalurteile über verschiedene Nationalitäten,** beispielsweise sind Nordeuropäer für gewöhnlich sehr geschätzt, Amerikaner eher unbeliebt. An solchen Bewertungen haben historische Entwicklungen und politische Gesinnungen einen großen Anteil. Asiaten werden abgelehnt, da sie keiner Buchreligion angehören.

Deutsche sind besonders geschätzt. Die Gründe sind: Ehrfurcht vor wirtschaftlicher Stärke, Anerkennung politischer Bedeutsamkeit, Verbundenheit, weil sowohl Jemen als auch Deutschland „vereinigte" Länder sind und – auch wenn es eher beklemmend ist – Begeisterung über den historischen Fakt, dass einst *Adolf Hitler* Juden gegenüber seine unheilvolle Politik walten ließ.

Man wird häufig eine persönliche **Aufwertung** erfahren: Gibt man an, eine Krankenschwester zu sein, wird man oftmals als „Doktorin" bewundert, als Handwerker wird man schnell zum „Ingenieur" befördert.

Doch es gibt auch **Vorurteile** gegenüber Deutschen: „Alle Deutschen sind Alkoholiker", „Deutsche sind gottlos" und „In Deutschland gibt es keine Moral" heißt es immer wieder.

Allen Positivbildern gegenüber steht ein gewisses **Grundmisstrauen.** Insbesondere alte oder traditionell gesinnte Menschen fürchten um den Verfall der Moral durch Touristen mit ihren vermeintlich lockeren Sitten. Auch wenn Ausländer sich noch so angepasst verhalten, allein ihre Existenz ruft die Erkenntnis, dass es auch andere Lebensweisen gibt, ins Bewusstsein. In konservativen Gesellschaften wie dem Jemen sieht man in fremden Einflüssen – so friedlich sie auch sein mögen – schnell eine Gefahr für das eigene soziale Gleichgewicht.

Ansatzpunkte zu Gesprächen und einem **gegenseitigen Kennenlernen** gibt es im Jemen immer wieder. Schön wäre es, darin auch eine Chance zur besseren Völkerverständigung zu sehen und in diesem Sinne gegenseitige Voreingenommenheiten zu hinterfragen und zu überdenken, um schließlich Misstrauen – das oft auf Gegenseitigkeit beruht – abzubauen.

Frauen allein unterwegs

Allein reisende Europäerinnen sollten sich immer bewusst sein, dass jemenitische Frauen niemals ohne männliche Begleitung wegfahren würden und dass sie daher jede **Norm sprengen.** Deutlich gesagt bewegen sie sich als eine Art „Fremdkörper" in einer Männerwelt und senden eine „weibliche Kraft" aus, die Patriarchen lieber aus der Öffentlichkeit verbannen wollen. Ausländerinnen können schnell zu einer „Belastung der Sinne" werden. Insbesondere allein reisende Touristinnen müssen einen schweren Balanceakt meistern, sie schweben stets zwischen Anpassung und Selbstbewusstsein, zwischen Anerkennung und Geringschätzung.

Europäerinnen werden im Allgemeinen **als freizügig und erlebnishungrig eingeschätzt** und haben vermeintlich lockere Moralvorstellungen. Nach orientalischem Männerdenken gelten sie als Garantinnen eines freien Zugangs zu sexuellen Erlebnissen.

Das Dilemma ist, dass entsprechend dem jemenitischen Sittenkodex gemeinhin allein die Frau die Verantwortung für alle Negativereignisse trägt, denn sie hat sie heraufbeschworen. Nur in den seltensten Fällen werden Männer als „Übeltäter" betrachtet. Sicherlich gebührt (anständigen) Frauen auf Grund des hohen Ehrenkodexes viel Respekt und es ist eigentlich taktlos, wenn Jemeniten eine Frau **anstarren, ansprechen oder gar anmachen.** Dennoch muss eine Ausländerin sich an diese Umstände gewöhnen und sie meistern. Ist es nicht auch verständlich, angesichts der Tatsache, dass Männer das andere Geschlecht sonst nur in der eigenen Familie von Angesicht zu Angesicht zu sehen bekommen und dass es sonst so gut wie keine Gelegenheit gibt, Frauen einfach nur kennen zu lernen?

Wer als Frau solo (oder in Begleitung einer anderen Frau) durch den Jemen reisen möchte, muss sich noch stärker gewissen Sitten **anpassen** als eine (zumindest theoretisch) unantastbare Gattin in Begleitung ihres „Anstandsmanns" (arab. *maḥrām).*

Allein reisende Frauen sollten überlegen, ob sie sich als Single outen oder sich **als verheiratet ausgeben** (am Besten durch einen Ehering verdeutlicht). Eine „Zwischenlösung" ist es, **verlobt** zu sein. Die Tatsache, dass „frau" verheiratet ist, rettet einerseits wenigstens ansatzweise die eigene Ehre und schützt vor der einen oder anderen Anmache, andererseits stößt es aber auf Unverständnis, dass eine verheiratete Frau auf eigene Faust durch die Welt reist. Was ist das nur für ein Mann, der seine Angetraute schutzlos reisen lässt, warum erlaubt ihre Familie dies und was ist das für eine Frau, die sich zwischen so vielen Männern herumtreibt?

Im Gespräch mit Jemeniten steht die Frage nach dem Ehestand häufig an vorderster Stelle, gefolgt von der Erkundung, **wie viele Kinder** man hat. Wer angibt, keine Kinder zu haben, erntet häufig bedauernde Bemerkungen. Ehemännern wird dann mitunter geraten, sich scheiden zu lassen und eine andere (fruchtbarere) Frau zu ehelichen. Ausländerinnen können von Jemenitinnen schnell das mitleidige arab. *„ya miskīna"* („du Arme") vernehmen. Die Vorstellung, verheiratet zu sein und keinen Nachwuchs zu haben, verfehlt nach islamischer Ansicht den Lebenssinn. Egal, wie die Erklärung lautet, sie wird vielfach als nicht stichhaltig angesehen. Wer es sprachlich auszudrücken vermag, kann zu der Erklärung greifen, dass die Kinderlosigkeit leider Gottes Wille war, doch dass er dies in Zukunft ändern würde – *'in šā'a llāh.*

Eine allein reisende Frau kann mit auffälliger Freundlichkeit, Provokation und offenen sexuellen Angeboten rechnen. Sie wird auch schon mal feststellen, dass insbesondere dort, wo es von Natur aus eng wird (Bus, Gedränge ...), Männer gerne „Kontakt suchen" und einige Hände „sich verirren" (aber das ist kein exklusiv-islamisches Phänomen). Doch verglichen mit anderen Ländern, geht es im Jemen vergleichsweise **gesittet,** oft sogar auffällig respektvoll und normalerweise **keinesfalls bedrohlich** zu.

Je jünger und attraktiver „frau" ist, desto mehr wird sie in den **Mittelpunkt der männlichen Aufmerksamkeit** rücken. Maßnahmen, um aus diesem Zentrum des Interesses herauszutreten, sind zum Selbstschutz ratsam – nicht weil es sonst gefährlich wird, aber um mehr Ruhe zu haben. Ständige Kontrolle von Verhalten, Ausstrahlung und Kleidung ist unabdingbar.

Goldene Grundregeln: „Sie" sollte stets freundlich und **zurückhaltend, aber durchaus selbstbewusst** auftreten.

Körperkontakte sollten höflich, aber demonstrativ vermieden werden.

Um Unannehmlichkeiten zu vermeiden und Anmachen zu reduzieren, sollten Frauen sich betont **körperbedeckt kleiden** und weibliche Formen so wenig wie möglich zur Schau stellen. Züchtige Garderobe ist wichtig, damit „frau" nicht als Provokation wirkt und als „Ventil" für angestaute männliche Sexualbedürfnisse herhalten muss.

Direkter Augenkontakt wird von Jemeniten häufig und gerne als Annäherungsversuch interpretiert. Sieht eine Ausländerin einen Muslim zu intensiv an, wird das von so manchem Macho schnell als Annäherungsversuch gedeutet. Ein Kreislauf von Missverständnissen könnte seinen Lauf nehmen ...

Bei **Einladungen eines unbekannten Jemeniten,** womöglich in eine „zweisame" Umgebung, sollten Ausländerinnen vorsichtig sein, Grund könnte mitunter nicht die berühmte Gastfreundschaft sein, sondern der Wunsch nach Sex. Das **Alleinsein** mit einem – womöglich noch fremden – Jemeniten an einem abgelegenen Ort stellt immer eine spannungsgeladene Situation dar, die besser von vornherein vermieden wird. Sich auf einen Jemeniten näher einzulassen, heißt im günstigsten Fall eine Liebestragödie zu inszenieren.

Platonische Freundschaften zwischen Ausländerinnen und Jemeniten sind selten realisierbar, denn beide leben in zu unterschiedlichen Welten. Für die Masse der Muslime ist eine Vertrautheit zwischen den Geschlechtern oder nichtverwandten Personen schwer nachvollziehbar. Es bedarf einer langen Zeit des kritischen Kennenlernens, die „Fronten" sollten klar abgeklärt sein und selbst wenn wirklich eine Kameradschaft entstanden ist, bleibt die Position der Frau in den Augen anderer zwiespältig.

Gastfreundschaft

„Unsere Gastgeber brachten uns Milch. Wir bliesen den Schaum beiseite und tranken gierig. Sie nötigten uns noch mehr zu trinken: ‚In der Wüste, die vor euch liegt, werdet ihr keine Milch mehr bekommen. Trinkt, trinkt, trinkt. Ihr seid unsre Gäste. Gott hat euch hierher geschickt - trinkt!' Ich trank abermals, obgleich ich wußte, daß sie an diesem Abend hungrig und durstig einschlafen würden, da sie keine andere Nahrung und auch kein Wasser hatten."

(Wilfred Thesiger: „Die Brunnen der Wüste")

Herzlich willkommen

„*'Ahlan wa sahlan*" ist ein galanter arabischer **Willkommensgruß** und heißt wörtlich „Angehörige und leicht" und bedeutet im übertragenen Sinn „Als Angehörige (und nicht etwa als Außenstehende) seid ihr willkommen und leicht sollt ihr es haben".

Es wäre schön, wenn jeder das Verständnis entwickeln würde, dass er vielfach wie oben beschrieben als „Angehöriger" angesehen wird und er sich deshalb entsprechend **als Gast würdig, höflich und zurückhaltend** verhalten sollte.

Gastfreundschaft im Jemen ist allgegenwärtig, am häufigsten sind **spontane Einladungen** zu Kaffee oder Tee, zu Datteln oder Obst. Sie abzuschlagen, gilt als unhöflich und die Begründung, keine Zeit zu haben, stößt auf Unverständnis. Aber auch Offerten zum Mittagessen, zur *qāt*-Runde oder zur Übernachtung werden häufig ausgesprochen - und nahezu genauso häufig ernst gemeint.

In bestimmten Situationen und maßvoll dosiert gehört **„Ablehnen"** oder anders gesagt **„kulturelles Zögern"** allerdings zum guten Ton. Für bedeutsamere Einladungen von Fremden, wie etwa zu einem privaten Festmahl oder zu einer Familienfeier und auch gegenüber Einladungen von offensichtlich sehr armen Jemeniten, gilt: Mindestens zwei Mal ritterlich abschlagen bzw. zögerlich reagieren, denn erst die dritte Offerte ist richtig ernst gemeint. Bisweilen werden Einladungen ausgesprochen, hinter denen nicht unbedingt ein - beispielsweise - üppiges Gastmahl steht, sondern eine Höflichkeitsfloskel aus Gastgeber-Pflichtgefühl. Hat man den Eindruck, es handelt sich um eine solche „Scheineinladung", sollte

Musikant spielt auf einer *'ud* (Laute)

060je Foto: kk

man abwarten (Geduld haben, höflich drumherumreden, keinen Zwang ausüben!), ob sie wie oben beschrieben wiederholt wird. Insbesondere minderbemittelten Jemeniten gibt man so eine Chance, sich nicht in große Ausgaben zu stürzen, aber dennoch gastfreundlich gewesen zu sein. Wird die Einladung wiederholt, so ist es dem Gastgeber durchaus Ernst und es wäre taktlos, ohne triftigen Grund tatsächlich auf dem zuvor „gespielten" Absagen oder auf Undeutlichkeiten zu beharren.

Zum Thema arabische **Gastfreundschaft** abschließend noch einige Lobesworte von *Wilfred Thesiger* in „Die Brunnen der Wüste": *„Engländer haben mich häufig gefragt, ob ich mich denn in der Wüste niemals einsam gefühlt habe. In all den Jahren, die ich dort verbracht habe, bin ich wohl immer nur sehr kurze Zeit allein gewesen. Die schlimmste Form der Einsamkeit ist die Verlorenheit inmitten einer Menschenmenge. Ich habe mich in der Schule einsam gefühlt und in europäischen Städten, wo ich niemanden kannte. Aber unter den Arabern war ich niemals einsam. In Städten, wo mich niemand kannte, ging ich einfach in den Bazar und begann ein Gespräch mit einem Händler. Er lud mich ein, in seiner Bude Platz zu nehmen und ließ Tee kommen. Andere Leute gesellten sich zu uns. Man fragte mich, wer ich sei, woher ich komme und stellte unzählige andere Fragen, die wir einem Fremden niemals stellen würden. Und dann sagte einer: Komm, iß mit mir zu Mittag. Beim Essen traf ich dann weitere Araber, und einer von ih-*

nen lud mich zum Abendessen ein. Ich habe mich oft traurig gefragt, was sich wohl ein Araber denkt, der England bereist. Ich hoffe, er hat begriffen, daß wir untereinander ebenso unfreundlich sind, wie wir ihm gegenüber unfreundlich erscheinen müssen."

Kaffeerunden

Original-arabischer Kaffee (arab. *qahwa)* ist nicht nur ein Powerdrink, sondern vor allem ein **Paradesymbol für arabische Gastfreundschaft.** Wie ein Zaubertrank bringt er sowohl Freunde als auch Fremde oder Feinde zusammen. Im gemütlichen Beisammensein tauschen sie Neuigkeiten aus, feilschen über Geschäfte oder diskutieren über Gott und die Welt. *Daniel van der Meulen* schreibt in „Hadhramaut das Wunderland": *„In diesem Lande der Fehden und Kämpfe ist das Kaffeetrinken die Friedenszeremonie einer Beduinenversammlung. Diese Form der Gastfreundschaft ist stets erfrischend, und wir blieben sitzen, bis die Kamele uns einholten, genossen die großzügige Gastlichkeit und das Vergnügen, inmitten dieser ungekünstelten Menschen zu sein, die in größtmöglicher Einfachheit in einem gesunden, jedoch hohe Anforderungen stellenden Lande lebten."*

Stets wird *qahwa* aus kleinen, henkellosen Mokkatassen getrunken. **Drei kleine Tässchen** gehören standesgemäß zu einer Runde. Wer möchte – und wer das starke Gebräu verträgt – kann gerne mehr trinken. Sobald die Porzellantässchen leer sind, wird neu ausgeschenkt – daher sollten alle, die genug haben, schnell den Rückzug vorbereiten. Eindeutige und höfliche **Zeichen, dass man genug hat,** können wie folgt kund gegeben werden: Zum Ersten kann man das leere Gefäß mit lockerem Schwung aus dem Handgelenk kurz hin und her schwenken oder man kann seine Tasse umgedreht aufs Tablett stellen. Weitere Äußerungen à la „Nein, danke" sind mit diesen Insidertricks nicht nötig, ein nettes Lächeln ist natürlich obligat. Dazu noch einmal *Daniel van der Meulen: „Inzwischen wurde in schmutzigen kleinen Tassen Qishr-Kaffee (ein aus Kaffeebohnenschalen hergestelltes, mit Ingwer und Zucker vermischtes Gebräu) herumgereicht. Ein Diener füllte aus einem großen kupfernen Kessel die leeren Tassen immer wieder, bis man durch ein leichtes Schütteln der Tasse zu verstehen gab, daß man nichts mehr wollte."* Diese „Geheimzeichen" sind aber nur bei *qahwa* und *qišr* – dem würzigen Aufguss aus Kaffeeschalen – anwendbar, bei anderen Getränken oder Tee bleiben sie effektlos.

Eine Einladung zu Kaffee (egal welcher Art) oder auch zu *qišr* oder Tee dient dazu, sich in **lockerer Unterhaltung** kennen zu lernen und quasi „das Eis zu brechen". Die Unterhaltung dreht sich stets um unverfängliche

Private Gassen

Beim Bummel durch Altstadtgassen sollte man darauf achten, dass man nicht zu sehr in die Privatsphäre der Anwohner eindringt. Wie in allen traditionellen arabischen Wohnvierteln (arab. *ḥāra)* gehören Gassen teilweise zum privaten Bereich der Hausbewohner. Die „Grenzen" zwischen „Privat" und „Öffentlich" sind mitunter nur vage und für Fremde schwer ersichtlich. Ungepflasterte, enge Gassen haben einen „privateren" Charakter als die Straßen, auf denen sich Autos bewegen und in denen Geschäfte sind.

Fremde sollten sich stets unauffällig, zurückhaltend und höflich verhalten, keinesfalls sollte man in die Häuser starren, angelehnte Türen öffnen oder Innenhöfe betreten. Manche kleine Pfade enden als Sackgasse (bisweilen auf einem Innenhof) – oft machen spielende Kinder oder Passanten Ortsfremde aber darauf aufmerksam. Abwiegelnde Gesten sollten ernst genommen werden, die arab. Schlüsselwörter *„hāḏā mā ṭarīq"* („dies ist kein Weg") bedeuten nicht nur, dass dies eine Sackgasse ist, sondern verweisen Fremde auch höflich aus einem nur für Anwohner zugänglichen Wohnbereich.

Themen, Politik und Religion bleiben außen vor, Geschäftsverhandlungen müssen warten.

Einladung in ein Privathaus

Wem die Ehre einer Einladung in ein Privathaus zuteil wurde, sollte nicht so indiskret sein und eine Art „Schlossführung" durch alle Räume erbitten. Alles was der Hausherr präsentieren möchte, findet sich in einem speziellen Empfangsraum für Gäste (arab. *dīwān, mafraǧ* oder *maǧlis).* Wer zum ersten Mal das Heim seines (noch) fremden Gastgebers betritt, sollte sich sehr **zurückhaltend** verhalten.

Wird man spontan mit nach Hause genommen, so wird der Hausherr beim Öffnen der Tür durch lautes Rufen oder durch Stampfen im Treppenhaus den **fremden Besuch ankündigen.** So haben Frauen, die ungesehen bleiben sollen/wollen, die Möglichkeit, sich in den Frauenbereich (arab. *ḥarīm)* zurückzuziehen oder sich so zu kleiden, wie es Unbekannten gegenüber gebührend ist.

Als Mann kann man eine jemenitische Familie üblicherweise nur besuchen, wenn der Familienvorstand oder ein anderer männlicher Erwachsener anwesend ist. Der Höflichkeit halber sollte „Mann" sich nicht nach der Ehefrau oder anderen weiblichen Familienmitgliedern erkundigen oder Grüße an die Dame des Hauses ausrichten.

Spätestens beim **Betreten des Empfangsraumes** werden die Schuhe ausgezogen. Traditionell sind diese Zimmer mit bunten Teppichen und auf dem Boden liegenden Matten samt Kissen ausgestattet. Reichere Haushalte haben „moderne" Einrichtungen mit Schrankwänden und Sofas. Ärmere Familien haben oft einen gemeinsamen Wohn- und Empfangsraum, der abends auch als Schlafzimmer dient.

In traditionell gesinnten Familien werden die **weiblichen Gäste** in den Frauenbereich geführt, während **Männer** unter sich bleiben. Viele Jemeniten empfangen Europäer jedoch ohne Trennung der Geschlechter.

Im Falle einer **Einladung zur qāt-Runde** wird man zu seinem Sitzplatz geführt und bekommt oft noch ein paar Extra-Kissen sowie kalte Getränke gereicht. Gewöhnlich lässt es sich der Gastgeber – sowie andere Gäste – nicht nehmen, etwas von ihrem *qāt* abzugeben, auch wenn man eventuell sein eigenes Kraut dabei hat.

Bei einer **Einladung zum Essen** wird häufig zunächst Kaffee, Tee oder *qišr* serviert. In konservativen Familien bringen Frauen oder Kinder die Tabletts nur bis zur Tür und nicht direkt zu den Gästen. Als Erstes wird alten und angesehenen Familienmitgliedern ausgeschenkt, dann den Gästen. Kaffee- oder Teerunden dauern mindestens zwei, besser drei Tässchen. Dann erst beginnt die Mahlzeit. Am häufigsten werden verschiedene jemenitische Speisen mit frischem Brot und verschiedenen kleinen Beilagen aufgetragen. Bei Hochzeiten, Geburten und religiösen Festen werden eine Reihe von Spezialitäten und Fleischplatten aufgetischt. Nach dem Mahl wird (wieder) Tee oder *qišr* gereicht – oft in einem anderen Raum, damit die Frauen die Spuren der Essensschlacht besser beseitigen können.

Erst nach der Mahlzeit beginnt das **gemütliche Beisammensein,** in dem der Gast oft im Zentrum der Aufmerksamkeit steht. Themen rund um die Familie sind von großem Interesse. Wer gut vorbereitet sein will, kann Familienfotos, Postkarten oder auch reich bebilderte Tourismusbroschüren aus der fernen Heimat mitbringen. Sobald man diese präsentiert, löst man große Begeisterung aus. Diese Dinge kann man auch als originelles und persönliches Gastgeschenk überreichen.

Tischsitten

Egal ob beim Familien-Festtagsschmaus oder in der Garküche: Gemütlich zu essen scheint Jemeniten fremd zu sein, denn zumeist werden die Teller und Platten in **Rekordgeschwindigkeit** leergeputzt. Insbesondere in

Riesen-Festtagsrunde

06 | je Foto: kk

großen Runden kann es mit hektischem Grabschen und lautem Schmatzen hoch hergehen. Essensgeräusche sind durchaus erlaubt, sie zeigen schließlich, dass es schmeckt – logischerweise gelten diese Sitten nicht in einem Nobel-Restaurant.

Zu nahezu allen Gerichten wird ein großer Stapel **Weißbrot** aufgetischt, denn Brotstückchen ersetzen Gabel und Löffel – quasi als Einwegbesteck. Man formt aus einem abgerissenen Stückchen Brot eine mundgerechte „Schaufel" oder nutzt es wie eine „Zange" und klemmt die Speisen hinein.

062je Foto: kk

Brotstücke sollten nur einmal in das Essen getaucht werden und sind dann mitzuessen.

Wie in allen arabischen Ländern führt man nur die Finger der **rechten Hand zum Mund,** da die linke der Reinigung nach dem Toilettengang dient. Zudem isst dem Volksglauben nach nur der Teufel mit der Linken. Dennoch können mit dieser Hand Speisen festgehalten oder abgerissen werden.

Sollte man in die Situation kommen, ohne Besteck oder Brot mit den Fingern zu essen, so macht man dies am elegantesten, indem man aus der

Speise – auch aus **Reis,** neben Brot die zweitwichtigste Beilage – einen mundgerechten Klumpen formt, ihn auf die Fingerspitzen der rechten Hand legt und mit dem Daumen in den Mund schiebt. Dass dabei die ganze Hand klebrig wird, ist normal, ein verschmierter Mund dagegen wirkt nicht sehr elegant.

Beim Essen aus einer Schüssel oder von einer Platte hat jeder quasi sein **„eigenes Revier“,** aus dem er sich Speisen auflädt. Einmal quer über die Platte reichen und sich am anderen Ende bedienen, wo womöglich schon jemand anderes zugegriffen hat, wäre nicht salonfähig.

In Privathäusern wird gewöhnlich **auf dem Fußboden im Hocken** gespeist, die vielen Teller und Schüsseln stehen auf einer großen Plastikfolie. Gerne werden dem Gast die besten Stücke angeboten, die der Höflichkeit halber angenommen werden sollten. Wenn beim Essen Reste auf die Plastikdecke fallen, ist dies reichlich egal. In Restaurants, Garküchen und Teestuben stehen vorwiegend Tische, es gibt aber auch Lokale, in denen man auf der Erde sitzt.

Ein **Redewendung,** welche das Essen sozusagen „offiziell“ beendet, lautet arab. *„al-ḥamdu li-llāh“* („der Lobpreis für Gott“). Unmittelbar nach dem Essen steht jeder auf und geht sich waschen. Danach kehrt man zurück, um gemeinsam Tee oder *qišr* zu trinken.

Geschenke

Bei spontanen Einladungen ist ein Geschenk abkömmlich, doch bei bedeutungsvollen Einladungen und insbesondere bei Familienfesten sollte eine Gabe überreicht werden.

Wenn man noch nicht persönlich befreundet ist, ist es ratsam, die Geschenke an die gesamte Familie zu richten. Als **Mann** sollte man die Gaben an einen Jemeniten reichen, der sie dann weiter verteilt. Normalerweise braucht nicht gesagt zu werden, wer was bekommt, somit wahrt „Mann“ auch den Anstand, die Frauen des Hauses zwar zu beschenken, sie aber der Höflichkeit und Ehre halber nicht extra anzusprechen. **Frauen** können natürlich Jemenitinnen direkt beschenken, sollten sich aber gegenüber Männern zurückhaltender verhalten.

Doch was schenken? Immer richtig sind **Präsente für Kinder,** Süßigkeiten, Spielsachen, Schulsachen oder auch Geld, letzteres überreicht mit den Worten „für die Kinder“ (arab. *„li al-'aṭfāl“).* Von Groß und Klein gerne gesehen sind Gebäck oder anderes **Naschwerk** sowie Datteln von gu-

Datteln – insbesondere die von guter Qualität – sind ein gern gesehenes Gastgeschenk

Gar nicht nett – Beleidigungen

Die eindeutigste Form einer Beleidigung ist sicherlich das direkte Beschimpfen. Um den entsprechenden Grundwortschatz an Schimpfwörtern kennen zu lernen (natürlich nur des Verstehens wegen ...), genügt es, sich von einem temperamentvollen Taxifahrer, mit vom *qāt* gelockerter Zunge, eine halbe Stunde lang zur Rushhour durchs Stadtzentrum chauffieren zu lassen. Viele arabische Schmähungen beinhalten den Faktor „Unreinheit", so die entsprechenden Übersetzungen für „Schwein", „Esel", „Hund" oder auch „du bist ein Schuh". Ganz üble Beleidigungen beziehen sich auf die Mutter des „Übeltäters", so etwa „Hurensohn" oder „du hast keine Mutter". Als harmlose Beschimpfung eignet sich: *„ya ḥimār"* („Esel"). Schroffer ist: *„ya kalb"* („Hund"). Als Erwiderung auf Beschimpfungen, Steineschmeißen oder anderes unrühmliches Verhalten (auch Anmache) gut sind: *„ʿaib"* („Schande") oder bedeutungsvolles *„'ittaqi Allāh"* („Gott sieht dich").

Aber auch wer sein Gegenüber nicht direkt anpöbelt, kann kränkend wirken, weil er unbewusst gegen die guten Sitten verstößt. Inwieweit solche Fälle als boshafter Affront oder nur als verzeihenswertes Missgeschick verstanden werden, hängt stark vom Einzelfall und vom Gemüt des Gegenübers ab. Doch sicherlich sollten Fettnäpfchen umsteuert werden, allein schon aus Höflichkeit.

Zu bedenken gilt, dass das direkte Entgegenstrecken der Fußsohle von kleinlichen Naturen als Kränkung empfunden werden kann – unhöflich und unsittlich ist es aber allemal (ähnlich dem Umstand, sich mit weit gespreizten Beinen auf einem Stuhl zu lümmeln).

Da Muslime ihre linke Hand zum Waschen nach der Notdurft benutzen, gilt sie als unrein. Daher bitte diese Hand niemals zum Gruß reichen oder jemandem etwas mit links darbieten, insbesondere keine Lebensmittel, Geschenke, Geld oder Zigaretten.

Wer gegenüber Bekannten oder Freunden sowie beim Eintritt in kleine Geschäfte oder zu geselligen Runden Grußworte bzw. -gesten verweigert, brüskiert sein Gegenüber.

Bei privaten Einladungen wirkt es taktlos, wenn man einen Wohn- bzw. Empfangsraum mit Schuhen betritt. Wird Essen serviert, sind Gastgeber auch schnell in ihrer Ehre gekränkt, wenn man Speisen ablehnt.

Etliche Jemeniten sehen es auch nicht gerne, wenn ein Fremder empfangene Hilfe oder Gastfreundschaft mit Geld bezahlen möchte – für sie ist das Ehrensache. In einem solchen Fall ist es gut, ein kleines persönliches Geschenk parat zu haben bzw. zu entbehren oder bei einer eventuell nächsten Begegnung etwas Originelles zu überreichen.

Schonungsloses Fotografieren von Menschen, vor allem von Frauen, kommt einer schweren Respektlosigkeit gleich. Gleichfalls ist es unverschämt, religiöse oder gesellschaftliche Ge- und Verbote zu kritisieren oder darüber Witze zu reißen.

ter Qualität, jemenitische Mandeln oder Rosinen und Honig. Für Frauen ist **Parfum** der Renner.

Bei vielen Jemeniten kommen Dinge aus der Kategorie **„grellbunter Alltagskitsch"** sehr gut an und finden bestimmt einen Ehrenplatz.

Einen großen Sympathie-Bonus erhalten **Dinge aus der fernen Heimat** des Schenkenden, so etwa Fotokalender mit Landschaften oder Stadtbildern und auch „gute" Milchschokolade (jemenitische Schokoladen sind aus Milchpulver gefertigt). Einige Jemeniten freuen sich über Fotos von sich, die man eventuell von ihnen gemacht hat. In diesem Fall bieten jemenitische Fotolabore ihre Dienste an oder man kann diese Fotos nach der Heimkehr zusammen mit einem netten Brief oder im Falle von Sprachschwierigkeiten auch mit einem eigenen Passfoto bzw. einem eigenen Familienfoto per Post schicken.

Viel her macht eine **aufwändige Verpackung,** glamourös oder gar bombastisch dekoriert ist halb geschenkt.

Wer Jemeniten nach ihren **Geschenkwünschen** fragt, sollte dies mit Eindringlichkeit tun, denn drei Mal gebietet es die Höflichkeit, dankend abzulehnen.

Handeln und Feilschen

„Der Bedu liebt das Geld, schon die Berührung der Münzen entzückt ihn. Er spricht unentwegt vom Geld. Tagelang wird der Preis eines Kopftuches oder eines Patronengürtels diskutiert. Um sich die Zeit auf dem Markt zu vertreiben, bietet ein Mann sein Kamel feil, und die anderen, die genau wissen, daß er nicht die geringste Absicht hat, es zu verkaufen, spielen sofort mit und feilschen stundenlang mit großem Stimmaufwand."

(Wilfred Thesiger: „Die Brunnen der Wüste")

Preis und Wert der Ware

Festpreise gelten für Grundnahrungsmittel und in Supermärkten. Für viele andere Industriewaren des täglichen Bedarfes ist die **Handelsspanne** relativ gering, doch ein paar Rial sind immer drin. Unbedingt handeln sollte man beim Kauf von Souvenirs und *qāt* – hier lässt sich mitunter über einige Rial reden.

Ein Tausch von Gut gegen Geld wäre viel zu einfach – ein Schnäppchen braucht seine Zeit. Freundliche Wortscharmützel **um Preis und Qualität der Ware** prägen das Verkaufsgespräch. Handeln ist die Kunst des gezielten Umweges, eine interessante Kommunikationsform, ein Ausdruck der Lebensfreude und fast schon ein Ritual.

In den Läden der traditionellen Marktviertel (arab. *sūq)* sind die **allerwenigsten Waren ausgezeichnet.** Wer sich für etwas interessiert, muss als

063je Foto: kk

ersten Schritt nach dem Preis – genauer gesagt nach dem Wert, den der Händler als **Ausgangsbasis** für angemessen hält – fragen: *„kam riyāl hāḏa?"* („Wie viel Rial dieses?"). Um es zu betonen: Die genannte Summe ist der Ansatzpunkt für das gewohntermaßen dazugehörende Verhandlungsgespräch, es muss nicht der Endpreis der Ware sein.

Handeln ist nichts Unseriöses, nichts Unsittliches und hat nichts mit „betteln" zu tun – im Gegenteil! Es geht nicht darum, einen Preisnachlass zu erbitten, sondern einen **Preisaufschlag möglichst niedrig** zu halten – kaum ein Händler wird seine Ware ohne Gewinn veräußern.

Kunst und Zweck des Handelns

Beim Handeln geht es nicht unbedingt darum, sich auf den billigsten Preis zu einigen, sondern auf eine **gerechte Summe.** Durch faires und phantasievolles Handeln steigert der Käufer sein Image ungemein. Dabei sollte es stets **freundlich, niemals aber aggressiv** zugehen. Würdeloses Schachern ist verpönt. Ansätze zum Feilschen werden üblicherweise mit einem verschmitzten, aber einladenden Lächeln beantwortet – wer allerdings keinen Preisnachlass anstrebt, dem wird nur selten einer eingeräumt. Dann freuen sich die Kaufmänner über ihre hohe Gewinnspanne und denken sich ihren Teil über das Unvermögen des Spielverderbers.

Hilfreich beim Handeln sind **Fingerspitzengefühl, Charme, Redegewandtheit** (selbst wenn man nicht die Sprache des Gegenübers spricht: viel palavern und immer wieder Zahlen zeigen kann nicht schaden) und eine Portion **Humor.** Wer nicht nur über Geld spricht, sondern auch über Gott-weiß-was, erhöht seine Chancen auf ein Schnäppchen.

Oberstes Gebot für beide Seiten ist, dass es von einem einmal gemachten Angebot **kein Zurück** gibt – auch nicht nach Tagen des eventuellen Überlegens.

So blumig die Kunst des Feilschens auch erscheinen mag, dahinter steckt mehr als nur Schönrederei. Handeln erfüllt einen greifbaren Zweck, denn in der traditionell-orientalischen Marktökonomie herrscht ein akuter **Mangel an exakten Informationen.** Werbung, durchsichtige Preisgestaltung, Marktforschung, Qualitätssicherung oder Warenzeichen sind unbekannt. Auch heute noch sind viele Jemeniten Analphabeten und somit auf mündlichen Austausch angewiesen. Ebenso können Verkäufer im Gespräch besser Stammkunden gewinnen und Kunden können sich den Verkäufer ihres Vertrauens aussuchen.

Töpferwaren stehen zum Verkauf bereit

066je Foto: kk

ANHANG

Quellenverzeichnis der Zitate

An vielen Stellen dieses KulturSchocks finden sich Zitate lesenswerter Jemen-Literatur (welche übrigens stets in deren Rechtschreibung und Umschrift belassen sind). Diese Texte charakterisieren zumeist vergangene Zeiten, doch bisweilen haben sie wenig an Aktualität eingebüßt. Auf jeden Fall liefern sie aufschlussreiche Hintergründe, treffliche Resümees und bisweilen wortwitzige Anekdoten.

Aus folgenden Quellentexten wird zitiert:

Carsten Niebuhr, geb. 1733, gest. 1815, deutscher Forschungsreisender, Mathematiker, Landvermesser und Naturforscher, gilt als Pionier der modernen Arabienforschung. Als Mitglied einer fünfköpfigen königlich-dänischen Expedition erforschte er Ägypten und Jemen, später Persien, Mesopotamien und Syrien.

Seine Jemen-Erkundungen vollzogen sich in damals osmanisch besetzten und von Imam *Al-ʿAbbās* beherrschten Gebieten der *Tihāma* und des Bergjemen sowie natürlich in *Ṣanʿā'* (Sana'a). Der Kaffeehandel blühte, Ausländer waren zu dieser Zeit nichts Ungewöhnliches und wurden akzeptiert. *Niebuhr* und die anderen Expeditionsmitglieder konnten einmalig unbehelligt und mit Wohlwollen des Imam reisen, das größte Unheil bereiteten den Entdeckern Malariaerkrankungen und Todesfälle – nur *Niebuhr* überlebte. Er sammelte eine Fülle von ethnographischen, historischen, archäologischen und topographischen Erkentnissen und schrieb sie in Tagebuchform nieder in: „Entdeckungen im Orient" (1761–67), „Beschreibung von Arabien" (1772) sowie „Reisebeschreibung nach Arabien und den anliegenden Ländern" (1774–78, 1837). Die Zitate in diesem Buch stammen zumeist aus „Entdeckungen im Orient", herausgegeben und bearbeitet von *Robert* und *Evamaria Grün* von Edition Erdmann im K. Thiemanns Verlag 1973.

Hans Helfritz, geb. 1902, gest. 1995, war deutscher Musikwissenschaftler und bereiste 1932, 1933 und 1935 weite Teile des Jemen. Als erstem Europäer gelang ihm die Durchquerung Südwest-Arabiens vom Indischen Ozean zum Roten Meer. Er reiste per Esel oder Kamel und führte 300 Wachswalzen samt einen Phonographen für musikethnologische Aufnahmen bei sich. Aufsehen erregten nicht nur die heimgebrachten Musikdokumente, sondern auch seine Fotos und Filme. 1932 wurde er vom Imam empfangen, reiste mit dessen Genehmigung von *Al-Ḥudayda* (Hudäida) nach *Ṣanʿāʾ*, doch ein Jahr später wurde er vom Imam gefangen genommen und quasi „außer Landes eskortiert". Sein Wagemut und seine Ausdauer waren unerschöpflich und seine spannenden Schilderungen sind ein herausragendes Zeugnis der Reiseliteratur.

Über seine Jemen-Expeditionen verfasste *Helfritz* folgende Bücher: „Chicago der Wüste" (1932), „Land ohne Schatten" (1934), „Geheimnis um Schóbua" (1935) und „Im Lande der Königin von Saba" (1953). Die beiden erstgenannten Werke wurden später unter anderem Titel neu aufgelegt.

„Land ohne Schatten" schildert die Reise 1933 von *ʿAdan* (Aden) über *Al-Mukallā* (Mukalla), das *Wādī Ḥaḍramaut*, dann nach Westen durch die *Ar-Rubʿ al-Ḫālī* (Rub al Chali) in das verbotene Königreich Jemen. Zwei Jahre später reiste *Helfritz* „lediglich" von *ʿAdan* nach *Šabwa* (Schabwa) – und war damit der erste Europäer, der diese legendäre Ruinenstätte entdeckte, wenn auch nur für wenige Stunden unter Verfolgung ansässiger kriegerischer Beduinenstämme. Dieses Abenteuer wird in „Geheimnis um Schóbua" beschrieben. Beide Bände sind vereinigt in dem Buch „Entdeckungsreisen in Süd-Arabien", welches 1977 im DuMont Buchverlag veröffentlicht wurde – daraus stammen auch die Zitate in diesem Kultur-Schock.

Freya Stark, geb. 1893, gest. 1993, war Arabienreisende aus Leidenschaft. 1927 reiste sie das erste Mal nach Arabien, um Arabisch zu lernen, und bis in die 1970er Jahre hinein bestimmten abenteuerliche Exkursionen ihr Leben. Ab 1934 begab sich die Engländerin stets alleine nach Südarabien – was zuvor noch keine andere Frau gewagt hatte. Ihr Ziel war es, die im Jemen gelegene antike Weihrauchhandelsstätte *Šabwa* als erster Europäer zu erreichen, was ihr allerdings nicht vergönnt war. Kurz vor Ausbruch des Zweiten Weltkrieges arbeitete *Freya Stark* als britische Informationsbeamtin, u. a. in *ᶜAdan*.

Für ihre unvergleichlich geschriebenen Reiseberichte erhielt *Freya Stark* zahlreiche Preise und Auszeichnungen. Unbedingt lesenswert ist ihr Werk „Die Südtore Arabiens", im Originaltitel „Southern Gates of Arabia". Die in diesem KulturSchock zitierten Textstellen stammen aus der deutschen Übersetzung von *Hans Reisiger*, veröffentlicht im Weitbrecht Verlag 1992.

Daniel van der Meulen war Holländer und als Oberst über 30 Jahre lang in Niederländisch-Ostindien und Arabien tätig. Im Regierungsauftrag sollte er das *Wādī Ḥaḍramaut* kennen lernen, denn dieses Gebiet war die Heimat zahlreicher Araber, die als Kaufleute nach Java und in das malaiische Archipel (die damals unter holländischer Verwaltung standen) auswanderten. 1931 und 1939 reiste *van der Meulen* durch Südarabien. Beide Male wurde er begleitet vom deutschen Geographen *Hermann von Wißmann* und dessen Frau. *Wißmann* erstellte für die Royal Geographical Society eine sehr detailierte Karte des *Ḥaḍramaut*.

In *van der Meulens* 1932 verfasstem Buch „Hadhramaut, Some of its Mysteries Unveiled" zeigen sich die Verhältnisse vor Ausbruch des 2. Weltkrieges, ehe Not und Elend über die Bevölkerung hereinbrachen. Ein weiteres Werk, „Aden to the Hadhramaut", erschien 1947. Die Zitate in diesem KulturSchock stammen aus dessen deutscher Übersetzung von *Frank Lyn*, veröffentlicht unter dem Titel „Hadhramaut das Wunderland" im Orell Füssli Verlag 1948.

Wilfred Thesiger, geb. 1910, war ein britischer Afrika- und Orientforscher, der mehrere für die geographische und ethnographische Erschließung der Arabischen Halbinsel bedeutende Reisen unternahm. Auf der Suche nach den Brutstätten der Wanderheuschrecke durchquerte der ehemalige britische Kolonialbeamte in den Jahren 1948–52 zwei Mal die berüchtigte Wüste *Ar-Rubᶜ al-Ḫālī* (Rub al Chali). Seine Reisebeschreibungen wurden zum Loblied auf die Beduinen, die stets seine Begleiter waren.

Sein 1959 geschriebenes Buch „Arabian Sands" bzw. die deutsche Übersetzung „Die Brunnen der Wüste. Mit den Beduinen durch das unbekannte Arabien" ist ein unbedingtes „Muss" für jeden Arabien- und Wüstenfan. Heute sind *Thesigers* Schriften fast schon ein Nachruf auf die Jahrtausende alte beduinische Lebensform. Die in diesem KulturSchock zitierten Textstellen sind ins Deutsche übersetzt von *Peter Stadelmayer* und veröffentlicht vom Pieper Verlag 1997.

Alle Reiseführer von Reise

Reisehandbücher
Urlaubshandbücher
Reisesachbücher
Rad & Bike

Afrika, Bike-Abenteuer
Afrika, Durch, 2 Bde.
Agadir, Marrak./Südmarok.
Ägypten individuell
Alaska ⇗ Canada
Algarve
Algerische Sahara
Amrum
Amsterdam
Andalusien
Äqua-Tour
Argentinien, Urug./Parag.
Athen
Äthiopien
Auf nach Asien!

Bahrain
Bali und Lombok
Bali, die Trauminsel
Bali: Ein Paradies ...
Bangkok
Barbados
Barcelona
Berlin
Borkum
Botswana
Bretagne
Budapest
Bulgarien
Burgund

Cabo Verde
Canada West, Alaska
Canada Ost, USA NO
Chile, Osterinseln
China Manual
Chinas Norden
Chinas Osten
Cornwall
Costa Blanca
Costa Brava
Costa de la Luz
Costa del Sol
Costa Dorada
Costa Rica
Cuba

Dalmatien
Dänemarks Nordseek.
Dominik. Republik
Dubai, Emirat

Ecuador, Galapagos
El Hierro
Elsass, Vogesen
England – Süden
Erste Hilfe unterwegs
Europa BikeBuch

Fahrrad-Weltführer
Fehmarn
Florida
Föhr
Fuerteventura

Gardasee
Golf v. Neapel, Kampanien
Gomera
Gran Canaria
Großbritannien
Guatemala

Hamburg
Hawaii
Hollands Nordseeins.
Honduras
Hongkong, Macau, Kanton

Ibiza, Formentera
Indien – Norden
Indien – Süden
Iran
Irland
Island
Israel, palästinens. Gebiete, Ostsinai
Istrien, Velebit

Jemen
Jordanien
Juist

Kairo, Luxor, Assuan
Kalabrien, Basilikata
Kalifornien, USA SW
Kambodscha
Kamerun
Kanada ⇗ Canada
Kap-Provinz (Südafr.)
Kapverdische Inseln
Kenia
Kerala
Korfu, Ionische Inseln
Krakau, Warschau
Kreta
Kreuzfahrtführer

Ladakh, Zanskar
Langeoog
Lanzarote
La Palma
Laos
Lateinamerika BikeB.
Libyen
Ligurien
Litauen
Loire, Das Tal der
London

Madagaskar
Madeira
Madrid
Malaysia, Singap., Brunei
Mallorca
Mallorca, Leben/Arbeiten
Mallorca, Wandern auf
Malta
Marokko
Mecklenb./Brandenb.: Wasserwandern
Mecklenburg-Vorp. Binnenland
Mexiko
Mongolei
Motorradreisen
München
Myanmar

Namibia
Nepal
Neuseeland BikeBuch
New Orleans
New York City
Norderney
Nordfriesische Inseln
Nordseeküste NDS
Nordseeküste SLH
Nordseeinseln, Deutsche
Nordspanien
Normandie

Oman
Ostfriesische Inseln
Ostseeküste MVP
Ostseeküste SLH
Outdoor-Praxis

Panama
Panamericana, Rad-Abenteuer
Paris
Peru, Bolivien
Phuket
Polens Norden
Prag
Provence
Pyrenäen

Qatar

Rajasthan
Rhodos
Rom
Rügen, Hiddensee

Sächsische Schweiz
Salzburg
San Francisco
Sansibar
Sardinien
Schottland
Schwarzwald – Nord
Schwarzwald – Süd
Schweiz, Liechtenstein
Senegal, Gambia
Singapur
Sizilien
Skandinavien – Norden
Slowenien, Triest
Spaniens Mittelmeerküste
Spiekeroog
Sporaden, Nördliche
Sri Lanka
St. Lucia, St. Vincent, Grenada
Südafrika
Südnorwegen, Lofoten
Sydney

Know-How auf einen Blick

Sylt
Syrien

Taiwan
Tansania, Sansibar
Teneriffa
Thailand
Thailand – Tauch- und Strandführer
Thailands Süden
Thüringer Wald
Tokyo
Toscana
Transsib
Trinidad und Tobago
Tschechien
Tunesien
Tunesiens Küste

Uganda, Ruanda
Umbrien
USA/Canada
USA, Gastschüler
USA, Nordosten
USA – der Westen
USA – der Süden
USA – Südwesten, Natur u. Wandern
USA SW, Kalifornien, Baja California
Usedom

Venedig
Venezuela
Vereinigte Arabische Emirate
Vietnam

Westafrika – Sahel
Westafrika – Küste
Wien
Wo es keinen Arzt gibt

Edition RKH

Abenteuer Anden
Burma – Land der Pagoden
Durchgedreht
Finca auf Mallorca
Geschichten/Mallorca
Goldene Insel
Mallorca, Leib u. Seele
Mallorquinische Reise
Please wait to be seated!
Salzkarawane, Die
Schönen Urlaub!
Südwärts Lateinamerika
Traumstr. Panamerikana
Unlimited Mileage

Praxis

Aktiv Algarve
Aktiv frz. Atlantikküste
Aktiv Gran Canaria
Aktiv Marokko
Aktiv Polen
All Inclusive?
Als Frau allein unterwegs
Bordbuch Südeuropa
Canyoning
Clever buchen/fliegen
Clever kuren
Daoismus erleben
Drogen in Reiseländern
Dschungelwandern
Essbare Früchte Asiens
Fernreisen a. eigene Faust
Fernreisen, Fahrzeug
Fliegen ohne Angst
Fun u. Sport im Schnee
Geolog. Erscheinungen
GPS f. Auto, Motorrad
GPS Outdoor
Heilige Stätten Indiens
Hinduismus erleben
Höhlen erkunden
Inline-Skaten Bodensee
Inline Skating
Internet für die Reise
Islam erleben
Kanu-Handbuch
Kommunikation unterw.
Konfuzianismus erleben
Kreuzfahrt-Handbuch
Küstensegeln
Maya-Kultur erleben
Mountain Biking
Mushing/Hundeschlitten
Orientierung mit Kompass und GPS
Paragliding-Handbuch
Pferdetrekking
Reisefotografie
Reisefotografie digital
Reisen und Schreiben
Respektvoll reisen
Richtig Kartenlesen
Safari-Handbuch Afrika
Schutz v. Gewalt/Kriminalität
Schwanger reisen
Selbstdiagnose unterwegs
Sicherheit/Bärengeb.
Sicherheit/Meer
Sonne/Reisewetter
Sprachen lernen
Survival/Naturkatastrophen
Tauchen kalte Gewässer
Tauchen warme Gewässer
Transsib – Moskau-Peking
Trekking-Handbuch
Trekking/Amerika
Trekking/Asien Afrika
Tropenreisen
Unterkunft/Mietwagen
Verreisen mit Hund
Vulkane besteigen
Wandern im Watt
Wann wohin reisen?
Was kriecht u. krabbelt in den Tropen
Wein-Reiseführer Dtschl.
Wein-Reiseführer Italien
Wildnis-Ausrüstung
Wildnis-Backpacking
Wildnis-Küche
Winterwandern
Wohnmobil-Ausrüstung
Wohnmobil/Indien
Wohnmobil-Reisen
Wracktauchen weltweit

KulturSchock

Afghanistan
Ägypten
Brasilien
China, VR/Taiwan
Golf-Emirate, Oman
Indien
Iran
Islam
Japan
Jemen
Leben in fremden Kulturen
Marokko
Mexiko
Pakistan
Russland
Spanien
Thailand
Türkei
Vietnam

Wo man unsere Reiseliteratur bekommt:

Jede Buchhandlung der BRD, der Schweiz, Österreichs und der Benelux-Staaten kann unsere Bücher beziehen.
Wer sie dort nicht findet, kann alle Bücher über unsere Internet-Shops unter **www.reise-know-how.de** oder **www.reisebuch.de** bestellen.

Register

A

ᶜabāya 165
Abbasiden 40
ᶜAbdallāh al-'Aḥmar 144, 147
Abendessen 177
Aberglaube 169
Abessinier 36, 93
Abfallentsorgung 206
Abgaben, freiwillige 73
Abgeordneten-versammlung 54
Ablehnen 232
Abraham 68, 88
Absagen 213
Abstammungs-gemeinschaft 114
Abstammung 88
Abū al-Qāsim Muḥammad bin ᶜAbdallāh 37
Abū Bakr aṣ-Ṣiddīq 39
Abwanderung 38
Adam 68
ᶜAdan 17, 20
'aḏān 61, 73
Adelselite 91
ᶜādī 218
ᶜAdnān 88
'aḫdām 93
'ahl al-kitāb 60
'ahl al-madinā 93
'ahl aš-šīᶜa 40, 61
'ahl as-sunna 40, 61
Ahnenfolge 88
al-'asmā' al-ḥusnā 66
Alexandria 32
al-ǧāmiᶜ al-kabīr 64
Al-Ǧanad 64, 222
Al-Ǧaul 21, 24
Al-Ǧunhūrīya al-Yamanīya 53
Al-Haǧara 124
Al-Hādī Yaḥyā bin al-Ḥusain 41, 65
al-hiǧra 83
Al-Ḥudayda 20
ᶜAlī 40, 61
ᶜAlī ᶜAbdallāh Ṣāliḥ 51, 54, 143
ᶜAlī bin 'Abī Tālib 39
ᶜAlī bin Muḥammad aš-Ṣulaiḥī 42
Alimente 112
Al-Kathiri 42, 48
Al-Kaṯīr 42, 48
Alkohol 176
Allāh 38, 66
Alltag 149
Al-Madīna 38
Al-Madīnat al-Nabiyy 38
Al-Maḥwīt 124
Al-Mahra 25, 191
Al-Mahrī 182
Al-Manṣūrīya 122
al-masǧid al-kabīr 64
Almosen 73, 195
Al-Mukallā 20
Al-Muḫā 20, 47, 122
Alphabet 183
Al-Qaᶜida 145
Altstädte 193
Altstadtgassen 235
Altstadthäuser 202
Altsüdarabisch 183
Alt-Südarabische Reiche 28
Al-Yaman 17
ᶜamāma 171
Amerikaner 228
'amīr 121
Amulette 169
Analphabeten 133
Anmache 231
ᶜaqd 106
ᶜaqil 121, 159
ᶜarab 88
Araber 88
Arabisch 182
Arabische Republik Jemen 50
Arbeitslosigkeit 133
Arm- und Fußreife 168
Armensteuer 73
Armut 133
ar-rašidūn 39
Ar-Rubᶜ al-Ḫālī 23, 89
'Arwā bint 'Aḥmad 43, 65
Arwà-Moschee 222
ᶜaṣīr 204
ᶜašīra 117
'Ašrafīya 64
'Ašrafīya-Moschee 222
ᶜašūrā' 83
aᶜṭār 174
Äthiopien 36
Äthiopier 30
ᶜAṭṭar 38
Augenkontakt 231
'Ausān 35
Auto fahren 199
Außenpolitik 145
Ayyubiden 43

B

badw 121
Bakīl 117
bakšiš 195
Banī 92
Banī al-ᶜAbbās 40
Banī al-Ḥāriṯ 120
Banī 'Ayyūb 43
Banī Ḥātim 42
Banī Ḫušayš 120
Banī Mahdī 42
Banī Maṭar 120
Banī Naǧāḥ 42
Banī Rasūl 43
Banī Ṣulaiḥī 42
Banī Ṭāhir 42
Banī 'Umayya 40
Ban Yafᶜur 42
Banī Zaidīya 41, 60
Banī Ziyād 41

Banī Zurai' 42
Bar'a 161
bāraka 166
Barāqiš 31
Bärte 166
basmala 58
Bauern 93
Bauweisen 122
Bayt al-Faqīh 20, 122
bayt 117
Beduinen 35, 80, 89, 118, 160
Beerdigung 101
Begrüßungen 208
Begrüßungsworte 210
Beitritt zum Islam 71
Bekleidung 163, 219
Beleidigungen 240
Bergland 21, 134
Berg 21
Beschäftigungszahlen 132
Beschimpfen 240
Beschneidung von Jungen 100
Beschneidung von Mädchen 100
Bestechung 196
Beten 72
Bettler 73, 195
Bevölkerung 87
Bevölkerungsdichte 90
Bevölkerungswachstum 90, 142
Bewässerungstechniken 28, 136
bi-dūn bisbās 204
Bier 176
Bilderverbot 67
Bildungswesen 133
Bilqīs 30
Bi'r 'Alī 32, 35
bīra 176
birka 137
Blickkontakte 216
Böser Blick 169
Brauchtum 149
Brautgeld 106
Brautschmückerin 108
Briten 47
Brot 177
Buchreligionen 60
buḫūr 174
burqa' 165
Bürgerkrieg 50, 55

C
Camping 203
Christen 224
Christentum 60
Clan 117

D
dabāb 201
dallāl 159
Damaskus 32
Dattelpalme 135
Demokratie 54, 143
Demokratische Volksrepublik Jemen 52
Deutsche 229
Deutscher Entwicklungsdienst 141
Dhofar 25, 43
Dichtkunst 160
Distanzverhalten 216
dīwān 124, 158
Djafiriten 40
Drängeln 218
Düfte 174
Duftholz 175

E
Ehe 103
Ehe- und Erbrecht 76
Ehen mit Andersgläubigen 107
Eheschließung 104
Ehevertrag 106
Ehre 96, 240
Ehrlichkeit 212
Eier 178
Einfühlungsvermögen 226
Einladungen 231, 235
Engel 68
Entführungen 189
Entwicklungsprojekte 141
Erdbestattung 101
Erdgas 132
Erdölindustrie 131
Essen 176, 236
Erzengel 68
Expressivität 215
Extremismus 145

F
Familie 95, 117
Familiengruppe 117
Familienrecht 113
fasḫ 111
Fasten 72, 220
Fāṭima 91
Fatimiden 43
Fāṭimīyūn 43
Feiertage, staatliche 84
Feilschen 241
Fernbusse 201
Fernverkehr 201
Festgebete 73
Feste, religiöse 82
Fest 'īd al-fiṭr 221
Festpreise 241
Festtage 83
Festtagswünsche 222
Fest zum Fastenbrechen nach dem Ramadan 84
Filmen 226
Finanzhilfen 131
Fingerringe 168
Fisch 177
Fleisch 177, 204
flūs 198
Flussläufe 20
Flutbewässerung 137
Flüge 201

Fotografieren 226, 240
Frauen 74, 96, 209, 219, 225, 236, 239
Frauen allein unterwegs 229
Frauenbereich 125
Frauenkleidung 163
Freie Jemeniten 50
Freigabe der Frau gegen Entgelt 110
Freihandelszone 132
Freitag 63
Freitagsgebete 73
Freitagsmoscheen 63
Fremdenverkehr 132
Fremder 185
Fremdsprachenkenntnisse 182
Freundschaften 231
Fruchtsäfte 204
Führer von Stämmen 121
Fußsohle 240
fūṭa 170

G
ğabal 21
Ğabal Ḥaḏūr an-Nabī Šuʿayb 21
Gabe 239
Ğabrā'īl 38, 68
Gabriel 38
ğāhilīya 58
ġail 138
ğalsat al-qāt 151
ğalsat at-taḫzīn 151
ğanbīya 162, 171
Garderobe 231
Garküchen 203
Gassen 235
Gastarbeiter 133
Gäste 186
Gäste- und Empfangszimmer 124
Gastfreundschaft 119, 232, 240
Gastrecht 119
Gaza 32
ğazwa 119
Gebetsketten 66
Gebetsrichtung 63
Gebetsruf 61
Gebetsrufe 73
Gebirge 21
Geburt 99
Geburtstag des Propheten Muḥammad 84
Geduld 218
Geiselnahmen 189
Geleitschutz 192
Gemeinschaftssinn 94
Gemüse 177
Genussmittel 154
Geographie 17
Gesandte Gottes 38, 68
Geschäftsviertel 158
Geschenke 239
Geschichte 27
Geschlechtertrennung 74, 225
Geschlechtsgenossen 215
Gesellschaft 87
Gesellschaftsgruppen 90
Gesellschaftsordnung, muslimische 74
Gesellschaftsstrukturen 90
Gesellschaft für Technische Zusammenarbeit 141
Gesicht wahren 212
Gesichtsmaske 165
Gespräche 213, 224
Gesten 216
Gesundheitssystem 133
Getränke 177, 204
Gewaltmonopol 173
Gewerbe 132
Gewürze 178
Ğibbla 65
ğinnī 169
Glaubensbekenntnis 71
Glaubensformel 58
Glaubensgemeinschaft 71
Glaubensinhalte 66
Goldschmuck 170
Golf von ʿAdan 20
Gott 66
Grabbesuche 102
Gräber 101
Grenzabkommen 145
Große Moschee 64
Große Pilgerfahrt 71
Großfamilie 95
Großgrundbesitzer 134
Großmütter 99
Guides 199
ğumūrīya 143
Grundwasser 138
Grundwasserspiegel 140
Gruppe 94
Grüße 210
Grußgesten 208

H
Haare 166
ḥaḍāna 112
ḥadīṯ 61, 68
ḥaḍr 121
Ḥaḍramaut 24, 34
ḫafḍ 100
Ḥağar Kuḥlān 34
ḥağğ 71, 92
ḥākim 117, 159
ḥalāl 156
ḫalīfa 39
ḫalīfa rasūl allāh 39
Hamdān 120
Ḥamīd ad-Dīn 49
Hanafiten 40
Hanbaliten 40
Händedruck 209
Handel 32
Handeln 241
Handelsspanne 241

Handgeschmeide 168
Handküsse 209
ḫāra 194
ḥarām 156
ḥarīm 125
Ḥāšid 117, 144
ḫaṭīb 63
Hatimiden 42
Hauptstadt 17
Heirat 103
Heirat unter Verwandten 107
Hektik 212
Hemd 170
Henna 166
ḥiḍāb 166
ḥiǧāb 163
hiǧra 38, 120
ḥilba 177
Himmelfahrt des Propheten 85
Ḥimyar 35, 88
ḥinnā' 165
Hiob 68
Hirse 177
Hocharabisch 182
Hochgebirge 21
Hochhäuser 123
Hochland 21
Hochzeitsfeiern 107
Hochzeitsgelder 106
Hocktoiletten 207
Horn von Afrika 21
Hotels 202
Höflichkeit 226
ḫubz 177
humūla 117
Hūd 89
ḫulʿ 111
Hülsenfrüchte 177
Hygiene 203

I

ʿīd al-'aḍḥā 72, 84
ʿīd al-fiṭr 84
ʿīd al-ṣaġīr 84
'iǧmāʿ 62
Image von Ausländern 228
Imam 41
'imām 41
Imamat 91
Individualismus 94
Individualreisen 188
Inlandsflüge 201
Inseln 21
Isaak 88
'islām 57
Islam 37, 57
Islamistische Reformpartei 143
Ismael 88
Ismailiten 40

J

Ja 213
Jemenitische Republik 53
Jenseits 70, 101
Jesus 68
Joktan 89
Judentum 60
Jungen 96
Jungfräulichkeit 105
Jüngster Tag 71

K

Kaaba 37
kaʿba 37
Kaffee 45, 179
Kaffeeanbau 156
Kaffeerunden 234
kafāla 113
Kalaschnikows 173
Kalender 82
Kalifen 39
Kalligraphie 67
Kamarān 21
Kamel 118
Kappen 171
Kassentisch 205
Kaukraut 150
Kawkabān 124
kayf 154
Kidnapping 190
Kinda 35, 42
Kinder 96, 195, 198, 239
kiyāl 159
Klassen 90
Klassisches Arabisch 182
Kleidung 219, 231
Kleines Fest 84
Kleine Pilgerfahrt 72
Kleinfamilie 95
Kolonialismus 44
Kommunikation 213
Konflikte 218
Konversation 224
Kopftuch 77, 163, 222
Koran 38, 58, 61, 68, 169
Koran-Bücher 224
Korruption 131
König 49
Königin von Saba' 30
Körperbemalung 165
Körperkontakte 214, 231
Kränkungen 240
Kreditanstalt für Wiederaufbau 141
Kritik 224
Krummdolch 162, 171, 173
kufīya 171
Kuḥlān 124
Kulturelles Erbe 119
Küssen der Stirn 209
Küstenebenen 20

L

laffha 171
lailat al-miʿrāǧ 85
lailat al-qadar 72
Landschaften 17
Landwirtschaft 22, 134, 152

Lautstärke 215
Lehmbauweise 124
Limonade 178
Linke Hand 238, 240
liṯma 163
lubān 174
Lyrik 160

M
mā' al-ward 175
mabḫara 175
mafraǧ 126, 156
maǧlis 124
Magische Materialien 170
Mahdiden 42
mahr 106
maʿīlš 218
Maʿīn 31-32
Maiyūn 21
makru 156
Malikiten 40
ma' maʿdanī 204
Mamālīk 44
Mamelucken 44
Manāḫa 124
manāra 64
Mandeln 178
Mann 239
Maria-Theresia-Taler 168
Ma'rib 28, 137, 191
Markt- und Handwerkerviertel 158
mašā'iḫ al-'arḍ 91
mašā'iḫ al-qabā'il 91, 121
masǧid 63
masǧid al-ǧāmiʿ 63
mašrabīya 127
Massenlager 202
Matrilinear 75
maulid an-nabī 84
maqšāma 127
Mädchen 96
Mädchenbeschneidung 100
Männer 74, 96, 208, 220, 225, 236
Männerkleidung 170
Mäntel 170
Märkte 158
Medina 38
Mehrfachbeschäftigung 133
Mekka 37
Menschenrechte 144
Mesopotamien 32
Mīdān 194
Mietwagen mit Fahrer 199
miḥrāb 63
milād 99
Militär 173
Minarett 64
Minäer 31
Minibusse 201
misbaḥa 66
Misstrauen 229
Missverständnisse 213
Mittagessen 177
Mittelalter 41
Moderne 94
Mofa-Taxen 200
Mondjahr 82
Mondkalender 82
Monotheismus 36, 38, 66
Mīḫā'īl 68
Moschee 63
Moscheebesuch 222
Moses 68
mu'aḏḏin 73
Muʿāwiya 40
mudarraǧāt 136
Muḥammad 37, 59
Muḥammad bin Idrīs aš-Šāfiʿī 60
Muḥammad bin Ziyād 41
Muezzin 73
Müll 205
muṣliḥ 159
Muslim 57
Musselingewänder 165
Mutter 97

N
Nacht der Vorherbestimmung 72
Nadjahiden 42
Nahrungsmittel 134
Najran 32
Namen 92
Namensgebung 99
naqš 165
našwānī 155
Nationale Befreiungsfront 52
Nationalitäten 228
Natur 20
Nein 213
Neujahrsfest 83
Neusüdarabisch 182
Noah 68, 88
Nomaden 120
Nordaraber 89
Nordjemen 49
Nūr ad-Dīn 43
Nüsse 178

O
Öffentliche Verkehrsmittel 200
Öl 131
Opferfest 72, 84
Orientierung 193
Ornamentik 67
Osmanen 47

P
Paare 214
Paradies 71
Parfum 174
Parlamentswahlen 54
Partei des Allgemeinen Volkskongresses 143
Passierschein 188
Patrilinear 75
Pauschalreisen 187

Perim 21
Petra 32
Pflege für Kinder 112
Pflichtgebete 72
Pilgerfahrt nach Mekka 71
Pinienkerne 178
Pluderhose 165
Poesie 160
Politik 143
Polygamie 103
Polygynie 103
Populärkultur 160
Portugiesen 44
Präsente 239
Präsident 51, 143
Prediger 63
Preis 241
Preisaufschlag 243
Priesterkönige 28
Privatsphäre 235
Problemlösungen 218
Prophet 37, 59, 68
Protektorat 49
Pumpwasser-bewässerung 142
Pünktlichkeit 217

Q

qaʿāda 123, 158
qabā’il 92
qabīla 114
qadad 124
qaḍī 91
Qaḥṭān 89
qaḥṭānīyūn 114
qahwa 180, 234
qalam 195
qalaq nafsānī 154
Qamarīya 127
qamīš 165, 170
Qana’ 32, 35
qanat 138
Qarnawū 32, 34
qarqūš 165
qāt 150
Qatabān 34
qāt našwānī 155
qāt riǧālī 155
qatr al-ḥinnā’ 165
Qāt-Runde 236
qibla 63
qisma 68
qišr 181
qiyās 62
Quaiti 48
Quʿaitī 48
qubba 165
qur‘ān 58

R

raʿīya 93
Ramadan 72, 220
Ramaḍān 72
Rast- und Lagerhäuser 158
Rasuliden 43
Rauschmittel 154
Räuchermischung 174
Räuchertopf 175
Rechte Hand 238
Rechtgeleitete 39
Rechtsfähigkeit 171
Rechtsprechung 61
Regenfeldbau 136
Reis 177, 239
Reisealltag 187
Reisekleidung 219
Reiseorganisation 187
Reiseveranstalter 188
Religion 57, 219
Religionsgelehrte 91
Republik 143
Republik Jemen 53
Reserviertheit 215
Restaurants 203
Richter 91
Richterliche Aufhebung der Ehe 110
riǧālī 155
Rosenwasser 175
Rosinen 178
Rotes Meer 20
Ruhe zeigen 212
Ruhezeit 100

S

Saba’ 28, 89
Sabäer 28
Šabwa 32, 34, 191
Sachverständige 121
sāda 91
Ṣaʿda 21, 65, 124, 191
ṣadaqa 73
Šāfiʿīya 60
šahāda 71
Šahāhra 191
šā‘iḥ 91
šaiḫ al-mašā’iḫ 91, 121
šaiḫ as-sūq 159
sail 137
ṣalāt 73
Salomo 30
salta 177
Sammeltaxen 201
samsara 158
Ṣanʿā’ 17, 21, 64, 126, 140
Sandwüsten 23
Sanḥān 120
šāriʿ 194
šāriʿa 61,108
šarīf 92
šaršaf 164
Sassaniden 36
Saudi-Arabien 145
ṣaum 72
šāy 178
šāy ‘aḥmar 179
šāy bi-dūn sukkar 179
šāy ḥalīb 179
šāy maʿa qalīl sukkar 179
Sayid 92
Say’ūn 24
Schafiiten 40, 60
Scham 78
Schande 96
Scharia 61

Schächten 176
Scheich 91, 121
Scheidung 110
Schicksal 68
Schicksalsergebenheit 217
Schiiten 40, 61
Schimpfwörter 240
Schlachten 176
Schleier 77, 163
Schmuck 163, 167
Schuhe 222, 240
Schulbesuch 133
Schusswaffen 173
Schutzengel 68
Schutzführer 192
Schwangerschaft 97
Schwarzarbeit 133
Schweinefleisch 176
Schöne Namen Gottes 66
Segen 166
Selbstfahrer 199
Sem 89
Sesshafte 121
šīʿat ʿAlī 40
Šibām 24, 124, 128
Sicherheit 189, 199
Sicherheitsgebühr 192
Sicherheitskräfte 191
Siedlungsformen 17
Silbermünzen 168
Silberschmiedekunst 167
Silberschmuck 167
sirwāl 165
sitāra 165
Sklaven 93
Soldaten 173
Soziale Mobilität 90
Sozialismus 52
Söhne 96
Speisen 177, 204
Spitzkappe 165
Sprache 182
Staat 17
Staatspräsident 54
Stadtbevölkerung 93
Stämme 114, 146, 189
Stammesangehörige 92
Stammesälteste 121
Stammesfehden 117
Stammesführer 121
Stammesregeln 62
Stammeswesen 114
Staudämme 137
Städte des Weltkulturerbes 126
Steinbockgeweihe 169
Steine werfen 198
Steinfestungen 124
Stirnband 171
Straßenkontrollen 188
Straßennamen 194
Streitigkeiten 215, 218
Strohhüte 165, 171
Stromversorgung 133
Strukturanpassungsprogramm 131
šubahāt 156
Subventionen 131
Südaraber 89
Südjemen 52
Suezkanal 48
Sulaihiden 42
sulṭān 121
sunna 61
Sunniten 40, 61
sūq 158
Suquṭrā 21, 182
sūra 58
ṣūra 227
Sure 58

T

Tag der Lichter 107
Tag der Malerei 107
Tag der Zusammenkunft 63
Tag des Eintritts der Braut in die Familie des Bräutigams 108
Tag des Morgen 109
Tahiriden 42
taḫzīn 151
Taʿizz 21, 43, 64, 140
tāksī inǧīz 200
tāksī sirwīs 201
ṭalāq 110
Talismane 170
tanabbuh 154
Tanz 161
ṯa'r 117
Tarīm 24
taṣriḥ 188
Taxen 200
Tee 178
Teestuben 203
Temperament 215
Terrassenfelder 22, 136
Terroristen 145
Thronvers 169
Tihāma 20, 36, 122
Timnaʿ 32, 34
Tischsitten 236
Tod 101
Todestag des Märtyrers Hussein 83
Toiletten 207
Tourismus 132, 192
Touristenbettler 195
Töchter 96
Traditionen 94, 149
Trauerzeit 102
Trinken 176
Trinkgeld 198
Trockenflusslauf 203
Trockenflusstal 23
Tuch als Überwurf 165
Ṯulā 124
ṯuma 91, 172
Turban 171
Türken 46
Turmhaus 123

U

Überfälle 119
Übermantel 165

ᶜud 175
ᶜulamā 91
ᶜUmar bin al-Ḫaṭṭāb 39
Umayyaden 40
Umlenkdamm 28
'umm al-bayt 123
'umma 39, 71
ᶜumra 72
Umweltprobleme 206
UNESCO 126
Unpünktlichkeit 217
Unterhaltspflicht 112
Unterhaltungen 215
Unterkunft 202
ᶜurf 62, 115, 119
'Usāma bin Lādn 145
ᶜUṯmān bin ᶜAffān 39

V
Vasco da Gama 44
Väter 97
Vaterschaft 75
Verabredungen 217
Vereinigung 53
Verfassung 54
Verhalten 185
Verhaltensbegrenzung 75
Verkehrsmittel 200
Verlobung 105
Vermittler 159
Vermittlung in Streitfällen 117
Verstoßung der Frau 110
Verwandte 99
Visum 188
Vorbestimmung 68
Vornamen 92
Vorrang der Männer 75

W
Wādī 20
Wādī 'Aḏana 28
Wādī al-Ǧawf 31, 191
Wādī Al-Masīla 32
Wādī Ḥaḍramaut 23, 124, 128, 191
Wādī Marḫa 35
Wādī Mayfaᶜa 32
Wādi Ẓahr 162
Waffen 173
Wahabiten 47
wakīl 159
Wangenküsschen 209
waqf 127
Ware 241
Waschbecken 204
Waschräume 207
Wasser 178, 204
Wasserknappheit 140
Wasserpfeife 151, 180
Wasserressourcen 140
Wassersammelsysteme 138
Wehrfähigkeit 171
Weihrauch 174
Weihrauchhandel 32
Weihrauchstraße 28, 32
Weißbrot 237
Wenn-Dann-Denken 217
Wickelrock 170
Wiederauferstehung 70, 101
Wiederverheiratung 113
Willkommensgruß 232
Wirtschaft 129
wizārat as-siyāḥa 188
Wochenmärkte 158
Wohnformen 122
Wohnhaus 156
Wüsten 23

Y
Yafuriden 42
Yaḥiā bin Ḥusain ar-Rassī 42
Yaḥiā bin Muḥammad 49
Yarīm 36
Yaᶜrub 89
Yašǧub 88
Yaṯul 31
yaum aḏ-ḏubāl 107
yaum al-duḫla 108
yaum al-ǧumᶜa 63
yaum al-naqš 107
yaum aṣ-ṣabāḥ 109

Z
Zabīd 20, 41, 128
Ẓafār 36
Zaiditen 40-41, 60
Zakāt 73
Zayid bin ᶜAlī al-ᶜĀbidīn 60
Zeit 217
Zeit der Unwissenheit 58
Zeit- und Termintreue 217
Zeitrechnung, islamische 82
Zisternen 137
Ziyaditen 41
Zögern 232
Zukunft 217
Zuraididen 42
Zurückhaltung 214
Zustimmung 213, 226

Die Autorin

Kirstin Kabasci ist Arabien-Publizistin und hat sich auf die Länder der Arabischen Halbinsel spezialisiert (Jemen, Oman, Vereinigte Arabische Emirate, Qatar, Bahrain). Ihre praktischen Reisehandbücher und Urlaubsführer sind im Reise Know-How Verlag erschienen. Daneben hat sie für den Max Hueber Verlag ein für Anfänger konzipiertes audio-visuelles Selbstlehrbuch der arabischen Sprache verfasst. Arbeits- und Studienaufenthalte, Recherche- und Urlaubsreisen führten die Autorin neben der Arabischen Halbinsel auch in zahlreiche Länder Nordafrikas und Vorderasiens. Neben dem Text stammen auch alle Fotografien von Kirstin Kabasci.

067je Foto: kk